Hans Torwesten

RAMAKRISHNA UND CHRISTUS oder DAS PARADOX DER INKARNATION

Hans Torwesten

RAMAKRISHNA UND CHRISTUS oder DAS PARADOX DER INKARNATION

MIRAPURI–VERLAG

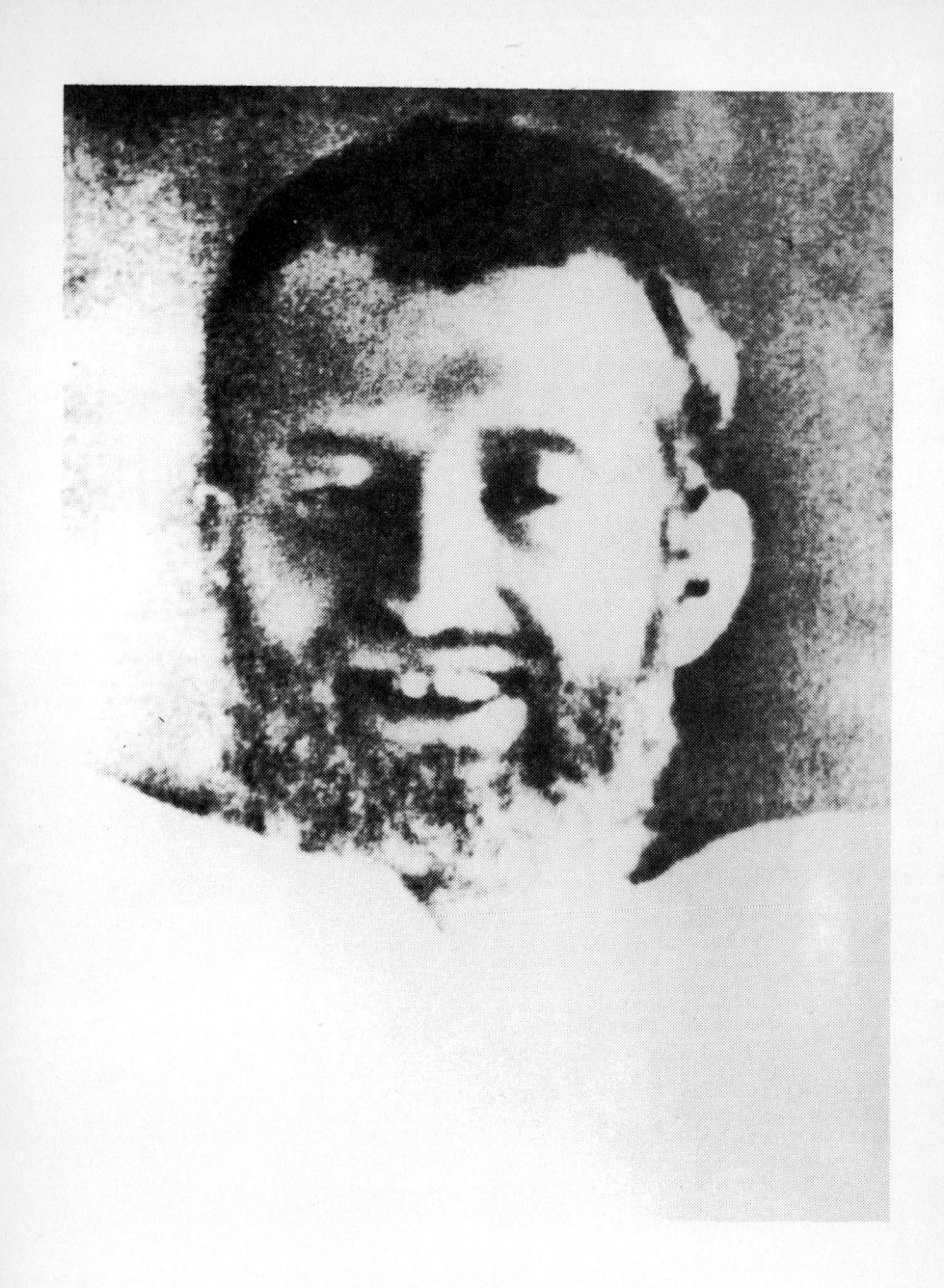

RAMAKRISHNA

CHRISTUS

Die Deutsche Bibliothek – CIP-Einheitsaufnahme

Torwesten, Hans:

Ramakrishna und Christus oder das Paradox der Inkarnation /
Hans Torwesten. - 2. Aufl. - Gauting: Mirapuri-Verl., 1993

ISBN 3-922800-52-1

1. Auflage 1981
2. Auflage 1993
ISBN 3-922800-52-1
© der deutschen Ausgabe by Mirapuri-Verlag, Gauting
Gesamtherstellung: Miraprint Offsetdruck, Gauting

INHALT

	Einleitung	7
1.	Schwierigkeiten beim Dialog	11
2.	Das Paradox der Inkarnation	18
3.	Advaita-Vedanta und Avatar-Doktrin	24
4.	Maya	33
5.	Der Gottesnarr von Dakshineswar	37
6.	Die »Einwohnung Gottes«	45
7.	Das Wesen des Avatars	58
8.	Die »Vorgänger« Ramakrishnas	68
9.	Die Begegnung mit Christus	87
10.	Verklärungen und Wunderzeichen	95
11.	Das Gottesreich ist nahe	106
12.	Gott-Vater und Gott-Mutter	119
13.	Sarada Devi	131
14.	Der innere Kreis	142
15.	Golgatha	154
16.	Die Auferstehung	166
17.	Gehet hin in alle Welt	176
18.	Der Ramakrishna-Kult	192
19.	Vom Sohn zum Geist	211
	Schlußbetrachtung	225
	Anmerkungen	232
	Übersetzung der Sanskrit-Begriffe	235

EINLEITUNG

Das Dogma von der Inkarnation, von der Fleischwerdung des göttlichen Wortes, ist das eigentliche Herzstück der christlichen Lehre. Würde man es aufgeben, so würde sich das Christentum kaum noch von den anderen »semitischen« Religionen unterscheiden, vom Judentum und vom Islam, und es bestünde auch die Gefahr, daß es nur noch als eine der vielen Spielarten des heutigen Humanismus angesehen würde.

Nun ist aber seit längerem klar geworden, daß die christliche Inkarnationslehre nicht ganz so einmalig ist, wie man dies lange Zeit geglaubt hatte. Einmalig ist nur die Lehre von dem eingeborenen Sohn Gottes, von der *Ein*maligkeit der Inkarnation Gottes in Jesus Christus. Die Gefahr droht hier dem Christentum nicht von einer Ablehnung der *Möglichkeit* einer göttlichen Fleischwerdung - wie von seiten der streng-monotheistischen Religionen wie Islam und Judentum oder von seiten einer modernen »wissenschaftlichen« Anschauung -, sondern von einer fast zu bereitwilligen Akzeptierung der Inkarnation, diesmal von seiten des Hinduismus. Was bereitwillig akzeptiert wird, wird als »natürlich« empfunden, und Natürliches ist selten einmalig - es wiederholt sich, so wie sich alles in der Natur wiederholt. Deshalb stieß der christliche Missionar bei den meisten Hindus auf kein Hohngeschrei, wenn er ihnen die Geschichte von der Verkörperung Gottes hier auf Erden erzählte, sondern eher auf ein erfreutes Kopfnicken: Ja, das kennen wir, das haben wir auch. Wurde der Missionar daraufhin zornig und betonte er, daß er seinen Christus nicht gern auf eine Stufe mit unhistorischen Avataras und Elefantengöttern gestellt wissen wollte, so wurde er oft als Fanatiker und westlicher Imperialist angesehen. Anscheinend stießen hier zwei Welten aufeinander, die trotz mancher Gemeinsamkeiten von grundverschiedenen Voraussetzungen ausgingen.

Dieses Buch wird nun von beidem handeln: von den Gemeinsamkeiten und von den Gegensätzen. Was die letzteren betrifft, so sind sie zwar noch lange nicht aus dem Weg geräumt, doch man ist jetzt auf christlicher Seite doch zumindest bereit, dem »anderen« überhaupt zuzuhören - statt ihn nur als Bekehrungsmaterial anzusehen. Die meisten christlichen Missionare werden zwar heute genausowenig an der Einmaligkeit ihrer christlichen Offenbarungsreligion und besonders ihres Gründers zweifeln wie ihre Vorgänger vor etwa hundert Jahren, aber die frühere Arroganz und Überheblichkeit ist doch weitgehend verschwunden. Man studiert nun eingehend die Originaltexte der Hindu-Religion, übernimmt gewisse äußere Formen im Kultus, »tauft« einige philosophische Sanskrit-Begriffe und kleidet sich sogar manchmal in die Ockerrobe des Hindu-Mönchs.

Doch es geht in diesem Buch nicht um die Probleme der christlichen Mission in Indien; der Autor ist kein Missionar, auch wenn er früher einmal im Alter von 13 oder 14 Jahren in einem Franziskaner-Internat davon träumte, alle Indianer Brasiliens und darüberhinaus ganz Indien und Japan zum wahren Glauben zu bekehren. Er fühlt sich auch heute noch als ein Christ - doch als ein Christ, der sich im indischen Geistesraum mindestens so zu Hause weiß wie in seiner angestammten Kirche. Ich bin mir bewußt, daß nicht jeder Christ bereit sein wird, die Grenze zur anderen Seite hin so weit zu überschreiten, wie dies in dieser Studie geschieht. Dabei handelt es sich, wie schon angedeutet, nicht um Probleme missionarischer »Anpassung«; es geht nicht darum, wie tief ein Bote christlichen Glaubens in das Herz des Hinduismus vorstoßen darf, um Christus in das Innerste dieser Religion einzupflanzen. Darüber haben andere geschrieben, ein Bede Griffith etwa oder Klaus Klostermaier. Soweit diese Vorkämpfer einer echten Verständigung auch vorgedrungen sind, so erlagen sie doch nie ernsthaft der Versuchung, einmal wirklich über den Zaun zu springen und zum Hindu zu werden - nicht im äußeren Sinn natürlich, denn einem westlichen Menschen ist es kaum möglich, sich ganz in das Hindu-Sozialgefüge einzufügen; aber doch immerhin so sehr, daß man das Christentum plötzlich von der anderen Seite her sieht, und das heißt vor allem: relativiert.

Mir ist nun etwas Derartiges passiert, wenn dieser Vorgang auch sehr viel komplizierter war und ist, als er im Rahmen eines solchen Buches angedeutet werden kann. Kompliziert vor allem, weil sich der Spieß ja nicht einfach umdrehen läßt: Ich breche nun keineswegs als »Hindu-Missionar« ins christliche Lager ein, sondern fühle mich immer noch als jemand, der an Christus glaubt, der aber gleichzeitig seinen Glaubensgenossen gern etwas von den

Reichtümern vermitteln möchte, die er auf der »anderen« Seite fand. Ich bezweifle, ob ich diese Reichtümer gefunden hätte, wenn ich nur als standfester 100%iger Christ in die andere Religion ein wenig hineingeschnuppert hätte. Ich mußte mich bis zu einem gewissen Grad mit einer religiösen Gruppe identifizieren, die ganz von der Religion und Philosophie Indiens geprägt ist. Dabei kam allerdings - für meinen Geschmack - keine Gruppe in Frage, die einen bereits erstarrten orthodoxen Hinduismus repräsentierte, noch eine von jenen Neugruppierungen, deren indische Spiritualität mir als zu verwässert erschien. Ich fand die Mitte zwischen diesen Extremen in der Ramakrishna-Bewegung, der ich mich auch heute noch verbunden fühle, wenn ich auch nicht mehr in einem ihrer Ashrams lebe.

Nun ist glücklicherweise Ramakrishna für die meisten Christen - sofern sie ihn kennen - kein rotes Tuch. Es ist fast immer nur mit Anerkennung über ihn und die von seinem Schüler Vivekananda gegründete Ramakrishna-Mission geschrieben worden. Als sein Bild einmal in einem englischen Dominikanerkloster während einer Exerzitien-Woche, an der neben Katholiken und Protestanten auch Hindus teilnahmen, abends während der Vesper auf dem kleinen Altartisch aufgestellt wurde und ein indischer Swami eine kurze Arati-Feier davor zelebrierte, stand niemand von den Christen auf, um das Bild herunterzureißen. Ja, es kommt sogar schon vor, daß ein Benediktiner-Pater ein großes Bild Ramakrishnas in seinem Arbeitszimmer aufhängt, und das nicht etwa in Indien, sozusagen als eine Geste der Toleranz, sondern in Deutschland, mitten im tiefsten Abendland. Man fragt sich natürlich sofort, was ein solcher Pater in Ramakrishna sieht - einen Weisen, einen Hindu-Franziskus oder gar eine Offenbarung Gottes - nur eben bescheidener als die Offenbarung Gottes in Christus?

Ich will hier keine weiteren Vermutungen anstellen. Meine Aufgabe ist es, in diesem Buch herauszuarbeiten, was *ich* in Ramakrishna sehe. Eine solche Arbeit bedarf wohl kaum einer Rechtfertigung, denn obschon man dem Phänomen Ramakrishna immer mit einer gewissen Wärme und Anteilnahme begegnet ist, so ist die Anzahl von ernsthaften Studien über ihn nicht gerade überwältigend groß. Fast scheint es so, als habe man eine wirkliche Auseinandersetzung mit ihm vermieden, weil er uns Christen irgendwie zu nahe ist. Entweder wird er als ein einfacher Dorfheiliger verharmlost oder in die Schublade des indischen »Weisen« geschoben.

Wenn ich mich nun in diesem Buch nicht mit solch einfachen Definitionen zufriedengebe, so nicht deshalb, weil ich ihn als Person gegen Christus ausspielen wollte, sondern weil mir persönlich das Thema »Inkarnation« keine Ruhe läßt, weil ich in Christus eine Inkarnation Gottes sehe und weil ich glaube, daß der Fall Ramakrishna ein wenig mehr Licht auf dieses Geheimnis und damit auch auf Christus wirft. Dabei muß ich notgedrungen mehr über Ramakrishna schreiben, da er der Unbekanntere ist, da er vielen noch vorgestellt werden muß, was bei Christus sicherlich nicht der Fall ist. Das Phänomen Ramakrishna soll - nach ein paar allgemeiner gehaltenen Kapiteln über die Schwierigkeiten beim Dialog, über die Problematik der Inkarnationslehre und Teilaspekte der indischen Philosophie - in seinem ganzen Reichtum geschildert werden, auch mit seinen absonderlichen Seiten, aber immer im Hinblick auf das Thema »Inkarnation« und damit auch wieder auf Christus.

1. Kapitel

SCHWIERIGKEITEN BEIM DIALOG

In einem katholischen »Handbuch der theologischen Grundbegriffe« ist über Christus und das Geheimnis der Inkarnation folgendes zu lesen: »Im Symbolum von Chalkedon ist eingefangen, was menschliches Denken mit Hilfe der stoischen Logoslehre, platonischer und aristotelischer Gedanken über das unerschöpfliche Geheimnis Jesus Christus erdacht hat. Es ist ein abendländisches Verständnis von Christus, es ist richtig und dank des Wirkens des Hl. Geistes im endgültig definierenden Lehramt der Kirche auch irrtumslos, aber doch relativ. Übermäßig reich kann man die Ernte nach einem vierhundertjährigen Ringen nicht gerade nennen. Denn über das Verhältnis der beiden Naturen wird nur gesagt, wie wir es *nicht* zu verstehen haben. Wie ist es aber positiv auszudrükken? Damit rühren wir an die Grenze menschlichen Bemühens, jenseits deren das Mysterium Jesus Christus liegt, das wir nur glaubend bejahen können. Was wir hier vor uns haben - darüber sollten wir uns nicht täuschen - ist nur das spezifisch abendländische Verständnis von Jesus Christus. Vielleicht werden uns andere Seiten an Christus aufgehen und neue, den Abendländern nicht zugängliche Tiefen erschlossen, wenn einmal östliches, asiatisches Empfinden und Denken das Mysterium Christus ergründen.«[1]

Dieses bemerkenswerte Eingeständnis der abendländischen Begrenztheit und die erwartungsvolle Offenheit gegenüber dem Osten ist jedoch nicht ohne innere Widersprüche und eine gewisse unfreiwillige Ironie. Denn auch wenn wir die östlichen Philosophien und Religionen nicht mehr kurzerhand als »heidnisch« verdammen, so sieht doch selbst der aufgeschlossene heutige Christ bei allen ehrfürchtigen Verbeugungen vor der Weisheit des Ostens in eben dieser Weisheit kaum mehr als einen stammelnden Versuch des menschlichen Denkens, an die Natur Gottes heranzukommen, während man sich als Christ dank der Offenbarung des eingeborenen Sohnes und der Inspiration des Hl. Geistes im Vollbesitz der

Wahrheit weiß. Mit anderen Worten: die östlichen Religionen wie der Hinduismus befinden sich noch im »Advent«, sie sind nur eine, wenn auch in einzelnen Details noch so großartige Vorbereitungsstufe, die zu ihrer wahren Erfüllung Christus braucht. Liest man dann jedoch den soeben zitierten Abschnitt des Theologen Geiselmann noch einmal aufmerksam durch, so bekommt man den Eindruck, als hätten nicht nur die östlichen Religionen ihren »unbekannten Christus«, sondern auch das Christentum selbst. Und - die Ironie ist leider unvermeidlich - wo die Inspiration des Hl. Geistes nicht ausreicht, muß die angeblich so unvollkommene Weisheit des Ostens die Lücke schließen.

Um diesen Widerspruch noch einmal ins scharfe Licht zu rücken: auf christlicher Seite wird gern zugegeben, daß in den Religionen des Ostens Tiefen zu finden sind, die kaum zu messen sind. Gleichzeitig hält man daran fest, daß das Christentum das *volle* Licht der Wahrheit besitzt. Demnach können alle anderen Religionen bestenfalls in einem Zwielicht leben. Und man fragt sich, was Zwielicht dem vollen Licht der Wahrheit hinzufügen kann.

Man könnte natürlich einwenden, die Kirche zeige gerade dadurch, daß sie fremde Einflüsse in sich aufnehme, ihre Katholizität. Ging nicht der Hinduismus ganz ähnlich vor, wenn er bereitwillig alles von außen Kommende schluckte und in sich verarbeitete, ohne dadurch seinen spezifischen Charakter zu verlieren? Und wenn die Kirche früher die griechische Philosophie zur Hilfe heranzog, ohne sich dadurch etwas zu vergeben, warum sollte sie dies nicht heute auch mit der indischen Philosophie tun können?

Man hört hier wohl einen Katholiken sprechen, der nicht gleich alle Brücken abbrechen will, sondern der - im Gegensatz etwa zu Theologen wie Karl Barth - auch anderen »Religionen« und besonders der »natürlichen Theologie« gern ihren Platz einräumt. Es ist deshalb wahrscheinlich kein Zufall, daß der Dialog zwischen der katholischen Kirche und dem Hinduismus der wohl fruchtbarste aller solcher Zwiegespräche ist. Zumindest rennt man hier nicht so schnell gegen eine Wand wie in einem Gespräch mit einem Moslem, einem orthodoxen Juden, einem Theravada-Buddhisten oder einem christlichen Fundamentalisten, der nur auf die Bibel schwört.

Dabei darf man natürlich nicht übersehen, daß auch der Katholik trotz mancher synkretistischen Neigungen seine Zugehörigkeit zur biblischen Offenbarungsreligion nicht verleugnen kann. Im Unterschied zu dieser reinen Offenbarungsreligion sieht er im Hinduismus nur eine »Naturreligion«. Eigenartigerweise hält ihn dieser Umstand zurück und ermutigt ihn zugleich zu einem Dialog -: er hält ihn zurück, weil er seinem Offenbarungsglauben nicht durch irgendwelche Kompromisse untreu werden will; und er ermutigt ihn, weil er im Zentrum seines Glaubens keine »Philosophie« sieht, die etwa durch eine andere natürliche Philosophie in Frage gestellt werden könnte, sondern eine Person: das Mysterium Jesus Christus. Ob er nun einen Plato, einen Aristoteles oder aber einen Vedanta-Philosophen zur Klärung dieses Mysteriums heranzieht - am eigentlichen Kern der Sache ändert sich nichts.

Oder vielleicht doch? Die Schwierigkeiten kann man besonders dann erkennen, wenn westliche Christen Inder auffordern, ihr eigenes Christus-Bild zu entwickeln - anstatt sklavisch das westliche zu kopieren -, um dann aber meist zurückzuschrecken und zu sagen: Nein, das ist kein objektives Christusbild, sondern ein subjektives Zerrbild - durch Hindu-Augen gesehen. Ist die Philosophie der Upanishaden, der Bhagavad-Gita, Shankaras und Ramakrishnas vielleicht doch ein wenig »gefährlicher« als die griechischen Philosophen? Wer tiefer in den Geist des Hinduismus eindringt, wird sehr bald entdecken, daß er es hier mit weit mehr zu tun hat als mit bloßer »Philosophie«. Ich möchte hier Plato oder Aristoteles nicht unterschätzen, doch ich glaube, daß die Seher der Upanishaden und der Autor der Gita tiefer ins Herz der Gottheit eingedrungen sind als die griechischen Philosophen. Diese Schriften sind für den Hindu ebenso »Offenbarung« wie die Bibel für den Christen. Sie sind für den Hindu keineswegs nur mühsam vom Menschengeist Erdachtes, sondern *Shruti*: das, was *gehört* wurde. Daß der philosophierende Menschengeist dabei *auch* eine Rolle spielte, soll hier gar nicht bezweifelt werden; schließlich sind die Veden, die Upanishaden und die Gita nicht in einem Stück vom Himmel gefallen, sondern stellen eine Evolution des religiösen Bewußtseins dar. Aber dasselbe gilt natürlich auch für die Bibel. Wenn etwa das Buch Prediger eine Atmosphäre tiefsten Pessimismus' ausströmt, so liegt das gewiß nicht daran, daß Jahwe oder der Hl. Geist einer pessimistischen Stimmung erlagen, sondern daran, daß der Mensch in eine Krise geraten war, in der alte Anschauungen erschüttert und neue Antworten noch nicht gefunden waren.

Wo ist nun aber die Grenze zu ziehen? Wir haben schon in der Einleitung gesagt, daß auf christlicher Seite ein wirkliches Bemühen um ein tieferes Eindringen in den Hinduismus zu spüren ist, daß aber doch eine fast unsichtbare Mauer existiert, über die niemand springen will, da man sonst das Christ-sein eines solchen Abenteurers in Zweifel ziehen könnte. So lobenswert alle Bemühungen um einen »christlichen Vedanta« oder einen »Hindu-Katholizismus« auch sind, so wird man sich doch sehr schnell der Grenzen bewußt - zumindest solange man Wert darauf legt, auf dogmatisch sicherem Boden zu stehen. Man kann dann, wie schon angedeutet, Sanskrit-Wörter übernehmen, man kann *Sat-Chit-Ananda* (Sein-Erkennen-Glückseligkeit) mit der christlichen Trinität vergleichen, man kann den Ritus der Messe mit *Puja*-Elementen bereichern, aber damit hört es auch fast schon auf. Man kann zum Beispiel *nicht* das ganze Hindu-Weltbild übernehmen und dann Christus als die einmalige Inkarnation in dieses Weltbild verpflanzen. Denn diese Einmaligkeit hat nur einen Sinn in dem alten biblischen Weltbild, dessen Rahmen äußerst eng war (und selbst der sehr ausgeweitete Rahmen eines Teilhard de Chardin bleibt hier vergleichsweise eng, weil er an der christlichen Lehre von einem Anfang und einem Ende der Schöpfung festgehalten wird). Hier, in einem solchen engen Rahmen, kann sich zum Beispiel das Pathos des frühen Karl Barth austoben: irgendwo in der Mitte zwischen Anfang und Ende befindet sich dann dieser gewaltige Bombentrichter namens Jesus Christus, das einmalige historische Ereignis der Inkarnation. Der Osten konnte ein solches Pathos nie ganz verstehen. Und man muß zugeben, daß in einer Schöpfung, die als ein anfangs- und endloser Prozeß gedacht wird, eine solche Betonung eines geschichtlichen Ereignisses viel von ihrer Eindruckskraft verliert. Eine Serie von *Avataras* (wörtlich: Herabstiegen Gottes) scheint hier viel plausibler zu sein.

Demnach sieht die Situation etwa so aus: während es dem Hindu verhältnismäßig leicht fällt, Christus als eine von mehreren Inkarnationen anzuerkennen, kann der Christ eigentlich nicht sehr viel vom Hindu übernehmen, wenn er nicht den festen Boden des traditionellen Glaubens unter den Füßen verlieren will. Ein »Hindu-Katholizismus« oder ein »christlicher Vedanta«, der an der Einmaligkeit der göttlichen Inkarnation in Christus, an der Lehre von der Schöpfung aus dem Nichts, an den Dogmen vom Sündenfall und von der ewigen Höllenstrafe festhält, ist reines traditionelles westliches Christentum und hat mit Hinduismus und Vedanta nichts zu tun, auch wenn man Jesus mit *Isha* übersetzt und ein paar Yoga-Disziplinen übernimmt.

Natürlich taucht dann auch das umgekehrte Problem auf: kann sich jemand, der an die »Ewigkeit« der Schöpfung, an die Reinkarnation, an die potentielle Göttlichkeit aller Wesen, an eine Reihe von göttlichen Inkarnationen und an einen unpersönlichen göttlichen Grund, in dem Gott und Mensch eins sind, glaubt - kann ein solcher Mensch überhaupt noch ein Christ genannt werden, auch wenn er an die Göttlichkeit Jesu glaubt und dem Gebot der Gottes- und Nächstenliebe zu folgen versucht?

Ich muß zugeben, daß mich solche Terminologiefragen heute nicht mehr besonders interessieren, auch wenn ich weiß, daß sie für viele alles andere als unwesentlich sind. Nur glaube ich, daß es auch im Interesse des Lesers ist, wenn ich bei den folgenden Ausflügen ins Östliche nicht immer nur krampfhaft darauf achte, daß ich zuletzt doch immer wieder diesseits der Mauer auf gutem traditionellen Boden lande. Denn genau diese Ängstlichkeit hatte zur Folge, daß der Dialog seit geraumer Zeit ziemlich auf der Stelle tritt - nach anfänglichem Enthusiasmus und oft leidenschaftlichen Umarmungen. Zurechtrücken kann man später immer noch etwas, aber zuerst gilt es doch einmal, wirkliche *Entdeckungen* zu machen, und dazu bedarf es einer gewissen Unbekümmertheit. Nur so können Reichtümer zu Tage gefördert werden - und in diesem Fall handelt es sich ja nicht um esoterisches Geheimwissen, sondern um Schätze, die offen vor unserer Haustür liegen.

Der Titel dieses Buches weist schon darauf hin, daß ich unter diesen Schätzen nicht nur religiös-philosophische Lehrsysteme, sondern auch und vor allem *Personen* verstehe. Und wiederum besonders eine Person, nämlich Sri Ramakrishna. Ich halte es zwar für etwas Positives, daß der Hinduismus seine Betonung mehr auf ewige Prinzipien legt als auf Personen (weshalb auch ein eigentlicher »Gründer« dieser Religion fehlt); doch andererseits litten diese ewigen Prinzipien an einer gewissen Farblosigkeit, würde man sie nicht immer wieder in Gestalten von Weisen, Heiligen und Avataras verkörpert sehen.

Daß ich hier besonders Ramakrishna hervorhebe, hat zum Teil persönliche Gründe: ich fühle mich einfach zu diesem Gottesnarren, von Dakshineswar hingezogen, dem ich sehr viel zu verdanken habe. Doch neben diesen persönlichen Gründen gibt es auch allgemeinere, insbesondere im Hinblick auf das Thema dieses Buches. Man hat sich auf christlicher Seite des indischen Avatar-Konzeptes bisher meistens dadurch entledigt, daß man auf den »unhistorischen« Charakter eines Rama und Krishna hinwies und darüberhinaus auf die etwas zweifelhafte Moral Krishnas - um nur die beiden häufigsten Einwände zu nennen. Was Buddha angeht, so steht der Christ hier vor der Schwierigkeit, daß Buddha sich wenig um einen persönlichen Gott kümmerte, und eine göttliche Inkarnation ohne »Gott« ist für den Christen nun einmal undenkbar. Was nun Ramakrishna betrifft, so ist es in seinem Fall sehr viel schwerer, sich den Zugang gleich am Anfang schon durch Vorurteile zu verbauen. Und vielleicht ist dies der Grund, warum man ihn bisher meistens höflich umgangen hat.

Es geht mir nun natürlich nicht darum, zu »beweisen«, daß Ramakrishna mehr war als ein sympatischer Heiliger, der täglich ein paar weise Sprüche von sich gab. Ramakrishna war selber viel zu bescheiden, als daß es sein Wunsch gewesen wäre, von einer Unzahl von Theologen und Gelehrten auf den höchsten Thron gesetzt zu werden. Der Ausgangspunkt dieser Untersuchung ist vielmehr der Wunsch, so tief wie eben möglich in das Geheimnis der Inkarnation einzudringen - und damit vielleicht auch tiefer in das Geheimnis *unserer* Existenz und der Schöpfung überhaupt. Wo auch immer nur eine vage Hoffnung besteht, daß uns bisher »nicht zugängliche Tiefen erschlossen werden«, wie der katholische Theologe Geiselmann in dem anfangs zitierten Abschnitt schrieb, da gilt es zu graben. Dabei kann man natürlich unmöglich nur bei allgemeinen Floskeln stehenbleiben, sondern man muß sich ganz auf den konkreten Fall konzentrieren, auch auf die Gefahr hin, daß so manches ein wenig »persönlich« klingt. Wir dürfen uns vor diesem subjektiven Faktor nicht fürchten, wenn wir im Dialog über den Austausch von Höflichkeiten hinauskommen wollen. Und ein Christ wird es wahrscheinlich begrüßen, wenn sich sein Gesprächspartner »engagiert«.

Daß sich der Gesprächspartner in diesem Fall auch noch als Christ betrachtet, muß nicht unbedingt die Sache erschweren. Ein Engagement ist notwendig, nicht aber völlig erstarrte Fronten. Der Dialog wird sowieso nicht so sehr durch offizielle Statements vorangetrieben, sondern durch sehr persönliche Begegnungen von Individuen. Und darüberhinaus spielt sich ein Großteil des Dialogs im Kopf eines jeden Einzelnen ab, denn ein jeder von uns ist, Gottseidank, weit mehr als nur der »Vertreter« dieser oder jener Religion.

2. Kapitel

DAS PARADOX
DER
INKARNATION

In einem Lehrgedicht des griechischen Philosophen Parmenides, das uns nur in Fragmenten überliefert ist, wird der Denker (in Gestalt eines Jünglings) von Sonnenmädchen in schneller Fahrt aus der dunklen Nacht ins Licht geführt, wo er schließlich von Sophia, der Göttin der Weisheit, huldvoll empfangen wird. Aus ihrem Munde erfährt er nun die Wahrheit über das Sein -: daß das Sein ist, das Nichts aber nicht ist, wodurch der Denker aus der Welt der Schein-Meinungen herausgehoben wird, aus der Welt des Werdens und Vergehens, die durch die Vermischung von Sein und Nichts in den verwirrten Köpfen der Sterblichen entsteht.

Wer aber stürzte die Sterblichen in eine solche Konfusion? In den Augen der Weisheitsgöttin scheint etwas aufzublitzen, das fast wie Schelmerei aussieht. Trotz der Klarheit ihrer Aussagen hat diese Sophia etwas von einer Sphinx. Wir können zwar nicht daran zweifeln, daß sie dem Philosophen die Wahrheit über das Sein geoffenbart hat, und doch wird man den Eindruck nicht ganz los, daß sie sich über ihn, der nun so säuberlich zwischen Sein und Schein unterscheidet, ein wenig lustig macht. Denn steht er nicht auch noch mit einem Fuß in der Scheinwelt, da er ja auch noch Unterschiede sieht? Ist sie, die Weisheitsgöttin, nicht selbst die Ursache des Scheins, ist sie nicht auch *Maya*, die große indische Sphinx, die die Welt mit ihrem Zauber verblendet - ja, deren Zauberkraft die Welt der Erscheinungen erst hervorbringt?

Sie scheint ein einziger Widerspruch zu sein. Und ihr Werk, eben die Welt der Erscheinungen, gleicht darin natürlich auf ein Haar ihrer Mutter. Als würde dieses schillernde Zwitterwesen »Welt«, dieses Gemisch aus Sein und Nichts, jedoch noch nicht genügen, als gäbe es der Rätsel noch nicht genug, gebiert sie ein Wesen, in dem alle Widersprüche zusammengefaßt zu sein scheinen: den Menschensohn und Sohn Gottes, die Inkarnation. Gehört dieser »Sohn«, der das philosophische Denken des Parmenides völlig durcheinandergebracht hätte, der Welt der Erscheinungen an oder dem wahren Sein? Ist er Mensch oder Gott? Ewig oder sterblich? Ist er vielleicht nur ein Mensch, in den die göttliche Natur aber gleichsam hineinfährt? Oder wurde er von Gott als Sohn »adoptiert«? Ist er eigentlich Gott und nur scheinbar Mensch, oder wurde er wirklich geboren und litt und starb er wirklich - ohne ein »als ob«?

Es ist, als hätte Maya-Sophia den Menschen mit diesem Phänomen der Inkarnation ein Zen-buddhistisches *Koan* aufgeben wollen. Man höre auf den Ton der einen Hand! Wie soll man die göttliche und die menschliche Natur in Einklang bringen? Die ersten christlichen Jahrhunderte waren erfüllt vom Schlachtenlärm der verschiedenen Meinungen, und als man sich endlich zu einer Formel durchrang, erklärte diese nicht eigentlich das Phänomen, sondern formulierte nur wieder das Rätsel: Christus ist wahrer Mensch und wahrer Gott.

Koans werden jedoch nicht nur zu dem Zweck gegeben, das ohnehin schon rätselhafte Dasein noch rätselhafter zu machen. Gewiß, sie verstören den Verstand zuerst mehr, als daß sie ihn klären. Wenn sie aber auch nicht mit Hilfe des diskursiven Denkens gelöst werden können, so haben sie dennoch eine *lösende* Funktion: nämlich den Menschen von eben diesem Denken zu erlösen und ihn seine wahre Natur verwirklichen zu lassen. Wobei es sich natürlich nicht um ein Zurücksinken unter das Denken handelt, sondern um ein Transzendieren des Verstandes, um ein Darüberhinausgehen.

Auf die Inkarnation bezogen heißt das: sie ist nicht nur ein Paradox oder gar nur eine Augenblickslaune Mayas, sondern sie ist in etwa auch schon die Lösung des Rätsels, das uns ihre Erscheinung aufgibt. Das Paradox ist im Sohn Fleisch geworden, es ist in konzentrierter Form in ihm ausgedrückt - und gelöst. Er würde kaum ein solches Interesse in uns erwecken, wäre er nur ein Kuriosum - das wir zwar bestaunen könnten, aber doch nur von außen, so wie man etwa ein exotisches Tier oder Siamesische Zwillinge bestaunt. Dunkel fühlen wir, daß auch wir in dieses Mysterium mit einbezogen sind, daß durch den Sohn ein Schlaglicht auf unser zwitterhaftes Dasein geworfen wird, daß er unseren Fall nicht nur ausdrückt, sondern auch löst.

Dem gläubigen Christen dürfte dies jedoch nicht genügen. Für ihn steht die Erlösungs*tat* im Vordergrund, und das heißt: Christus löste nicht nur unseren Fall, sondern er *er*löste uns *von* unserem Fall. Eine geringfügige Änderung der Worte ändert so die ganze Situation. Mögen sich gewisse Gnostiker damit begnügen, in Christus in erster Linie den großen »Lehrer« zu sehen, der uns das geheime Wissen brachte, so betont der orthodoxe Christ vor allem das Leiden und Sterben Christi am Kreuz. Nicht so sehr durch Worte, sondern durch sein Blut erlöste Christus die Menschen; und gar nicht so sehr von ihrer Unwissenheit, sondern von ihrer Schuld.

Deutlich wird hier vor allem, warum sich der Christ gewöhnlich so hartnäckig weigert, Christus in die Schar anderer Propheten und Avataras einreihen zu lassen. Ginge es nur darum, die Menschen von ihrer Unwissenheit zu befreien, so könnte man sich sehr wohl vorstellen, daß Gott sich wieder und wieder verkörpert - vorausgesetzt, daß die Unwissenheit (*avidya*) ein eiserner Bestandteil einer anfangs- und endlosen Schöpfung ist. Für den Christen aber hat die Schöpfung einen Anfang, und was noch wichtiger ist: sie war im Anfang gut. Während der Nebel der Unwissenheit gemäß der buddhistischen und vedantischen Lehre alle relative Existenz von Anfang an (und es gibt keinen eigentlichen Anfang) durchdringt, ja, überhaupt für das Zustandekommen der relativen Existenz verantwortlich ist, handelt es sich in der christlichen Lehre um einen plötzlichen Fall, d.h. um ein Ereignis in der Zeit. Und zwar um ein bewußtes Vergehen, das auch hätte ausbleiben können. Eine wirkliche Schuld aber kann nicht durch bloße Worte getilgt werden - durch Worte kann dem Schuldigen höchstens bewußt gemacht werden, daß er schuldig ist. Also muß der Tat auch eine zweite Tat folgen; und da der Fall im Paradies ein einmaliges Ereignis war, ist auch die Sühnetat einmalig. Diese geschah auf Golgatha: als Gott seinen eingeborenen Sohn hingab aus Erbarmen mit den Menschen. Anderer Inkarnationen bedarf es also nicht.

Macht man die Erscheinung der Inkarnation abhängig von einem solchen Schuld-und-Sühne-Schema, so steht und fällt sie mit der Geschichte des Sündenfalls.

Ich kann unmöglich hier detailliert auf die komplizierte Dialektik des »Falls« eingehen - ich habe dies bereits an anderer Stelle versucht -, doch zumindest möchte ich kurz skizzieren, wie man den sogenannten Fall, über den sich die Theologen noch uneiniger sind als über die Auferstehung, im Rahmen der Evolutionslehre interpretieren kann: als eine Bewußtseinskrise, die dem Menschen einen Zuwachs an Erkenntnis einbrachte, so daß Gott Jahwe sagen konnte: »Siehe, der Mensch ist geworden wie unsereiner, so daß er nun Gutes und Böses erkennt.« Ich glaube, niemand sieht im Paradies - was immer dies auch gewesen sein mag - heute noch das Ziel unserer Entwicklung, denn das würde die Geschichte zu einem bloßen Im-Kreis-gehen degradieren. Liegt aber das Ziel jenseits dieses - wahrscheinlich gar nicht so vollkommenen - Anfangszustandes, so war die Vertreibung aus diesem Mutterschoß der Natur notwendig. Und sehen wir in Christus den eigentlichen Führer der Aufwärtsentwicklung, so war er an dieser »Vertreibung« nicht ganz unbeteiligt. Wäre Adam nicht »gefallen«, so hätte er die weitere Entwicklung blockiert. Denn nicht in ihm, sondern erst im zweiten Adam, in Christus, findet die Schöpfung, die von Anfang an in Wehen lag und sich nach dem Offenbarwerden der Söhne Gottes sehnte, ihre vorläufige Erfüllung.

Etwas davon ist wohl in der Formel »Felix Culpa«, der »glücklichen Schuld«, ausgedrückt, die das Erscheinen des Gottessohnes ermöglichte. Doch leider beließ man es bei diesem Paradox und blieb im Schuld-und-Sühne-Schema stecken, ohne andere innere Zusammenhänge zu sehen. Versetzen wir uns doch einmal in »Adam«: der Mensch war durch den Genuß der Erkenntnisfrucht in einen eigenartigen zwielichtigen Zustand geraten, er war aus dem Schoß eines dumpfen Ewigkeitsgefühls heraus und in die Welt der Gegensätze hineingeworfen worden. Er mußte sich zuerst seiner Sterblichkeit bewußt werden, um nach der wahren Ewigkeit streben zu können. Im Augenblick lebte er in einem Niemandsland, er war ein Zwitter: die Erde trug ihn nicht mehr, und der Himmel schien ihn abzulehnen. Er war sich selber zu einem Rätsel geworden: halb Affe, halb Engel - sterblich, aber mit dem seltsamen Bewußtsein der Ewigkeit. Jemand mußte kommen und sagen: »Und du wirst die Wahrheit erkennen und die Wahrheit wird dich frei machen«. Ich glaube nicht, daß der ursprüngliche Adam diese Wahrheit schon besaß und völlig frei war. Die Wahrheit mußte kommen, in der Adam seine wahre Natur erkennen konnte. Denn war nicht Christus, der Meister, schon potentiell in ihm angelegt gewesen? Hatte Adam sich nicht deshalb auf die Zehenspitzen gestellt und wollte er nicht deshalb so werden wie Gott, weil er dunkel fühlte, daß er in seinem innersten Wesen etwas von dieser göttlichen Natur besaß? Der weitere Weg war bestimmt nicht gerade, der

Vorwärtsdrang des »Sohnes«, dem es zu eng im ersten Adam war, vermischte sich auf seltsame Weise mit dem Aufbegehren der luziferischen Natur. Doch gerade dies macht unser Drama aus - andernfalls würden wir wohl eine »Ewigkeit« in einem Narrenparadies dahinstagnieren.

Ich will damit keineswegs sagen, daß dem Kreuz überhaupt keine Bedeutung zukommt; ich werde in einem anderen Kapitel darauf zurückkommen. Doch mir scheint, daß durch die bisherige Betonung des Schuld-und-Sühne-Schemas die eigentliche Bedeutung der Inkarnation eher verkunkelt als erhellt worden ist. Durch diese einseitige kausale Verknüpfung wird das Erscheinen des Gottessohnes abhängig gemacht von der angeblichen »Sünde« Adams, und auf welch wackeligen Füßen dieses Dogma vom Sündenfall und von der Erbschuld steht, haben wir bereits angedeutet. Wer im Paradies bereits den idealen Zustand für die Menschheit sieht, hält die Inkarnation für im Grunde nicht notwendig. Sie ist dann nichts weiter als ein abruptes Intermezzo, hervorgerufen durch ein ebenfalls unvorhergesehenes abruptes Ereignis, »Sündenfall« genannt. Beides sind eigentlich Störungen, und geht man noch weiter zurück, so war wohl die plötzliche Erschaffung der Welt aus dem Nichts ebenfalls eine Störung der Ewigkeit, die nicht unbedingt hätte sein müssen. Und man wundert sich darüber, warum alles so kommen mußte.

Man könnte nun darauf hinweisen, daß ein solcher kausaler Zusammenhang auch in der indischen Avatar-Doktrin zu finden sei. Zwar kennt der Hinduismus keinen einmaligen Sündenfall, der dann durch ein einmaliges Opfer gesühnt würde; aber er spricht von einem periodisch wiederkehrenden Niedergang des *Dharma*, des rechten Weges, der Gott dazu veranlaßt, sich immer wieder zu verkörpern und den Dharma wiederherzustellen. »Obgleich der ungeborene und ewige Geist«, sagt Krishna in der Gita, »obgleich Herr aller Wesen, gebäre ich mich im Schoße der Natur durch meine Maya-Kraft. Wann immer auf der Welt das Rechte abnimmt und das Unrecht emporkommt, manifestiere ich mich selbst. Zum Schutz der Guten und zur Vernichtung der Bösen und um die rechte Ordnung wiederherzustellen, erscheine ich in jedem Zeitalter aufs Neue.« (IV, 6-8)

Sehr wenige in Indien würden dies jedoch als den ausschlaggebenden Grund für eine Verkörperung Gottes ansehen. Genügte es Gott nicht, direkt oder durch hervorstehende Menschen - Propheten und Heilige - den Lauf der Dinge zu beeinflussen? Obschon die geschichtliche Rolle der göttlichen Inkarnation keineswegs übersehen wird (es heißt zum Beispiel, die Herabkunft eines Avatar bringe eine Veränderung im *Mahat*, dem Weltgeist, mit sich), so wird doch zumindest der Bhakta, der Gott*liebende*, das Schwergewicht nicht so sehr auf die geschichtliche Sendung legen, sondern auf den Wunsch Gottes, *zu lieben und geliebt zu werden*. ER ist der Bräutigam, der mit den Seinen ein Gastmahl feiern will. Diese Liebe schließt die Gründe, die wir vorher als mögliche Erklärungen angeführt haben, keineswegs aus, denn gerade aus der Liebe heraus will ER den Menschen das Licht der Erkenntnis bringen und aus dieser Liebe heraus will er für die Menschen sterben. Die Einseitigkeit einer nur gnostischen Interpretation Christi als des großen Lehrers und die Einseitigkeit eines fast mathematischen Schuld-und-Sühne-Schemas und die Einseitigkeit einer nur moralischen Erklärung (Christus oder Krishna als die Wiederhersteller des rechten Weges) werden durch diese Liebe aufgehoben. Nur wenn wir die verschiedenen Aspekte immer wieder mit der Liebe zusammenbringen, haben wir Aussichten, in das Geheimnis der Inkarnation tiefer einzudringen. Zwar besteht auch die Gefahr, daß man die Liebe - und hier wiederum besonders den Eros-Aspekt - isoliert und dann befindet man sich bald in einem geschichtslosen Narrenparadies, in dem sich einige Krishna-Kulte und ein Teil der mittelalterlichen Bräutigamsmystik wohl fühlten. Zwischen harter Geschichtlichkeit und zeitloser Liebesekstase gilt es deshalb den Punkt zu finden, wo ER sich befindet: der Zusammenfall aller Widersprüche, der beste sichtbare Ausdruck für den unsichtbaren göttlichen Grund.

3. Kapitel
ADVAITA - VEDANTA
UND
AVATAR - DOKTRIN

Für Parmenides, der ein recht statisches Sein zur Basis seiner Philosophie machte, wäre das Konzept der Inkarnation wohl eine »Torheit« gewesen. Gilt dies aber nicht auch für die Philosophie des Vedanta und ganz allgemein für jene Philosophie, die sich gern den Namen »Philosophia perennis« gibt?

Identifiziert man den Vedanta hauptsächlich mit den Upanishaden, den Brahma-Sutras und der Advaita-Lehre Shankaras (etwa 800 n.Chr.), so ist gewiß wenig Platz in diesem System für die Inkarnation. Der nicht-dualistische Philosoph Shankara, für den eigentlich nur das attributlose Brahman als letzte Wirklichkeit existiert, akzeptiert zwar in seinem Kommentar zur Bhagavad-Gita Krishna als die Verkörperung des höchsten Gottes, doch es ist nicht schwer zu sehen, daß er kaum sein Herz in diese ganze Inkarnations-Angelegenheit hineinlegt. Krishna ist für ihn letztlich der verkleidete *Paratma*, das höchste göttliche Selbst, das mit Brahman identisch ist - und diese unsichtbare Wirklichkeit ist für den Philosophen gewiß wichtiger als die Form und auch die Person Krishnas, die letztlich doch nur der Scheinwelt angehört.

Der Vedanta umfaßt jedoch auch jene Systeme, die den Bhakti-Kulten näherstehen (in denen Gott als Person und oft auch als der inkarnierte Gott angebetet wird), und deshalb wäre es eine grobe Vereinfachung zu sagen, der Vedanta und die Lehre von der Inkarnation seien unvereinbar. Es gibt innerhalb des Hinduismus keine offizielle Kirche, die hin und wieder auf Konzilien beschließen würde, was man von Brahman oder der Möglichkeit der göttlichen Inkarnation zu halten habe. Es gibt nur verschiedene Gruppierungen und Anschauungen, die einmal mehr die unpersönliche und einmal mehr die persönliche Seite betonen. Man spricht zwar manchmal von einer heimlichen Diktatur der Advaita-Lehre Shankaras, die alle persönlichen Züge Gottes, auch alle Avataras und überhaupt die ganze Welt der Vielfalt auf die Seite des Relativen, also Mayas, schiebt; doch die Stimme des Volkes, die nach Objekten ihrer Anbetung verlangt, gleicht dieses monistische Übergewicht wieder aus.

Um mich im weiteren nicht in einem Dschungel verschiedener Systeme zu verlieren, benütze ich das Wort Vedanta in einem sehr allgemeinen und flexiblen Sinn: als eine Anschauung, die zwar das unpersönliche Brahman als die höchste Wirklichkeit ansieht, die aber gleichzeitig sehr wohl Platz hat für den persönlichen Gott und auch für die Möglichkeit der Inkarnation. Ramakrishna etwa sah im unpersönlichen und persönlichen Gott nur zwei Aspekte derselben Wirklichkeit und war sowohl in den Bhakti-Kulten als auch im Advaita Shankaras zu Hause. Ganz ähnlich konnte ja auch ein Meister Eckhart seine Lehre vom unpersönlichen göttlichen Grund der Gottheit mit der Anbetung Christi verbinden. Man braucht also seine Zuflucht nicht gleich bei Philosophen wie Ramanuja oder Madhva - die beide gegen das Nirguna-Brahman Shankaras polemisierten - zu suchen, wenn man eine Schwäche für die Inkarnation hat. Man braucht nur die *relative* Wirklichkeit, die auch ein Advaita-Philosoph wie Shankara dem persönlichen Gott und dem Avatar zugestand, etwas mehr auf die positive und damit wirkliche Seite zu schieben. Warum soll nicht beides wirklich sein: der unpersönliche göttliche Grund *und* sein konzentrierter Ausdruck in der Welt der Erscheinungen?

Alle solche Beteuerungen scheinen jedoch nichts an der Tatsache zu ändern, daß die Inkarnation für den Vedantin nicht von so ausschlaggebender Bedeutung ist wie für den Christen. In den Upanishaden, die die eigentliche Grundlage des Vedanta bilden, ist von der Inkarnation noch keine Rede, und kein Vedantin hält sie deshalb für minderwertiger oder für eine bloße Vorstufe - etwa zur später geschriebenen Gita. Das wichtigste Ziel für den Vedantin ist und bleibt die Verwirklichung des *Atman*, des wahren Selbst des Menschen, das im Grunde identisch ist mit *Brahman*, dem Einen hinter der Vielfalt der Erscheinungswelt. Diese rein geistige, gestaltlose Brahman-Atman-Wirklichkeit kann zwar in der Bhagavad-Gita Gestalt annehmen in Krishna, doch dieser weist wiederum auf diese gestaltlose Wirklichkeit hin. Deren ewige Stille wird zum AUM (OM), zum tönenden WORT, das von den Rishis in der Meditation vernommen wird, und nimmt wiederum Gestalt an im Avatar, so daß sie auch *sichtbar* wird. Das Sichtbare führt jedoch wieder zurück zum Unsichtbaren, der Laut zum Unhörbaren, und es ist diese *Rückkehr*, auf die es dem Vedantin vor allem ankommt.

Der Christ betont dagegen gewöhnlich mehr die *Offenbarung*, das Abstrakte findet für ihn erst im Konkreten seine Erfüllung, das gestaltlose Selbst muß für ihn erst Form annehmen, um »wirklich« zu werden.

Allerdings ist der Christ in dieser Hinsicht auch nicht immer konsequent. Er neigt zwar dazu, im Atman oder Brahman der Upanishaden nur eine bloße Vorstufe zu sehen, eine vage Andeutung für das, was in Christus erst offenbar wurde. Stellt man jedoch die Frage, ob Christus dann größer sei als der unsichtbare Vater, wird er zugeben, daß der Sohn zwar das Sichtbar- und Hörbarwerden des Vaters sei, zugleich aber auch der Weg zurück zum Vater - und zum gestaltlosen Geist. Insbesondere wer eine starke Neigung zur Mystik hat, wird die Betonung fast ebensosehr wie der Vedantin auf die Rückkehr legen, auf das *Gott-werden des Menschen* - und nicht ausschließlich nur auf das geschichtliche Ereignis der *Menschwerdung Gottes*.

Ganz allgemein ließe sich sagen, daß die Upanishaden sowohl auf die Inkarnation hindeuten als auch über sie hinausweisen. Wer als Christ die Wirkungskraft des Logos und des Hl. Geistes auch in den Offenbarungen anderer Religionen am Werk sieht, dem dürfte es nicht schwerfallen, nicht nur die Gita in einem christlichen Licht zu sehen, sondern auch schon in den Upanishaden Stellen zu finden, die ahnungsvoll auf IHN hinzudeuten scheinen. »Er liegt verborgen in den Upanishaden«, heißt es in der Svetasvatara-Upanishad, und in der Katha-Upanishad lesen wir: »Das Ziel, auf das alle Vedas hinweisen, das alle asketischen Übungen erstreben, und um dessentwillen viele ein Leben der Entsagung führen - dieses Ziel kann ich dir kurz in einem Worte sagen: es ist OM.« (II, 15) Alles deutet also auf das WORT hin und findet in IHM seine Erfüllung. Auch der Atman, das göttliche Selbst, von dem immer wieder die Rede ist, ist keineswegs nur ein »Gott der Philosophen«, ein neutrales Es, ein kaltes Absolutes, das nur mit dem Gehirn - eben als ein bloßes »Konzept« - begriffen werden könnte. Ausdrücklich heißt es: »Dieser Atman kann nicht durch das Studium der Vedas erlangt werden, noch durch den Intellekt, noch durch sonstiges vieles Lernen. Er wird von dem erkannt, den ER sich erwählt. Dieser, sein eigenes Selbst, offenbart ihm seine wahre Natur.«

(Katha II, 23) Wenn wir dann noch von Blinden lesen, die von Blinden geführt werden, und von dem geistigen Pfad, der so scharf ist wie die Schneide eines Rasiermessers, so weisen auch schon diese Bilder auf die Atmosphäre des Neuen Testamentes hin.

Doch ein Vedantin würde sich wohl dagegen wehren, daß die Upanishaden nur als »Vorbereitung« gesehen werden. Mögen die Upanishaden auch »älter« sein als alle späteren Kulte, in denen der inkarnierte Gott die Hauptrolle spielt, so können sie doch in den Augen eines Vedantin nie übertroffen werden - sie sind immer schon ein Darüberhinaus. So wie der Christ vielleicht in diesen Schriften seinen Herrn ahnungsvoll angedeutet sehen kann, so wird der Vedantin seinerseits erklären, auch das Christentum habe seinen »unbekannten Gott«, nämlich den gestaltlosen Atman der Upanishaden, der im Christentum bzw. in Christus selbst verborgen liege. Warum verborgen? Weil jede Offenbarung durch die Mittel Mayas zugleich eine Verhüllung ist. Wer den Pfad der Erkenntnis (*Jnana*) geht und den Atman verwirklichen will, kann in der Inkarnation - sofern er sich überhaupt um sie kümmert - nur das durch Maya objektivierte Selbst sehen. Das heißt, die Inkarnation - ob Krishna oder Christus - ist seiner Ansicht nach ein Zugeständnis an die menschliche Schwäche und Unwissenheit. Da der Mensch den Atman, sein wirkliches Selbst, nicht sehen kann - denn es ist der Seher und kann niemals zum Objekt des Sehens und Erkennens gemacht werden -, muß es sozusagen nach draußen projiziert werden. Durch Maya wird das Unmögliche möglich: das ewige Subjekt, das unser eigentliches Sein ausmacht, wird zum Objekt der Anbetung. Obschon auch der Jnani zugeben wird, daß es sich hierbei um eine Offenbarung handelt, so wird er diese doch nicht für absolut notwendig zum Heil ansehen. Beweis: die Rishis der Upanishaden verwirklichten den Atman auch ohne den Umweg über die Inkarnation. Der Jnani wird darüberhinaus auch auf die Gefahr hinweisen, die durch eine Fleischwerdung des sonst gestaltlosen göttlichen Selbst entsteht: da die Offenbarung zugleich eine Verhüllung ist, wird sich der Gläubige nun leicht an diese äußere Hülle klammern, die Verkörperung zum Idol erheben und sich so den Weg zu seinem wahren Selbst verstellen - das ja nicht irgendwo draußen, sondern in ihm selber ist.

Suchen wir den Jnani-Typ innerhalb des Christentums, so finden wir ihn wohl am ehesten in jenen Mystikern, die die eigentliche

Erfüllung erst im Hl. Geist (oder gar in einem unpersönlichen Grund) sahen, und noch nicht in Christus. Sie sind daran erkennbar, daß sie mit Vorliebe die Worte Christi zitieren: »Wenn ich nicht fortgehe, kann der Tröster nicht kommen.« Das heißt, in die Sprache dieser »spirituellen« Mystiker übersetzt: Wenn meine äußere Gestalt nicht verschwindet, kann ich mich nicht in euerem Inneren offenbaren: als der Hl. Geist. - Ganz ähnlich wird dann auch das Wort des Auferstandenen interpretiert: »Halte mich nicht fest.«

Während der Hl. Geist in den Augen des Bhakta, der nicht viel mit einem gestaltlosen Gott anfangen kann, hauptsächlich die Aufgabe hat, die göttliche Inkarnation in ein noch glorreicheres Licht zu rücken und alles über den Herrn zu offenbaren, so sieht der Jnani es eher umgekehrt: nicht der Geist weist auf die Inkarnation hin, sondern diese auf den Geist - so wie vorher Johannes der Täufer als Vorläufer auf die Inkarnation hingewiesen hat. Man könnte auch sagen, die Inkarnation sei der Geist, aber noch verkleidet, sozusagen als die bildhaft umherwandelnde Parabel des Geistes, und fällt diese Hülle - selbst die strahlende Hülle des Auferstandenen - fort, so offenbart sie sich als der Atman, das göttliche Selbst in jedem Lebewesen.

Nach alledem hat es den Anschein, daß der Vedantin - zumindest wenn er ein wenig vom Advaita Shankaras angesteckt ist - dies mit dem Gnostiker gemeinsam hat: daß er dem Ja zur Inkarnation immer gleich ein Aber folgen läßt, falls er sich überhaupt zu einem Ja durchringen kann. Ein Hauch von Doketismus scheint über der ganzen Sache zu liegen, und Worte wie »Verkleidung«, »Hülle« usw. lassen den orthodoxen Christen gleich Verdacht schöpfen. Wie kann ein Anhänger des Advaita-Vedanta jemals zugeben, daß das Unendliche *wirklich* endlich wird? Kann die Fülle des Sat-Chit-Ananda (Sein-Bewußtsein-Glückseligkeit) sich auch nur das Geringste hinzufügen, wenn sie Gestalt annimmt? Die Fleischwerdung kann deshalb höchstens als Schein oder als Spiel angesehen werden: durch Maya ist das bildlose Selbst aller Wesen zum Bild geworden, ja, zu einem Bilderbuch, das selbst von Kindern zu Weihnachten oder an Krishnas Geburtstag gelesen werden kann. Also nichts weiter als ein »Kindergarten« der Religion, der im Reich des Geistes keinen Platz mehr hat?

Man sieht hier schon, daß es nicht so einfach ist, indische Spiritualität zur »Klärung« des Inkarnations-Geheimnisses heranzuziehen. Die Gefahr besteht nämlich, daß die Klärung so stark sein wird, daß vom Phänomen der Inkarnation nicht viel übrig bleibt. Denn geht man einer Erscheinung auf den letzten *Grund* (und gerade dies ist ja die Besessenheit des indischen Geistes: allem auf den Grund zu gehen), so verschwindet die Erscheinung. Ramakrishna verglich Brahman oft mit dem Wasser des Ozeans, das hier und da zu festen Eisblöcken gefriert, d.h. zu den persönlichen Formen Gottes, darunter auch den Inkarnationen. Wenn nun die Sonne der höchsten Erkenntnis aufgehe, sagte er, dann schmölzen alle diese Formen wieder und würden eins mit dem gestaltlosen Meer.

Man kann verstehen, daß ein Christ nicht gern Christus in einem namen- und formlosen Ozean reinen Bewußtseins verschwinden lassen will. Doch immerhin deuten Ramakrishnas Worte auch auf die Tatsache hin, daß Christus dieser Ozean *ist*. Die Inkarnation kommt nicht plötzlich aus dem Nichts. Der unpersönliche Grund, der einen Christus gebiert, muß schon etwas Christushaftes haben, sonst könnte er ihn nicht hervorbringen. Und umgekehrt hat Christus immer den Ozean, den ganzen Grund der Gottheit, in sich.

Dies gilt natürlich, gemäß der Vedanta-Lehre, eigentlich für alle Menschen, ob sie es nun wissen oder nicht. Und dies ist vielleicht der tiefste Grund, warum die Inkarnation in Indien - trotz aller Popularität Krishnas und Ramas - nie die Bedeutung erlangte, die sie im Christentum hat. In der Atmosphäre des Alten Testamentes war die Kluft zwischen Gott und Mensch, zwischen Schöpfer und Geschöpf, fast unüberbrückbar, und es verwundert nicht, daß die Menschen sich nach einem *Mittler* sehnten, der diese Kluft überbrücken sollte. In Indien dagegen hatte es diese Kluft nie gegeben, weshalb die Sehnsucht nach einem Bindeglied zwischen Gott und Mensch nie stark aufkommen konnte.

So wird die Inkarnation im Vedanta immer nur eine »Zutat« bleiben, ein gnadenhafter Überschuß, aber kein eigentliches Kernstück. Letztlich ist für den Vedantin die ganze Schöpfung die Inkarnation Gottes, und der Avatar ist nur eine besondere Manifestation in diesem größeren Rahmen. Ein Vedantin kann sich in diesen besonderen Aspekt Gottes verlieben und ihm sein ganzes Leben weihen - er muß es aber nicht. Er kann auch schnurstracks auf die Verwirklichung des Atman zugehen.

Stehe ich hier aber nicht vor einem Widerspruch? Es ist zwar nicht verwunderlich, daß man in einer Studie über das Thema »Inkarnation« fortwährend über Widersprüche stolpert, doch man sollte daraus keinen Kult machen, sondern so vieles klären, was zu klären möglich ist.

Ich habe im vorhergehenden Kapitel bemerkt, daß das traditionelle Christentum die Inkarnation nicht *genügend* in den Mittelpunkt rückt. Dieser Mangel wird meistens übersehen, weil das Kreuz ja unübersehbar mitten im Zentrum des Christentums aufgepflanzt ist, und jeder Versuch, an diesem Kreuz vorbeizugehen, als menschliche Verblendung gebrandmarkt wird. Da aber dieses Kreuz und überhaupt das Erscheinen des Wortes kausal mit dem Sündenfall verknüpft wird, der eigentlich nicht hätte sein müssen, ist die Verankerung des Kreuzes in der Schöpfung keineswegs so fest, wie es den Anschein hat.

Wir haben dann im weiteren gesagt, wir müßten die Inkarnation von dieser »Zufälligkeit« befreien, denn sie ist ja weit mehr als ein bloßes Wiedergutmachungsmanöver, sondern die *Offenbarung* der göttlichen Natur - und darüberhinaus auch die Offenbarung der wahren Natur des Menschen.

Nun könnte man jedoch fragen: hat Christus - oder ganz allgemein die Inkarnation - diese zentrale Bedeutung, diesen positiven Offenbarungscharakter nicht auch für den Osten? Lebte der Mensch in Indien nicht auch in einem zwielichtigen Zustand, so daß ihm jemand die Wahrheit offenbaren mußte, die ihn frei machte?

Ich glaube, es ist kein Zufall, daß Christus in Israel geboren wurde und nicht in Indien, und daß sich seine Lehre hauptsächlich im Westen ausbreitete. Wenn ich weiter oben etwas dramatisch vom hilflosen Zustand »Adams« schrieb, der Christus braucht, damit ihm seine Augen geöffnet werden, so ist das ganz in einem westlich-christlichen Zusammenhang geschrieben und nicht ohne weiteres auf den Osten übertragbar. Dort war die Atmosphäre gesättigt mit Spiritualität, mit göttlicher Selbsterkenntnis, der auch ein Krishna nicht viel hinzuzufügen hatte - es sei denn Bhakti, die Liebe zu Ihm.

Wenn die Inkarnation aus diesem Grunde im Vedanta eine »Zutat« bleibt, so ist das etwas anderes als die »Zufälligkeit« in der traditionellen christlichen Lehre. Denn hier ist die Inkarnation nur

»zufällig« wegen des vorhergehenden Zufalls, des sogenannten Sündenfalls, und wird dieser einmal als wirklich und vor allem als *Schuld* akzeptiert, so hat die Inkarnation und das Kreuz natürlich etwas bitter Notwendiges. Von einem gnadenhaften »Überschuß« könnte man dann höchstens in dem Sinne sprechen, daß Gott nicht verpflichtet war, den Menschen aus seiner gefallenen Situation zu erlösen - und es ist ja zahlreichen Generationen von Christen eingetrichtert worden, daß sie diese Erlösungstat eigentlich nicht verdient haben.

Im Vedanta bedeutet der »Überschuß« eher etwas Spielerisches, so wie ja auch die ganze Schöpfung oft als *Lila,* als göttliches Spiel, angesehen wird. »Eine göttliche Inkarnation ist schwer zu begreifen,« sagte Ramakrishna einmal, »sie ist das Spiel des Unendlichen im Endlichen.« Daß auch das Leid hier keineswegs ganz ausgeklammert wird, werden wir noch sehen; aber ganz allgemein ließe sich doch sagen, daß das Element des Bitter-Notwendigen fehlt - weil auch ein Schuldbewußtsein fehlt und es kein Dogma von der Erbsünde gibt.

Dennoch würde ich nicht sagen, daß die Lehre von der Inkarnation für den Vedantin ein reiner Luxus sei. Da ist zuerst einmal die Frage nach der geschichtlichen Entwicklung, die durch den Avatar aufgeworfen wird - und ein geschichtliches Bewußtsein, das die ganze Menschheit überschaut, kann in Indien sicherlich nicht schaden. (Ist es ein Zufall, daß sich Sri Aurobindo immer wieder detailliert über das Avatar-Problem ausließ - eben weil es ihm auf die *Entwicklung* ankam?«)

Zweitens muß sich auch der Anhänger des Advaita-Vedanta fragen, ob sein A-dvaita (Nicht-Zwei) nicht vielleicht ein versteckter Dualismus ist - dann nämlich, wenn er Brahman zu sehr von der Welt der Erscheinungen trennt. Denn dann könnte auch er sehr wohl einen *Mittler* brauchen, der die Extreme verbindet: das Unendliche mit dem Endlichen, das Ewige mit dem Zeitlichen. Mit anderen Worten: auch der Jnani kann noch von der Inkarnation lernen, er kann in ihr den Fleischgewordenen A-dvaita sehen, den gelungensten Ausdruck der Einheit.

Daß er auch schnurstracks auf die Verwirklichung des gestaltlosen Atman zugehen kann, bezweifle ich nicht, genauso wenig wie ich bezweifle, daß ein gläubiger Jude oder Moslem Zugang zu Gott hat ohne die Mittlerfunktion des Sohnes. Trotzdem halte ich die

Inkarnation für eine unendliche Bereicherung, ohne die die Welt um vieles ärmer wäre. Auch wenn man nicht glaubt, daß sie zur Tilgung einer Erbschuld oder zur Erlangung der Brahman-Erkenntnis notwendig ist, ist damit ihre Existenzberechtigung noch keineswegs erloschen. Man kann sich zwar auch eine Welt ohne Kreuz und ohne Christus-Ikonen, ohne Buddha-Statuen und ohne tanzenden Krishna vorstellen, aber wir hätten dann keine Darstellung des göttlichen Archetyp, des Atman, wir sähen höchstens »Entwürfe« herumlaufen - uns selber -, aber nicht das Bild der Vollkommenheit, des Abgerundetseins, das *alles* umfaßt: wahrer Gott und wahrer Mensch. Irgendeine Stimme sagt uns: das ist ER. Eine sehr subjektive Angelegenheit, das gebe ich zu, aber immerhin tief genug, um die ganze Weltsicht zu verändern - wenn man weiß, daß Er unter uns gewohnt hat. Es ist gewiß schwer, die geschichtliche Notwendigkeit der Inkarnation zu erklären - obschon die Wirkungskraft eines Buddha und Christus kaum zu leugnen ist -, aber vielleicht ist es manchmal gut, alle kausalen Zusammenhänge ein wenig außer acht zu lassen, weil auch sie uns den Weg verstellen können - wenn wir nämlich vor lauter Erklärungen und Beweisen den Herrn selber nicht mehr sehen. Die Liebe zum inkarnierten Gott muß frei sein, sie muß mehr sein als ein Tribut, der zu zahlen ist. Es muß Freude machen, Gott in seinem menschlichen Aspekt zu lieben - auch ohne ein Warum.

4. Kapitel

MAYA

Der eigentliche Stein des Anstoßes in der Vedanta-Lehre ist für den Christen - besonders was die Inkarnation betrifft - wohl die Maya-Lehre. Wir sprachen bereits von einem »Hauch von Doketismus«, der den Christen sofort mißtrauisch stimmt. In Klammern scheint immmer ein »Als ob« oder ein »Sozusagen« hinzugefügt zu werden, wenn etwa von der Geburt oder dem Sterben der Inkarnation die Rede ist.

Natürlich gilt dies nicht für den ganzen Hinduismus. Die Maya-Lehre ist ein besonderer Beitrag Shankaras, wenn sie auch in Ansätzen in vielen früheren Schriften zu finden ist. Warum stellte dann Shankara Maya so sehr in den Vordergrund und gab ihr eine so negative Bedeutung? Sein Hauptziel dürfte wohl gewesen sein, die reine Transzendenz Brahmans sicherzustellen und dadurch einen krassen Pantheismus zu vermeiden. In den Upanishaden finden sich oft Stellen, die besonders die Immanenz Brahmans betonen, und die Maya-Lehre schiebt einer pantheistischen Interpretation dieser Stellen sofort einen Riegel vor. Brahman wurde nicht wirklich zur Vielfalt - es er*scheint* nur als mannigfaltige Erscheinungswelt (zu der Shankara natürlich auch die Welt der göttlichen Namen und Formen zählt). Brahman *scheint* sich in der Schöpfung zu verausgaben - doch in Wirklichkeit ist es ewig jenseits von Raum, Zeit und Kausalität, die eben Maya sind, bloßer Schein.

Doch es ist nicht notwendig, Maya nur negativ zu verstehen, so wenig wie das deutsche Wort »Schein« nur negativ verstanden werden muß. Swami Vivekananda, der große Schüler Ramakrishnas, verglich einmal die Maya-Lehre mit den Anfangsworten zum Prolog des Johannes-Evangeliums: » 'Im Anfang war das Wort, und das Wort war bei Gott, und das Wort war Gott.' Der Hindu nennt dies Maya, die... schöpferische Allmacht Gottes. Das Wort manifestiert sich auf zweierlei Weise - allgemein als Natur, und im besonderen als die großen göttlichen Inkarnationen - Krishna, Buddha, Jesus und Ramakrishna. Christus, die besondere Manifestation des Absoluten, ist bekannt und erkennbar. Das Absolute selber kann nicht erkannt werden. Wir können nur den Sohn erkennen, nicht den Vater. Wir können das Absolute nur sehen, wenn es eine menschliche Tönung hat, wenn es als Christus erscheint.«[2]

Wenn aber Maya das schöpferische Wort Gottes ist, durch das alles geschaffen wurde, wie konnte es dann im Vedanta einen so negativen Klang bekommen? Weil sie durch die Manifestation der Vielfalt das *Eine* verbirgt. Die Projektion, die Offenbarung, ist zugleich eine Verhüllung. Diese Doppeldeutigkeit macht gerade den sphinxhaften Charakter Mayas aus. Sie ist das Zwielicht, das Schillern zwischen Sein und Nichts, vor dem Parmenides so graute. Sie ist Dunkelheit und zugleich das Licht, das sich in der Dunkelheit offenbart.

Dies scheint die Sache nun nicht zu vereinfachen, sondern sie noch komplizierter zu machen. Aber die Erscheinungswelt ist nun einmal komplex. Und da die Inkarnation auch der Erscheinungswelt angehört und wiederum eine direkte Manifestation des Absoluten ist, erreicht die Komplexität in ihr die größte Dichte. Auch in ihr sind Offenbarung und Verhüllung seltsam verfilzt - ist Offenbarung ja eigentlich nur möglich durch Verhüllung. Im Unterschied zur übrigen Vielfalt aber, die das wahre Wesen Brahmans oft mehr verdunkelt als offenbart, offenbart die göttliche Inkarnation mehr als daß sie verdunkelt. Sie ist die positive Seite Mayas: das Licht, das in die Finsternis hinabsteigt. Doch sie braucht auch wieder die Dunkelheit, denn wie könnte sich das Licht offenbaren ohne sie? Ja, sie muß selber etwas von der Dunkelheit annehmen, um überhaupt erkennbar und für das menschliche Auge erträglich zu sein.

Wir haben also folgende Situation vor uns: das göttliche Wort muß, um sich offenbaren zu können, als Mensch erscheinen. Doch die Menschen erkennen Gott nicht, eben weil er in Menschengestalt vor ihnen steht. Die Maske, die das Innere nach außen ausdrücken soll, wird zur Verhüllung. Diesen positiven und negativen Aspekt Mayas bringt Krishna in der Bhagavad-Gita zum Ausdruck, wenn er an einer Stelle sagt, er verkörpere sich durch die Kraft seiner Maya in jedem Zeitalter aufs Neue, und an einer anderen Stelle, daß die Menschen durch Maya so verblendet seien, daß sie ihn nicht als den Herrn erkennen, wenn er ihnen in Menschengestalt erscheint.

Blickt man noch tiefer (und hat man eine Schwäche für dialektisches Denken), so wird die Verhüllung aber auch wieder zur Offenbarung: indem nämlich Gott sich als Mensch verhüllt, weist er zugleich auf die Göttlichkeit des Menschen hin.

Doch dies ist eher eine Aufforderung - nämlich nach dem Göttlichen zu streben -, als die Feststellung einer Tatsache, denn Gott inkarniert sich nicht nur, um dem naturhaften Sein des Menschen seinen Segen zu geben, sondern um ihn aus dem Kreislauf der Natur herauszuführen in seine wahre Heimat. *Im Grunde* sind wir zwar - gemäß der Vedanta-Lehre - alle eins mit Gott; doch in Zeit und Raum, in Maya, handelt es sich um einen Verwirklichungsprozeß, hier ist unsere Göttlichkeit zuerst nur »potentiell«, und die Aufgabe der Inkarnation ist es, diese schlummernde Göttlichkeit in uns zu erwecken, so daß wir die Wahrheit erkennen, die uns frei macht.

Dabei benützt die Inkarnation Maya, um uns von Maya zu befreien. Nur durch Maya kann der Gottessohn ins sichtbare Dasein eintreten und seine Zeichen und Wunder vollbringen. Durch die fast magische Kraft seiner Yoga-Maya zieht er die Menschen an - während andere, wiederum durch Maya, abgestoßen werden. Durch seine höhere göttliche Maya reißt er uns aus dem Schlaf der Unwissenheit und des bloßen Sinnenlebens - nicht immer gleich in das klare Licht der Gottheit, in dem alle »Bilder« verschwinden, aber doch auf eine höhere Ebene, wo der dunkle Spiegel, durch den wir die Wirklichkeit in Rätseln, Zeichen und Gleichnissen gesehen haben, schon sehr viel heller und lichtdurchlässiger geworden ist.

Damit ist klargeworden, daß Maya keineswegs nur in einem negativen Sinn als »Illusion« zu verstehen ist. Wie das deutsche Wort »Schein« ist sie eben beides: der Schein der göttlichen Sonne, die schöpferische Ausdruckskraft des Absoluten, und auf der anderen Seite bloßer Schein, der noch nicht die allerletzte Wirklichkeit ist.

In diesem Sinne kann man Maya auch als *Relativität* bezeichnen. Sagt ein Vedantin, etwas sei Maya, so meint er eben dies: daß es relativ ist - aber keineswegs, daß es überhaupt nicht existiert. Er kann zum Beispiel wortreich die Lehre von der Reinkarnation und das Karma-Gesetz verteidigen, ohne aber im geringsten zu zögern, im nächsten Augenblick zuzugeben, daß diese Lehren auch Maya sind. Und dasselbe gilt auch für das Phänomen der Inkarnation. Auf der absoluten Ebene, im göttlichen Grund, gibt es keine Einzelseele, die sich langsam nach »oben« kämpft, und keinen Avatar, der gnädig zu den Menschen »herabsteigt«. Es gibt hier keinen Christus, Buddha, Krishna oder Ramakrishna. Und doch: wenn wir nach einem Bild suchen, das diesen mystischen Grund wieder am besten ausdrückt, in dem alle Widersprüche zusammenfallen, in dem es keinen Gegensatz zwischen Gott und Mensch gibt, stoßen wir wieder auf die Inkarnation, die unsichtbar im Herzen dieses Grundes ruht. Durch Maya wird sie sichtbar. Und wenn wir es genau bedenken, kennen wir den Grund nur durch Maya; denn im Grunde wissen wir von nichts.

Die Versuchung ist groß, hier noch weiter über die Natur Mayas zu spekulieren - ist es doch Maya, die uns zu solchen Spekulationen verführt. Doch wir werden noch genügend Gelegenheit haben, uns mit dieser eigenartigen Sphinx näher zu befassen, wenn wir uns nun mit Ramakrishna beschäftigen, der Gott als Mahamaya, als die Große Mutter anbetete. Im Christentum, insbesondere im Protestantismus, wurde der Sohn immer nur mit dem Vater in Verbindung gebracht - einem recht preußischen Vater, der noch immer sehr viel vom Jahwe des Alten Testamentes hatte und keine Bilder liebte, keine weibliche Sinneskunst, sondern nur die »bildlosen« nüchternen Gesetzestafeln. Etwas anders ist es in der Ostkirche, die Maria-Sophia immer einen hohen Platz einräumte, und auch in der katholischen Kirche, wo neben dem Vater auch die Muttergottes erscheint, oft alles überragend. Sie inspirierte nicht nur viele Madonnenbilder, sondern entzündete auch die Herzen vieler Mystiker - und nicht nur die Herzen, sondern auch das Denken. Man denke nur an manche Stellen im Werk Teilhard de Chardins, der die Inkarnation in engster Verbindung mit dem »Ewig-Weiblichen« sah, das schon als Sophia durch das Alte Testament geisterte und bis heute glücklicherweise allen männlich-puritanischen Ausrottungsversuchen widerstanden hat.

5. *Kapitel*

DER GOTTESNARR VON DAKSHINESWAR

Nachdem wir das Phänomen der Inkarnation bisher eher philosophisch umgangen oder umtanzt haben, müssen wir uns nun auf die Person Ramakrishnas konzentrieren - auch wenn wir selbst hier oft nicht viel mehr tun können, als um ihn herumzutanzen.

Vom Todesjahr Ramakrishnas - 1886 - trennen uns noch keine hundert Jahre, d.h. keine jahrtausendlange Kirchen- und Dogmengeschichte klärt uns in seinem Fall über die Person auf bzw. verstellt uns den Weg. Wir entdecken hinter den manchmal allzu fertigen Antworten, die uns der christliche Glaube lehrt, erst einmal wieder die ursprünglichen *Fragen*, und befinden uns damit fast in der Haut jener ersten Jünger Jesu, die sich fragten, wer ihr seltsamer Führer, dieser »Heilige Gottes«, wohl sein mochte.

Natürlich hatten beide, Jesus wie Ramakrishna, ihren jeweiligen »background«. Im jüdischen Volk gab es zwar keine Avatar-Doktrin, aber eine allgemeine Messias-Erwartung - wenn diese auch keineswegs einheitlich war. Diese Messiasvorstellung allein hätte aber wohl nicht genügt, die spätere Theologie vom »Sohn Gottes« auszuarbeiten; hier mußte griechisches Denken hilfreich einspringen. Zumindest kamen die ursprünglichen Judenchristen kaum über eine Adoptionslehre hinaus - für sie war Jesus der von Gott »Auserwählte«, der von Gott »adoptierte« Sohn, zu dem Gott sich bekannte - aber wohl kaum ein präexistentes göttliches Wesen, das gleichberechtigt neben dem göttlichen Vater thronte.

Was nun Ramakrishna angeht, so sahen dessen Jünger in ihm einmal die Verkörperung der indischen religiösen Weisheit, die sich in Jahrtausenden angesammelt hatte. In ihm waren die Upanishaden, die Gita und auch die Puranas wieder Fleisch geworden, und es fiel seinen Verehrern auch nicht schwer, in ihm eine Wiederverkörperung Ramas, Krishnas und Chaitanyas zu sehen. Er selber sah sich als das bisher letzte Glied - aber keineswegs schon als »Siegel« - in der Kette der göttlichen Offenbarungen, der Avataras oder

»Herabstiege« Gottes, zu denen er auch Buddha und vor allem Christus zählte.

Doch dies wird einen Christen natürlich noch nicht davon überzeugen, daß Ramakrishna eine göttliche Inkarnation war. »Inkarnation« wird von einem Christen ja nie als ein Gattungsbegriff gebraucht, da es für ihn nur *eine* göttliche Inkarnation gibt: Christus. Wenn Ramakrishna kurz vor seinem Tode zu seinem noch immer skeptischen Schüler Narendra (dem späteren Vivekananda) sagte: »Derjenige, der Rama und Krishna war, ist jetzt in diesem Leib als Ramakrishna,« so konnten diese Worte den jungen Narendra sicherlich beeindrucken, so wie sie auch heute noch einen im Hinduismus aufgewachsenen Verehrer beeindrucken werden, für den Rama und Krishna Namen Gottes sind, doch für den Christen sind diese Avataras kaum mehr als die Helden in homerischen Epen, fast überhaupt nicht geschichtlich zu fassen. Ich will damit nicht sagen, daß ich diese Avataras damit schon für »erledigt« halte, aber ein Verehrer Ramakrishnas wird sie in einem Gespräch mit einem Christen kaum als ein Fundament benutzen können, aus dem einfachen Grund, weil dieses Fundament für den Christen nicht existiert oder zumindest viel zu wackelig ist. Es ist deshalb viel besser, diesen ganzen »Rahmen« einstweilen im Hintergrund zu lassen - wenn er auch notgedrungen immer wieder hervorlugen wird - und uns Ramakrishna als einem Phänomen zu nähern, das nicht leicht einzuordnen ist.

Mancher Leser wird das Leben Ramakrishnas wahrscheinlich schon kennen, zumindest in groben Zügen, aber es ist vielleicht doch angebracht, es noch schnell einmal zu skizzieren, um dann später ins Detail gehen zu können.

Ramakrishna - mit seinem »bürgerlichen« Namen Gadadhar Chattopadhyaya - wurde 1836 in Kamarpukur, einem kleinen Dorf Westbengalens, geboren. Es wird berichtet, daß sein Vater Khudiram, ein einfacher Bauer aus der Brahmanenkaste, in seinem sechzigsten Lebensjahr noch einmal eine große Pilgerreise unternommen hatte, diesmal nach Gaya. Dort erschien ihm Vishnu im Traum und versprach ihm, er werde als sein Sohn geboren werden. Zugleich hatte Khudirams Frau, Chandra Devi, daheim in Kamarpukur eine Reihe ekstatischer Erlebnisse. Als sie zum Beispiel einmal mit einer Nachbarin vor dem kleinen Shiva-Schrein des Dorfes stand, ganz in alltäglichen Dorftratsch vertieft, fühlte sie plötzlich, daß Strahlen von der Shiva-Statue ausgingen und in sie eindrangen. Sie fiel ohnmächtig zu Boden. Als ihr Mann nach langer Abwesenheit zurückkam, war sie bereits schwanger.

Viele Verehrer Ramakrishnas sprechen deshalb von einer übernatürlichen Geburt. Andere sind eher der Meinung, daß solche geistigen Erlebnisse der Eltern - die niemand anzweifelt - eine natürliche Geburt keineswegs ausschließen; an der Größe Ramakrishnas ändere sich dadurch nicht das geringste.

Zumindest hinderten diese »Überschattungen« den kleinen Gadadhar nicht daran, sich als ein rechter Lausbub zu entfalten, der das ganze Dorf mit seinen Streichen und Schauspielkünsten unterhielt. Allerdings traten neben diese Schelmereien - die eigentlich bis zu seinem Tod nicht aufhörten - bald auch tiefe mystische Erlebnisse, auf die wir später näher eingehen müssen.

Die entscheidende Wende in seinem äußeren Leben trat ein, als er im Alter von sechzehn Jahren seinem älteren Bruder Ramkumar nach Kalkutta folgte, wo dieser zuerst eine Sanskritschule leitete und dann die Stelle eines Priesters im gerade errichteten Kali-Tempel in Dakshineswar annahm. Als Ramkumar plötzlich starb, beschloß Ramakrishna nach einigem Zögern, seine Stelle einzunehmen. Er verrichtete nun die täglichen Andachtsübungen vor dem Standbild der Göttin Kali, in der er bald weit mehr als nur eine von vielen Göttinnen sah, sondern den höchsten Gott in seinem mütterlichen Aspekt: die Urenergie, Inbegriff der Schöpfung, aber auch der Zerstörung, die Totalität alles Lebendigen, in der auch der Tod mit eingeschlossen war. Er ließ die bloß routinemäßige Verrichtung seiner priesterlichen Pflichten bald weit hinter sich und näherte sich in immer größerer Liebesekstase seiner »Mutter«, als deren Sohn er sich betrachtete. Daß er sie nicht sehen konnte, von Angesicht zu Angesicht, trieb ihn zur Verzweiflung, und der Ausdruck seiner geistigen Agonie war so groß, daß die Leute glaubten, er hätte seine irdische Mutter verloren. Manche hielten ihn für verrückt. Als er nahe daran war, seinem Leben ein Ende zu setzen, »erschien« ihm endlich die Mutter: als »ein Ozean des Geistes, grenzenlos, unendlich, blendend«, wie Ramakrishna später sagte. Die äußere Umgebung verschwand völlig, und die Wogen dieser Geist-Energie stürzten über ihm zusammen, so daß er leblos zu Boden sank. In seinem Inneren fühlte er nur eine unendliche Freude. Als er nach langer Zeit zu sich kam, flüsterte er nur das

Wort »Mutter«.

Obschon Ramakrishna bald darauf auch andere Hindu-Pfade beschritt und Gott in seinen verschiedensten Aspekten anbetete, blieb die Göttliche Mutter Kali doch bis an sein Lebensende seine eigentliche »Wahlgottheit«. Auf dem Sterbebett rief er noch einmal dreimal laut ihren Namen.

Ramakrishna hatte sich zuerst dem Göttlichen ohne eine geistige Führung genähert, und das Auf und Ab seiner ekstatischen Erlebnisse drohte ihn wirklich an den Rand des Wahnsinns zu bringen. Unter der Leitung einer brahmanischen Nonne kam jedoch bald etwas mehr »Systematik« in seine religiösen Abenteuer. Zum großen Erstaunen seines weiblichen Guru erreichte er auf allen Pfaden - ob nun des Tantrismus oder des Vaishnavismus - in kürzester Zeit das Ziel der jeweiligen Wege, die völlige Vereinigung mit dem jeweiligen Aspekt der Gottheit, so daß die Brahmanin schließlich zu der Überzeugung kam, ihr Schützling könne unmöglich ein gewöhnlicher Heiliger sein, sondern es müsse sich um einen Avatar handeln - wie Krishna, Rama und Chaitanya. Zwei berühmte Pandits, die sie zu Rate zog, bestätigten sie in ihrer Überzeugung, was jedoch nicht das geringste am bescheidenen Wesen Ramakrishnas änderte, der nur sagte, er sei froh, daß er nun doch nicht verrückt sei.

Wegen seines exaltierten Gefühlslebens war man schon vorher auf den Gedanken gekommen, es würde ihm vielleicht gut tun, wenn er heiraten würde. Den jungen Ramakrishna schien die Suche nach einer Braut zu amüsieren, und als man nichts Rechtes fand, sagte er, man solle im Nachbardorf Jayrambati in der Familie des Ram Mukhopadhyaya nach ihr suchen. Das Mädchen, das man dort ausfindig machte - Sarada Devi mit Namen -, war jedoch zum großen Leidwesen der Mutter noch sehr jung, nämlich genau fünf Jahre alt. Die Hochzeit war deshalb kaum mehr als eine Verlobung, und selbst später, als Sarada das genügend reife Alter erlangt hatte und nach Dakshineswar kam, um ihr Leben mit Ramakrishna zu teilen, wurde die Ehe nicht im gewöhnlichen Sinne vollzogen - ihre Vereinigung fand auf der Ebene des Samadhi statt. Nach dem Tod Ramakrishnas wurde Sarada Devi die eigentliche Mutter des Ramakrishna-Ordens und aller Verehrer des »Meisters« - sie wurde als Sri Ma, als die »Heilige Mutter« verehrt.

Doch zurück zur geistig-religiösen Entfaltung Ramakrishnas.

Indem er bisher Gott in seinem persönlichen Aspekt - als Rama, Krishna, Shiva und besonders als »Mutter« - angebetet hatte, hatte er damit seinem Bhakti-Temperament freien Lauf lassen können. Fast alle glühenden Bhaktas bleiben auf dieser Gefühlsebene - ihnen graut vor dem unpersönlichen Absoluten. Doch Ramakrishna ließ sich nun von einem Mönch des Shankara-Ordens, Totapuri, in der reinen Advaita-Lehre unterrichten - allerdings nicht, ohne seine Göttliche Mutter vorher um Erlaubnis gefragt zu haben. Natürlich begnügte er sich auch in diesem Fall nicht mit der »Theorie« dieser Lehre, sondern er stürzte sich mit vollem Einsatz in die Verwirklichung des attributlosen Brahman. Zuerst stand ihm dabei noch die Göttliche Mutter im Weg, deren Bild immer wieder vor seinem geistigen Auge erschien, bis er seinen Geist - wie er später berichtete - als ein Schwert benutzte und damit das Bild der Mutter »entzweihieb«. Drei Tage lang blieb er im Zustand des *Nirvikalpa-Samadhi*, in dem die letzte Trennung von Subjekt und Objekt aufgehoben ist und nur die Wirklichkeit des unteilbaren Brahman existiert. Der Körper ist dabei wie tot: ein leeres Gehäuse. Totapuri, sein Guru, wollte seinen Augen zuerst nicht trauen, da er selber mindestens 40 Jahre gebraucht hatte, um diesen Zustand endlich zu erreichen (in dem Ramakrishna dann später, nach dem Weggang Totapuris, noch einmal ganze sechs Monate bleiben sollte, bis er den Auftrag erhielt, wieder zur relativen Ebene zurückzukehren, um der Menschheit helfen zu können).

Wenn Totapuri jedoch glaubte, sein Schüler würde nach diesem Erlebnis der höchsten Einheit endlich seinen früheren »Aberglauben« - die Anbetung Gottes als Mutter und die Teilnahme an den verschiedenen Bhakti-Kulten - aufgeben, so hatte er sich getäuscht. Es war eher umgekehrt: nun wurde der Schüler zum Guru, der Totapuri darüber belehrte, daß sein Advaita-Verständnis sehr einseitig sei; er müsse auch Shakti, die schöpferische Energie und den sichtbaren Ausdruck Brahmans in seinen vielfältigen Manifestationen akzeptieren. Als Totapuri schließlich Dakshineswar verließ, war er ein glühender Verehrer der Göttlichen Mutter geworden.

Ramakrishna wiederum hatte das Erlebnis des überpersönlichen Grundes, in dem kein menschliches Ich und keine göttlichen Personen mehr existieren, restlos davon überzeugt, daß alle religiösen Pfade vielfältige Ausdrucksweisen des Absoluten im Relativen sind und schließlich zum selben Ziel führen. Es war nur eine logische Weiterentwicklung, wenn er nun die Grenzen des Hinduismus sprengte und sich für kurze Zeit den Religionen des Islam und des Christentums zuwandte. Er näherte sich diesen Religionen selbstverständlich nicht als Theologe oder als Religionswissenschaftler, sondern als Mystiker. Auch wenn er sich zeitweise äußerlich wie ein Moslem kleidete und keinen Hindu-Tempel betreten konnte, so akzeptierte er doch kein dogmatisches Gebäude. Er näherte sich Allah als ein Hindu-Sufi und wurde durch eine Vision des Propheten und ein Samadhi-Erlebnis beglückt. Ähnlich war es später mit dem Christentum: ein intensives persönliches Christus-Erlebnis war für ihn der Höhepunkt seines christlichen »*Sadhana*«. Daß für den Christen eine solche Annäherung an seine Religion nicht ganz problemlos ist, dürfte klar sein. Wir werden darauf später noch zurückkommen.

Ramakrishna hatte mit etwa 30 Jahren seine Advaita-Erfahrung gemacht, und die Begegnung mit dem Islam fiel in etwa dieselbe Zeit. Sein Christus-Erlebnis hatte er im Jahr 1874 - er war nun 38 Jahre alt geworden. Von nun an begann sich sein Ruf als großer Heiliger immer mehr zu verbreiten. Besonders die Reform-Bewegung *Brahmo-Samaj* wurde auf ihn aufmerksam, und es erschienen die ersten Zeitungsartikel über ihn. Mit dem Führer des Brahmo-Samaj, Keshab Chandra Sen, verband ihn bald eine tiefe persönliche Freundschaft, wenn Ramakrishna auch trotz aller Sympathie für gewisse Reformbestrebungen kein Hehl daraus machte, daß ihm der Gott des Brahmo-Samaj etwas farblos erschien. Die Bewegung war ein Synkretismus, in dem sich Einflüsse des Protestantismus, des Islam und des Humanismus mit »gereinigten« Hindu-Vorstellungen verbanden. Ramakrishna war keineswegs blind für viele Fehler im schon stark verkrusteten Hinduismus, doch er war im Grunde gegen die Neuschaffung von künstlichen Universalreligionen. Religion war für ihn etwas organisch Gewachsenes, und Gott die totale Wirklichkeit, die sich in keinem blassen humanitären Schema einfangen ließ.

Bald kamen neben Neugierigen auch die ersten wirklichen Jünger, nach denen Ramakrishna sich so sehr gesehnt hatte, und die letzten fünf Jahre seines Lebens waren ganz der Belehrung dieses inneren Kreises gewidmet - wenn auch immer wieder ganze Scharen von sonstigen Zuhörern zu ihm strömten, um von ihm in zahlreichen Parabeln immer wieder erklärt zu bekommen, wie man wahre Liebe zu Gott mit einem Leben in der »Welt« verbinden könne. Ramakrishnas »Lehrtätigkeit« war natürlich nie trocken, er lehrte nicht nur durch seine Parabeln, sondern besonders durch seine Person, durch sein schauspielerisches Talent, durch sein leidenschaftliches Singen und Tanzen, das nicht selten in eine stumme Ekstase überging, wobei aller Blicke auf ihn gerichtet waren: auf die leicht zu einem Lächeln geöffneten Lippen, die halb geschlossenen Augen, die seltsam nach oben gestreckte Hand, kurz auf die Ausstrahlung eines Menschen, der so sehr in Gott lebte, daß man ihn selber für ein göttliches Wesen halten konnte.

Als Ramakrishna in seinem letzten Lebensjahr an Kehlkopfkrebs erkrankte, wurde er von seinen Jüngern, die allesamt noch sehr jung waren, selbstlos gepflegt. Viele hielten seine Krankheit für ein stellvertretendes Leiden. Obschon ihm das Sprechen größte Mühe machte, schonte sich Ramakrishna nicht. Je zerbrechlicher die äußere Hülle wurde, desto transparenter wurde sie für das geistige Wesen, das sich dahinter verbarg. Am 16. August 1886, kurz nach Mitternacht, starb Ramakrishna - oder gab, wie ein Inder sagen würde, seinen physischen Leib auf. Als sich Sarada Devi nach der Verbrennungszeremonie Witwenkleidung anlegen wollte, sah sie plötzlich Ramakrishna vor sich stehen, der sie an der Hand faßte und sagte: »Warum legst du die Schmuckstücke einer verheirateten Frau ab? Glaubst du wirklich, ich sei tot? Ich bin nur von einem Zimmer ins andere gegangen.«

Auch einige der Jünger wurden bald durch Erscheinungen Ramakrishnas ermutigt - wenn auch schon hier gesagt werden muß, daß diese »Erscheinungen« bei weitem nicht die Rolle spielten wie bei den Jüngern Jesu. Ramakrishna hatte schon zu seinen Lebzeiten einem Dutzend seiner Schüler Mönchsgewänder gegeben, und so führten die Jünger nun ein Leben in strenger Askese und Armut, in dem aber die Freude keineswegs fehlte. Sie wurden von Laienanhängern Ramakrishnas unterstützt. Narendra, der sich später Vivekananda nannte, war ihr geistiger Anführer - darüber gab es keine Diskussion. Aber die Zukunftspläne waren zuerst mehr als vage. Einige blieben an dem Ort, wo die Asche des Meisters aufbewahrt wurde. Viele begannen ein unstetes Wanderleben zu führen, auch Vivekananda, der ganz Indien durchwanderte und von der unermeßlichen Armut des Landes schockiert war.

1893 fuhr er nach Amerika, wo er auf dem Weltkongreß der Religionen in Chicago als Redner großes Aufsehen erregte. Er hoffte, etwas Geld sammeln zu können, um seinem Mutterland zu helfen, und zugleich den Menschen in Amerika und Europa die Lehre des Vedanta und des Yoga näherzubringen. So gründete er die ersten Vedanta-Zentren, insbesondere in Kalifornien und New York. In Indien wurde er bei seiner Rückkehr triumphal empfangen, und er machte sich sofort an die Gründung und Organisation der Ramakrishna-Mission, die sich ganz für die Hebung der indischen Massen einsetzen sollte. Das Hauptquartier wurde Belur in der Nähe von Kalkutta, wo sich auch seit 1936 ein großer Ramakrishna-Tempel erhebt. Vivekananda starb bereits 1902, noch keine 40 Jahre alt, nachdem er kurz zuvor die Leitung des Ordens an Swami Brahmananda übergeben hatte, unter dessen weiser Führung sich das Werk weiter ausdehnen und konsilidieren konnte.

Dies ist der nackte Rahmen von Ramakrishnas Leben und von seiner Nachwirkung, und wir müssen nun daran gehen, einzelne Details näher zu beleuchten. Das Grundthema bleibt dabei immer die Inkarnation. Es kann sich also nicht um eine erschöpfende Charakterstudie handeln, nicht um eine Biographie, sondern eher um eine vergleichende Studie über das Wesen der göttlichen Offenbarung.

6. Kapitel

DIE
»EINWOHNUNG«
GOTTES

Die französische Schriftstellerin Solange Lemaitre, selber eine Christin, schrieb am Ende ihrer Ramakrishna-Biographie: »Manche haben Ramakrishna für eine Gottesverkörperung, andere für einen Heiligen gehalten. Darauf kommt es nicht an. Was uns zu glühender Verehrung für ihn begeistert, ist seine unermeßliche Gottesliebe, ein Abglanz der Liebe Gottes selbst.«[3]

Wenn auch gewiß nicht alle Christen und andererseits auch nicht alle Verehrer Ramakrishnas so schnell über diesen Punkt hinweghuschen würden, so läßt sich doch ganz allgemein sagen, daß fast jeder, der etwas von der geistigen Atmosphäre Ramakrishnas eingeatmet hat, sich geniert, überhaupt dogmatische Diskussionen über ihn zu führen.

Aber leider kann man nicht einerseits ein Buch über das Paradox der Inkarnation schreiben wollen und sich dann andererseits mit allgemeinen Redewendungen begnügen. Dies wäre vielleicht noch innerhalb des Hinduismus möglich, wo die Grenzen oft mehr verschwimmen, aber nicht in einem Gespräch mit einem Christen. Wenn die Inkarnation das eigentliche Herzstück des Christentums ist, dann kann es einem Christen nicht gleichgültig sein, wenn er in einer anderen Tradition auf ein Phänomen stößt, das dem einer Gottesverkörperung zumindest sehr ähnelt. Daß dabei gleich Konkurrenz-Gedanken erwachen, ist bedauerlich, aber aus dem ganzen bisherigen Absolutheitsanspruch des Christentums auch verständlich. Vielleicht gibt es für einen gläubigen Christen wirklich nur den einen Weg, in Ramakrishna einen Hindu-Heiligen zu sehen, einen Weisen und Yogi, der hohe mystische Zustände erreichte und viele religiöse Wahrheiten in eine schlichte Sprache kleidete - der aber ansonsten noch durch Welten von der *absoluten* Offenbarung Gottes in Jesus Christus getrennt ist. Er war das bescheidende Instrument, der Diener Gottes, der meistens sogar die Rolle des Guru ablehnte und dem es ungeheuer schwer fiel, »ich« zu sagen.

Derselbe bescheidene Mann sagte jedoch auch: »Ich sehe, daß alle geschaffenen Dinge von hier ausgegangen sind« - wobei er auf sein Herz zeigte.[4] Er sagte: »Meine Eltern wußten, wer in diesem Körper wohnt. Mein Vater hatte einen Traum in Gaya. In diesem Traum sagte Raghuvir (Vishnu in der Form Ramas) zu ihm: 'Ich werde als dein Sohn geboren'.«[5] Manchmal sagte er: »Ich fühle ganz deutlich: Jemand ist in mir.« Oder: »Es sind zwei Personen in dieser: die Göttliche Mutter und ihr Anbeter.«[6]

Der protestantische Theologe Otto Wolff, der Ramakrishna eine kurze Studie in seinem Buch »Indiens Beitrag zum neuen Menschenbild«[7] widmete, ging immerhin so weit, angesichts solcher und ähnlicher Stellen von einer »Einwohnung« Gottes zu sprechen. Ramakrishna sei ein im buchstäblichen Sinne von Gott Besessener gewesen, d.h. Gott habe in dem Heiligen gleichsam seine Wohnung aufgeschlagen und sich durch ihn ausgedrückt.

Kann ein Christ weiter gehen? Zumindest geht diese Studie weit über jene gedankenlosen Bezeichnungen wie »interessanter indischer Weiser« usw. hinaus, mit denen man sich diesen Gottesnarren gewöhnlich vom Halse schafft. Doch bei aller Einfühlungsgabe ist Wolff auch vielleicht das beste Beispiel dafür, wie blind ein christlicher Kommentator sein kann.

Vor allem scheint Wolff daran zu liegen, zu beweisen, daß Ramakrishna alles andere als ein Monist war, daß er den Advaita verachtete und die Möglichkeit einer völligen Vereinigung der individuellen Seele mit Gott ablehnte. Gleichzeitig stellt er Ramakrishna als einen bescheidenen Heiligen dar, der sich überhaupt nicht als Heiliger fühlte und der alle Versuche, ihn mit Krishna, Rama oder gar Christus zu identifizieren, weit von sich wies. Wie üblich werden dabei kurze Zitate aus dem Zusammenhang gerissen und andere bedeutende Stellen, die Ramakrishna nicht ganz so bescheiden und demütig zeigen, unterschlagen.

Eine solche Einseitigkeit - wider besseres Wissen müßte man fast sagen - ist vor allem deshalb bedauerlich, weil der Ansatzpunkt sehr vielversprechend ist. Wolff spricht von einem »persönlichen Existenzgeheimnis« Ramakrishnas und macht keinen Versuch, dieses »Geheimnis« als einen Hindu-Aberglauben oder eine persönliche Geisteskrankheit Ramakrishnas wegzuerklären. Würde man Wolffs Kommentare zu einem einzigen bekenntnishaften Satz zusammenfassen, so müßte dieser lauten: *Gott war in Ramakrishna.* Nur wird dann nicht ganz ersichtlich, warum für Wolff Christus so hoch über dem Hinduheiligen zu stehen scheint, daß er jeden Vergleich für lächerlich hält.

Wolff betont zum Beispiel, als er nach möglichen Vergleichen sucht, daß die »Besessenheit« Ramakrishnas nichts mit der dämonischen Besessenheit zu tun habe, die Jesus im Neuen Testament zum Gegenstand der Austreibung mache. Als positive Beispiele werden dann nur Gestalten aus dem Alten Testament genannt, wie Samuel oder Bileam - aber warum nicht Jesus selbst? Wurde dieser nicht auch von seinen Verwandten für wahnsinnig gehalten, und glaubten nicht manche Juden, er sei von einem bösen Geist besessen? Man ahnt natürlich, worauf es Wolff vor allem ankommt: Christus so weit aus der Debatte herauszuhalten, daß niemand auf den Einfall kommt, hier könnten überhaupt Gemeinsamkeiten vorliegen. Ramakrishna ist eben »nur« die Flöte, auf der Gott spielt - aber kein flötespielender Gott. Er ist nur das Werkzeug, die zeitweilige Behausung Gottes wie manche Propheten des Alten Testamentes - und jeder Christ weiß natürlich, daß Christus mehr war als ein bloßes Werkzeug, als ein »Prophet« - eben etwas »Ganz anderes«.

Dabei ist die Grenze zwischen dem »Diener Gottes« und dem »Gott-selber-sein« bei Christus nicht weniger schwer zu bestimmen als bei Ramakrishna. Wenn der letztere sich manchmal von Lobeshymnen distanzierte, so lag dies gewiß oft an seinem Humor, der nicht selten sehr trocken sein konnte. Etwas ironisch schreibt Wolff in seinem Essay: »Schon zu Ramakrishnas Lebzeiten sucht ein Schüler seine Christus-Ähnlichkeit zu erweisen, Zug um Zug zählt er auf, am Ende fragt Ramakrishna: 'Sonst noch etwas?'« So bezeichnend diese humorvolle Wendung für Ramakrishna jedoch auch ist - sie ist keineswegs schon die Schlußpointe, der Strich unter das Thema »Ramakrishna und Christus«, wie Wolff das gern hätte. Man kann genügend Stellen finden, die Ramakrishna in einer ganz anderen Stimmung zeigen. So sagte derselbe Schüler - M., der Autor des »Evangelium Ramakrishnas« - einmal nach einer Szene, die ihn sehr an die Maria-Martha-Episode erinnerte, zu seinem Guru: »Ich fühle, daß Christus, Chaitanya und du - daß ihr alle drei einunddderselbe seid. Es ist dieselbe Person, die zu diesen drei geworden ist.« Woraufhin Ramakrishna ausrief: »Ja, ja, eins! Es ist wahrhaft eins. Siehst du nicht, daß Er es ist, der hier auf diese Weise in mir wohnt?«[8]

Damit sagte Ramakrishna nicht nur wiederum, daß jemand in ihm sei, sondern auch, daß dieser Jemand auch in Christus und Chaitanya gewesen sei. Und damit kommen wir zurück zu jenem seltsamen Dualismus, den Wolff so sehr schätzt, weil er konträr zum Advaita zu stehen scheint.

Im »Evangelium Ramakrishnas« von M. finden wir eine in dieser Beziehung sehr aufschlußreiche Stelle, die auch von Wolff zitiert wird. »Als ich noch eine Knabe war,« sagte Ramakrishna, »manifestierte sich Gott bereits in mir. Ich war damals elf Jahre alt. Eines Tages, als ich ein Reisfeld überquerte, sah ich etwas. Später erfuhr ich von den Leuten, daß ich bewußtlos und mein Körper völlig unbeweglich gewesen sei. Seit dem Tage war ich ein völlig anderer Mensch. Ich sah eine andere Person in mir selbst. Wenn ich später im Tempel den Gottesdienst vollzog, kam meine Hand, statt sich nach vorne nach dem Gottesbild zu strecken, sehr oft auf meinen eigenen Kopf zu und legte die Opferblumen dort nieder. Ein junger Mann, der zu dieser Zeit bei mir war, wagte nicht, mir nahe zu kommen. Er sagte: 'Ich sehe ein Licht auf deinem Gesicht, und ich fürchte mich, mich dir zu nähern.'«[9]

Ramakrishna sagt hier nicht, *was* er sah. Doch es ist durchaus möglich, daß diese Episode mit der ersten Ekstase des jungen Ramakrishna identisch ist, auch wenn wir auf eine zeitliche Diskrepanz stoßen. (Ramakrishna spricht von seinem 11. Lebensjahr, während seine erste Entrückung von seinen Biographen gewöhnlich in sein sechstes Lebensjahr verlegt wird. Eine solche zeitliche Verwechslung wäre in Indien jedoch nichts Ungewöhnliches.) Wie dem auch sei: Ramakrishna sah damals, ebenfalls beim Überqueren eines Reisfeldes, eine dunkle Gewitterwolke, die sich sehr rasch über den ganzen Himmel ausbreitete. Eine Schar schneeweißer Kraniche flog darüberhin, und ihr Anblick versetzte den Jungen in einen Zustand der Entrückung - er verlor das Bewußtsein der Außenwelt und fiel zu Boden. Ein vorübergehender Bauer fand ihn schließlich und trug ihn nach Hause.

War es nur die Schönheit des Kontrastes - das Weiß der Kraniche vor dem schwarzen oder tiefblauen Hintergrund der Gewitterwolke -, die ihn in Ekstase versetzte? Ramakrishna war künstlerisch begabt und zeigte von Kindheit an eine große Empfänglichkeit für ästhetische Erlebnisse. Doch hier war wohl mehr im Spiel. Durch ein Naturschauspiel wurde Ramakrishna an etwas erinnert, das das bloß Natürliche transzendiert. Erinnerte ihn das Blau-Schwarz der Gewitterwolke an die Farbe Krishnas, der - wie er kurz vor seinem Tode noch einmal ausdrücklich sagte - in ihm wohnte? Oder an Kali? Wir wissen, wie leicht es auch später war, Ramakrishna durch bloße Assoziationen in einen Zustand der Ekstase zu versetzen. Doch es könnten darüberhinaus auch noch allgemeinere Gefühle mitgespielt haben, zum Beispiel das Gefühl der Unbeschwertheit und Freiheit. In den buddhistischen »Psalmen der Brüder« (Theragata) wird der »Freie«, der alle Bande zerrissen und die Welt überwunden hat, mit dem Flug weißer Kraniche über einen wolkigen Himmel verglichen.

Es mag nun zuerst etwas weit hergeholt erscheinen, die Kraniche mit der weißen Taube, dem Symbol des Hl. Geistes, in Beziehung zu bringen. Und doch drängt sich hier ein Vergleich des Ramakrishna-Erlebnisses mit jenem Erlebnis Jesu am Jordan förmlich auf, als jener den Himmel sich öffnen und den Geist in Gestalt einer Taube auf sich herabsteigen sah und die Offenbarung empfing, daß er der geliebte Sohn des Vaters sei. Ramakrishna wandelte sich nach jenem Erlebnis, als er »etwas« sah - was wahrscheinlich über die äußere Vision noch weit hinausreichte -, er wurde zu einem anderen Menschen, ja, er sah eine »andere Person« in sich selbst. Er sagte, daß Gott sich damals in jungen Jahren schon in ihm manifestiert habe. Auch Jesus schien nach jener Taufe im Jordan ein völlig anderer Mensch zu sein - so »anders«, daß manche glaubten, er sei »von Sinnen«. Auch gab es später viele, sowohl Gnostiker als auch Judenchristen, die der Meinung waren, daß Gott oder das Christus-Bewußtsein oder der Hl. Geist zu diesem Zeitpunkt von dem Menschen Jesus, dem Zimmermannssohn, Besitz ergriffen habe. Auch der Kommentar Ramakrishnas scheint einen solchen Dualismus nahezulegen: »Ich sah eine andere Person in mir selbst«.

Ist ein solcher Dualismus aber letztlich zufriedenstellend - ob nun im Falle Ramakrishnas oder Jesu? »Meine Eltern wußten, wer in diesem Körper wohnt...« - diese Worte Ramakrishnas könnten zweifellos dualistisch interpretiert werden: der Mensch Ramakrishna ist nur das Haus, und Gott der Bewohner. »Gott ist ein Aristokrat,« sagte er einmal, »der viele Wohnhäuser hat. Hier -«

und er zeigte auf sich selber - »ist eines seiner Wohnzimmer.« Doch Ramakrishna fügte, als er vom Wissen seiner Eltern sprach, noch hinzu, Vishnu habe seinem Vater in Gaya versprochen, als sein Sohn *geboren* zu werden. Bedeutet dies nicht - zumindest für denjenigen, der das »Wunder« der Inkarnation akzeptiert -, daß Gott schon im Schoß der Mutter Fleisch wurde - und nicht erst später in den Menschen Ramakrishna sozusagen von »außen« her eindrang? Daß eine spätere Erfahrung einen wichtigen Einschnitt im Leben Ramakrishnas wie auch Jesu markierte, soll hier nicht bezweifelt werden. Doch dabei muß es sich nicht unbedingt um eine Überrumpelung durch eine »andere« Person handeln. Viel naheliegender ist es, daß sich Jesus und Ramakrishna durch ein solches Erlebnis ihrer göttlichen Natur bewußt wurden, die vorher schon in ihnen schlummerte und sich nun auch ihnen selber offenbarte. Bedenkt man, zu welchen sonderbaren Spekulationen die gnostisch-dualistische Anschauung führte - etwa: der in den Menschen gefahrene göttliche Geist läßt Jesus am Kreuz wieder im Stich -, so fragt man sich, ob hier das Wesen der Inkarnation auch nur annähernd begriffen wurde. Anstatt die Kluft zwischen Gott und Mensch zu überbrücken - und welchen Sinn hat die Inkarnation sonst? -, wird diese Kluft durch einen solchen Dualismus noch weiter aufgerissen. In der Ekstase rief Ramakrishna einmal aus: »Ah! Ich bin gekommen, ich bin hier!« als wollte er sich selber ein wenig erstaunt zu seinem gelungenen Inkarniertsein gratulieren.

Warum dann aber überhaupt die Erwähnung des »Anderen«? Um es etwas vereinfacht zu sagen: des Spieles wegen. Der göttliche Grund spaltet sich in Vater und Sohn - oder Mutter und Sohn -, um sich selber lieben zu können. So finden wir auch bei Jesus Äußerungen wie »Der Vater ist größer als ich« oder »Was nennst du mich gut; nur Gott ist gut«, die im Widerspruch zu stehen scheinen zu Selbstaussagen wie »Ich und der Vater sind eins« und »Wer mich sieht, sieht den Vater«. Will die Inkarnation die Menschen lehren, wie man Gott lieben soll, so muß sie notgedrungen ein hauchdünnes menschliches »Ich« behalten, das Gott als den »Anderen«, als das »Du«, als Vater, Mutter und Geliebten lieben kann. Manchmal sagte Ramakrishna, er könne selbst dieses hauchdünne Ich nicht mehr finden, das ihn von seiner Göttlichen Mutter trenne. So sagte er, als jemand ihm riet, doch die Göttliche Mutter um Heilung zu bitten (als er bereits an Kehlkopfkrebs litt): »Ich kann Gott nicht bitten, meine Krankheit zu heilen. Die Haltung der Diener-Herr-Beziehung ist in der letzten Zeit nicht mehr so stark in mir. Manchmal sage ich zwar noch: 'Mutter, bessere die Scheide des Schwertes ein wenig aus.' Aber solche Gebete werden immer seltener. In letzter Zeit finde ich mein 'Ich' nicht mehr; ich sehe, daß Gott allein in dieser 'Scheide' wohnt.«[10]

Zwar ist auch hier noch von einer äußeren Hülle die Rede, in der Gott gleichsam residiert, aber mit dieser »Scheide des Schwertes« ist eben nur das äußere Gehäuse gemeint, der physische Körper - nicht aber eine selbständige menschliche Person namens Ramakrishna, die angeblich von Gott getrennt sein soll. Dies wird noch deutlicher an einer anderen Stelle, auf die wir dann später noch einmal zurückkommen müssen: wieder wird es Ramakrishna nahegelegt, die Göttliche Mutter zu bitten, ihn zu heilen, und nachdem er zuerst auf den Willen Gottes ausgewichen ist, von dem alles abhänge, ruft er plötzlich: »Und gar nichts wird geschehen, wenn ich zu Gott spreche. Ich sehe, daß die Mutter und ich eins geworden sind.«[11]

Die Behauptung Wolffs, daß sich Ramakrishna *nie* mit der »anderen Person« identifiziere[11], kann also auf keinen Fall aufrechterhalten werden. Wenn die göttliche Inkarnation »ein Spiel des Unendlichen im Endlichen« ist, wie Ramakrishna sagte, so muß man gerade auf diesen Spielcharakter achtgeben, auf das Versteckspiel des Göttlichen im Menschen. Die Inkarnation hätte überhaupt keinen Sinn, würde sie nur breitbeinig umherschreiten und ständig behaupten, sie sei Gott. Sie muß sich ja verhüllen, um sich offenbaren zu können.

Dieses Versteckspiel ist bei Ramakrishna gut zu beobachten. Manchmal verspricht er sich. »Mein Geist sagt mir, daß sich N.'s Zustand ändern wird. Sein Herz wird sich ganz auf mich konzentrieren...« und schnell verbessert er sich: » - auf den, der in mir wohnt.«[13] Manchmal scheint er aus eigener Kraft zu sprechen, und dann wieder betrachtet er sich bloß als Diener, als Werkzeug und Sprachrohr Gottes. »Wer aber bin ich?« fragt er etwa. »Es ist alles Er. Ich bin die Maschine, und Er bedient die Maschine. Es ist Gott allein, der in 'diesem' hier wohnt. Deshalb fühlen sich mehr und mehr Menschen zu ihm hingezogen. Eine bloße Berührung genügt, um ihren Geist zu erwecken. Diese Anziehung ist die Anziehungskraft Gottes und niemandes sonst. - In welchem Zustand befindet sich Dwija!... Sein Blick ist ganz auf mich gerichtet. Ist das so unbedeutend? Wenn ein Mensch sein Denken und seine Gefühle sammelt und sie ganz auf mich konzentriert, erreicht er wahrhaft alles.«[14]

Wenn alles »Er« ist (oder »Sie«), wo ist dann noch Platz für das »Ich« Ramakrishnas? Es scheint oft nur dazusein, um zu sagen, daß es nichts sei - um andere Menschen also Demut zu lehren und sie immer wieder auf die fundamentale Wahrheit hinzuweisen, daß Gott die einzige Wirklichkeit ist. Ohne dieses hauchdünne »Ich« könnte Ramakrishna den Menschen nicht vorspielen, wie man dieses Ich los wird und ganz in Gott aufgeht. Man muß nach unten steigen, wenn man nach oben zeigen will. Allerdings bedeutet dieses »Oben« dann nicht nur die wahre Heimat des »Sohnes«, sondern auch unsere wahre Natur, d.h. die menschliche Verhüllung Gottes weist wieder auf die göttliche Natur des Menschen hin.

Die Art und Weise, wie dieses Versteckspiel des Göttlichen zur Offenbarung *unserer* wahren Natur wird, nimmt bei Ramakrishna oft recht humoristische Züge an, und es ist bedauerlich, daß Autoren wie Wolff diesen vielschichtigen Humor geflissentlich übersehen haben. So dient der folgende Dialog Wolff wieder nur als Beweis dafür, daß Ramakrishna sich mit keinem früheren Avatar indentifizierte. Es wird nur dieses eine Bruchstück herausgegriffen: Ramakrishna antwortet, als ihn ein Gast als Rama bezeichnet: »Um Himmels willen, sag das nie!« Der ganze Dialog mit dem etwas ratlosen Gast liest sich aber so:
Ramakrishna: Bete zu Rama. Meditiere über ihn. Er wird dich gewiß mit allem versorgen.
Gast: Herr, du selber bist Rama.
R.: Wie ist das möglich? Die Wellen gehören zum Fluß; gehört der Fluß zu den Wellen?
G.: Rama wohnt in den Herzen aller heiligen Menschen. Er kann nicht auf andere Weise gesehen werden. Zur Zeit gibt es keine Inkarnation Gottes.
R. (lächelnd): Woher weißt du, daß es zur Zeit keine Inkarnation Gottes gibt? (Der Gast schweigt.) Nicht alle können eine Inkarnation erkennen... Viele der Rishis wußten nicht, daß Rama niemand anderer war als das höchste Brahman.
G.: Du selber bist auch Rama!
R.: Um Himmels willen, sag das nie!

(Als er diese Worte sprach, verbeugte er sich tief vor dem Gast und sagte dann mit gefalteten Händen): Jener Rama wohnt in allen Wesen. Er existiert überall im Universum. Ich bin dein Diener. Es ist Rama selbst, der zu allen Menschen geworden ist, zu den Tieren und den übrigen Lebewesen.
G.: Aber Herr, wir sind uns dessen nicht bewußt.
R.: Ob du es weißt oder nicht, du bist Rama.

Ramakrishna wäre kein erleuchteter Gott-Trunkener gewesen, hätte er Gott nur in sich selber gesehen - und nicht auch in allen anderen. Zweifellos betrachtete er sich einerseits als eine »besondere« Manifestation Gottes und ließ auch diese »Besonderheit« nicht durch die Advaita-Lehre verwischen, so wenn er etwa zu Vivekananda sagte: »Derjenige, der Rama und Krishna war, ist jetzt in diesem Leib als Ramakrishna - *aber nicht im Sinne deines Vedanta!*« Mit Vedanta meinte er hier natürlich nur den Advaita und wollte mit diesem Zusatz seinem Schüler klarmachen, daß er nicht die allgemeine Identität der menschlichen Seele mit Brahman meine - die er keineswegs leugnete -, daß also sein »Ich bin ER« hier nicht im philosophischen Vedanta-Sinn zu verstehen sei, sondern rein persönlich und historisch: er, Ramakrishna, ist eine besondere Verkörperung Gottes wie Rama und Krishna. Wie wir jedoch gerade in diesem Dialog sahen, hinderte Ramakrishna diese »Besonderheit« nicht daran, auch sein Wissen des Advaita zu offenbaren: daß im Grunde nichts existiert außer Gott. Die Demut, die er hier wie an so vielen anderen Stellen zeigte, entsprang nicht irgendeinem Schuld- oder Minderwertigkeitsgefühl, sondern gerade diesem Wissen: daß Gott die einzige Wirklichkeit ist. Was immer er deshalb sah, betete er an und verbeugte sich dabei natürlich wieder vor seinem eigenen Rama-sein, vor seinem göttlichen Selbst.

Man muß sich jedoch hüten, Ramakrishna auf irgendeine Haltung festlegen zu wollen; er hatte seine »Stimmungen« - die denjenigen, der ihn gern ein für alle mal in eine ganz bestimmte Schublade stecken will, schnell zur Verzweiflung bringen. Nach der Verwirklichung der Nicht-Zweiheit, die er im Nirvikalpa-Samadhi erfahren hatte, steckte Ramakrishna dieses Wissen in den »Zipfel seines Gewandes« und schien es manchmal fast zu vergessen. Er liebte keine Monotonie. Er wollte nicht nur *eine* Note auf der Flöte spielen - etwa die des unpersönlichen Brahman -, sondern er wollte dem Instrument wie Krishna alle Töne entlocken, von den Liebesweisen der »Dualisten« bis zum Advaita. »Hör auf mit deinem 'Ich bin Er'«, konnte Ramakrishna sagen. »Laß uns ein wenig vom 'Ich' und 'Du' behalten - des Spaßes halber.«

So wenig er sich auf den hohen Thron setzen wollte, so wenig duldete er es, wenn jemand denjenigen, der »in« ihm war, übersah. »Kürzlich kam ein Mann hierher,« sagte er. »Er setzte sich für ein paar Minuten hin und sagte dann: 'Laß mich gehen und das 'Mondgesicht' meines Kindes betrachten'. Ich konnte mich nicht beherrschen und sagte: 'So, du ziehst das 'Mondgesicht' deines Sohnes dem 'Mondgesicht' Gottes vor! Mach, daß du rauskommst, du Narr!«[15]

Dies paßt nicht ganz zu dem Bild eines sentimentalen Pantheisten, das sich manche von Ramakrishna machen, und auch nicht zu dem eines demütigen Bhakta, der sich nur immer im Staub wälzt. Es paßt auch nicht zu dem Bild eines asiatischen »Weisen«, der nie seine Beherrschung verliert. Ramakrishna fällt da immer wieder aus vielen Rahmen heraus und bleibt gerade dadurch immer Ramakrishna.

Kein Wunder, daß er seine Umgebung immer wieder irritierte. Das Urteil über ihn schwankte zwischen Verrücktheit und Göttlichkeit, insbesondere bei denen, die ganz in seiner Nähe waren. So sagte etwa sein älterer Cousin Haladhari, der auch in Dakshineswar als Tempelpriester angestellt war, zu ihm: »Ramakrishna, nun kenne ich deine wahre Natur!« Worauf Ramakrishna lachend erwiderte: »Dann bleib auch dabei und bringe nicht wieder alles durcheinander!« Haladhari sagte daraufhin: »Du kannst mir nichts mehr vormachen. Ich kann ganz deutlich sehen, daß der Herr in dir ist. Diesmal bin ich ganz sicher!« - »Schön«, sagte Ramakrishna, »dann laß uns sehen, wie lange du dir diesmal sicher bist.« Daraufhin verließ Haladhari den Tempel, schnupfte etwas Tabak und begann lange Vorträge über die Gita und andere Schriften zu halten. Sein Ego schwoll an zu enormen Ausmaßen. Ramakrishna ging zu ihm hin und sagte: »Ich habe alle diese geistigen Zustände erfahren, über die du liest. Ich kann alles verstehen, was in den Schriften steht.« Haladhari wurde daraufhin wütend. »Du Dummkopf,« sagte er, »du glaubst, *du* könntest die Schriften verstehen?« - »Glaub mir,« sagte Ramakrishna, »der Eine, der in diesem Körper wohnt, lehrt mich alles. Du selber sagtest, Er wohne in mir.« Haladhari war daraufhin nahe daran, ihn fortzujagen. »Du verrückter Narr! Behauptest du, eine Inkarnation Gottes zu sein? Die Schriften sagen, daß es nur einen Avatar in diesem Zeitalter geben wird, und das ist Kalki. Du mußt den Verstand verloren haben, solche Dinge zu sagen!« Ramakrishna erwiderte nur lachend: »Sagtest du nicht, du würdest nie mehr an mir irre werden?«[16]

Vergleicht man Ramakrishnas Aussagen mit denen Jesu, die direkt oder indirekt auf dessen göttliche Natur anspielen, so fällt bei vielen Gemeinsamkeiten doch dieser Unterschied auf: Ramakrishna gibt sich fast nie »feierlich«. Natürlich ist es sehr wahrscheinlich, daß die Reden Jesu - nicht nur die des Johannes-Evangeliums - stark stilisiert wurden. Ramakrishnas Sprache war oft etwas ungeschliffen, und alle Versuche, seinen bengalischen Dialekt in eine Art Bibel-Englisch oder Deutsch zu übersetzen, mit vielen »Wahrlich, wahrlich, ich sage euch...«, sind glücklicherweise restlos gescheitert. Darüberhinaus hat man oft den Eindruck, daß er sich nicht ganz ernst nahm. Ich will damit nicht sagen, daß er den Avatar nur »spielte«. Man könnte es wohl eher umgekehrt ausdrücken: Gott spielte Mensch-sein. Warum muß sich Gott immer unbedingt so furchtbar ernst und wichtig nehmen? Hat er nicht auch manchmal »Ferien vom Ich« verdient - in diesem Falle vom göttlichen Ich, zu dem die Menschen immer hinaufschauen müssen und dabei fast eine Genickstarre bekommen? Vielleicht ist die Inkarnation für Gott eine solche Art Ferien von sich selber - trotz des geschichtlichen Auftrages -, vielleicht möchte Gott, daß die Menschen auch einmal auf ihn *hinunter*schauen - auf das Kind in der Krippe etwa. Und Ramakrishna blieb in gewisser Weise fast sein ganzes Leben lang ein »Kind«. Als zwei bedeutende Pandits, Vaishvaracharan und Gauri, ihn zu einem Avatar erklärten, stieg ihm das keineswegs zu Kopf, und als Gauri gar sagte, er halte ihn nicht nur für einen Avatar, sondern für den göttlichen Ursprung selber, von dem hin und wieder ein Fragment in der Form eines Avatars zur Erde komme, sagte Ramakrishna lächelnd: »Ah, Ihr habt Vaishnavacharan ja geradezu überboten! Aber was Ihr auch immer sagen mögt - ich weiß nichts davon.« Worauf Gauri erwiderte: »Ja, selbst in den Schriften heißt es: ' Herr, du kennst dich selber nicht!'«

Ob er sich nun kannte oder nicht - auf jeden Fall legte Ramakrishna keinen Wert darauf, daß sein Name an die große Glocke gehängt wurde. Die Fähigkeit zur Darstellung fehlte ihm keineswegs, doch er spielte seine zahlreichen göttlichen und menschlichen Rollen gern im »inneren Kreis«, mit den Seinen. Er schalt einen seiner glühendsten Verehrer, den Dramendichter und Bohemien Girish Gosh, heftig, weil dieser überall laut ausposaunte, Ramakrishna sei eine göttliche Inkarnation. Doch dann sagte er manchmal im privaten Gespräch zu einem seiner Schüler: »Stimmst du mit Girish überein - über mich? Welch einen starken Glauben er hat!« Und am Nachmittag des 1. Januar 1886, kurz vor seinem Tode, verläßt der bereits Schwerkranke für kurze Zeit das Haus und geht in den Garten, wo etwa dreißig Laienschüler anwesend sind. »Nun,« fragt er Girish, der unter ihnen ist, »was hast du in mir gesehen, daß du mich vor allen als eine Inkarnation Gottes ausrufst?« Girish kniet nieder und sagt mit gefalteten Händen: »Was kann eine so unbedeutende Person wie ich sagen von dem Einen, dessen Glanz nicht einmal Weise wie Valmiki und Vyasa annähernd beschreiben konnten?« Tief bewegt sagt Ramakrishna: »Was soll ich noch dazu sagen? Ich segne euch alle. Seid erleuchtet!« Und er berührte alle, einen nach dem anderen, und weckte ihr spirituelles Bewußtsein, das sich dann bei jedem verschieden manifestierte - die einen tanzten vor Freude, während andere in einem tiefen Zustand des Samadhi versanken.

Es fällt schwer, der Versuchung zu widerstehen, einfach weiter Szene an Szene zu reihen, das ganze »Bilderbuch« der Inkarnation zu durchblättern und dann zu schweigen, anstatt die Gelehrtenbrille aufzusetzen und das »Phänomen« zu analysieren. Man ist entweder drinnen oder draußen, entweder innerhalb des magischen Kreises, in dem alles klar und selbstverständlich und doch wieder vielschichtig und geheimnisvoll ist, oder außerhalb, wo gerade das zu scharfe Hinsehen einem völlig die Sicht nimmt. Nicht selten ergeht es einem dabei wie der Mutter Ramakrishnas, die einmal nach dem Baby Gadadhar sehen wollte und zu ihrem Entsetzen einen ausgewachsenen Mann unter dem Moskitonetz fand. Als sie Kudhiram, ihren Gatten, herbeirief, war jedoch kein Mann zu sehen - nur das Baby lag wieder im Bett und lachte sie an. Ob diese Geschichte nun »wahr« ist oder nicht - sie wirft zumindest ein bezeichnendes Licht auf Ramakrishna und unser Verhältnis zu ihm. Sieht man in ihm nur ein Kind oder bestenfalls einen einfältigen Dorfheiligen, so enthüllt er plötzlich seine ganze Größe. Und geht man daran, ihn auf den hohen Thron zu setzen, verwandelt er sich wieder in ein Kind und weiß von nichts. Nur lächeln tut er in beiden Fällen.

7. Kapitel

DAS WESEN DES AVATARS

Wir haben bisher hauptsächlich davon gesprochen, wie Ramakrishna sich selber sah, und wir versuchten, daraus auch allgemeine Schlüsse zu ziehen, die zum Verständnis der Inkarnation beitragen können. In diesem Kapitel wollen wir eher den umgekehrten Weg gehen: ich werde einige der zahlreichen Stellen anführen, in denen Ramakrishna über das Wesen des Avatars im allgemeinen spricht, und für denjenigen, der auch in Ramakrishna einen Avatar sieht, werfen diese Bemerkungen natürlich wieder ein Licht auf Ramakrishna selber.

Dies ist natürlich nur innerhalb des Hinduismus möglich, der die Inkarnation - wie wir bereits hervorhoben - als eine »Gattung« betrachtet: zwar als einen sehr seltenen Sonderfall, aber nicht als eine einmalige Angelegenheit. Wenn Jesus dagegen vom Menschensohn oder vom Sohn Gottes spricht, so bezieht der Christ diese Aussprüche nur auf Jesus selbst - nicht aber auf einen Logos, der sich in verschiedener Form immer wieder verkörpert.

Ramakrishna denkt hier natürlich ganz als Hindu, auch wenn er über die Grenzen des Hinduismus hinausgeht und sagt: »Der Avatar ist immer ein und derselbe. Er taucht wiederholt in den Ozean des Lebens. Einmal taucht er als Krishna empor und ein anderes Mal als Christus.« Nicht immer wird der Avatar dabei gleich erkannt. »Als der heilige Ramachandra in diese Welt kam, erkannten ihn nur zwölf Weise als Inkarnation Gottes. So erkennen, wenn Gott in diese Welt herabkommt, nur wenige seine göttliche Natur.«[17]

Ausdrücke wie »Herabkommen« mögen etwas naiv klingen, zumindest für das Ohr eines heutigen Menschen, der auf Wendungen wie »Oben« und »Herabstieg« meist allergisch reagiert. Wenn sich der eine oder andere Hindu-Bhakta sich dies jedoch auch noch fast wörtlich vorstellen mag, so bedeutet es für die meisten doch eben nur, daß der Avatar nicht wie andere Sterbliche dem Gesetz des Karma unterworfen ist und sich deshalb mühsam im Laufe von vielen Leben nach »oben« arbeiten muß, sondern umgekehrt aus der Fülle seines unendlichen Seins gleichsam ausbricht und eine endliche Gestalt annimmt - die sich selbstverständlich nach dem Grad der Evolution richtet, den die Lebewesen gerade erreicht haben -, ohne dadurch jedoch seine unendliche Natur zu verlieren. Diese kommt immer wieder zum Vorschein - hat doch die Endlichkeit vor allem den Sinn, die Unendlichkeit mit Hilfe des *Kontrastes* zu offenbaren. Vishnu wird etwa zum Zwerg-Avatar, um dann umso eindrucksvoller mit drei riesigen Schritten das Universum und auch das »Jenseits« zu durchmessen. Das Kind Krishna läßt sich von der Mutter festbinden, um zu demonstrieren, daß man das Unendliche nicht binden kann - das Seil nimmt kein Ende, so oft die Mutter es auch um ihn schlingt. Krishna steckt Dreck in seinen Mund, und die Mutter, die wie alle Mütter nur »Bah!« sagt und ihn zwingt, den Mund zu öffnen, entdeckt darin zu ihrem Erstaunen das ganze Universum. Auf dem Schlachtfeld zeigt Krishna dem entsetzten Arjuna plötzlich seine universale Form und wird dann wieder zu einem »normalen« Menschen, zum Freund Arjunas, ohne aufzuhören, der HERR zu sein.

Wir deuteten schon an, daß diese »Herabstiege« nicht im Widerspruch zur Evolution stehen. Die Serie der Vishnu-Avataras läßt deutlich eine Entwicklung erkennen, die im Tierreich beginnt und in Gestalten wie Rama, Krishna und Buddha (den die Hindus hier etwas widerwillig eingereiht haben) ihren vorläufigen Höhepunkt findet. Mögen viele dieser Avataras auch mythologischer Natur sein, so zeigt diese Darstellungsweise doch, daß man sich den Avatar keineswegs als plötzlich aus dem göttlichen Nichts kommend vorstellt. Er ist aufs engste mit der Evolution verbunden und bringt diese einen Schritt weiter. Um sie aber wirklich voranbringen zu können, muß er ihr - bei aller Anpassung an den jeweiligen Entwicklungsgrad - auch schon etwas voraus sein.

Aus diesem Grund sind manche Vedantins auch der Meinung, daß der Avatar in Menschengestalt auch nur ein gewöhnlicher Mensch ist, der aber in seinem letzten Leben bereits die höchste Erleuchtung erlangt hat und nun freiwillig noch einmal zurückkehrt, um den anderen Menschen zu helfen - eine Auffassung, die wahrscheinlich auch viele Buddhisten vertreten würden, die den endgültigen Buddha als das Endglied einer langen Kette von vorhergehenden potentiellen Buddhas oder Bodhisattvas sehen. In seiner letzten Verkörperung hatte sich der zukünftige Erhabene den Tushita-Himmel verdient, von dem er nun herunterstieg zum Wohl der Menschen. Die zahlreichen Aufstiege führen so zuletzt zu einem Herabstieg, der dem weiteren Aufstieg der Menschheit hilft.

Etwas anders sieht die Sache natürlich aus, wenn man an die Existenz eines ewigen *Ishvara* glaubt, eines ewigen persönlichen Gottes, der nicht dem Gesetz des Karma unterworfen ist und der sich um seine Schöpfung kümmert. Der Avatar wird dann entweder als die volle Verkörperung dieses höchsten Gottes angesehen - wie im Falle Krishnas - oder als dessen »Gesandter«. Ramakrishna zog nicht immer eine scharfe Trennungslinie zwischen diesen beiden Deutungsmöglichkeiten, zumal der Ausdruck Avatar im Hinduismus sowohl eine Vollverkörperung Gottes als auch eine schwächere Teilmanifestation in einem Heiligen oder Propheten meinen kann.

Einmal nennt Ramakrishna den Avatar einen »menschlichen Boten Gottes«: »Er gleicht dem Vizekönig eines mächtigen Monarchen. So wie der König seinen Vizekönig sendet, wenn in einer weit entfernten Provinz ein Aufstand zu unterdrücken ist, so sendet Gott seinen Avatar, wenn immer in einem Teil der Welt die Frömmigkeit abnimmt, um so die Tugend zu schützen und ihr Wachstum zu fördern.«[18] Dies klingt zum Teil recht biblisch, zum Teil hat es Gita-Anklänge und läßt ansonsten viele Fragen offen. Ein solcher »Gesandter« schillert zwischen einem Propheten und dem »Sohn« Gottes, auf jeden Fall wird er von Gott gesandt und scheint nicht eine direkte Verkörperung Gottes zu sein. (Das Christentum ist hier durch seine Trinitätslehre dem Hinduismus gegenüber theologisch zweifellos im Vorteil, da diese Lehre es ihm möglich macht, Christus als den Gesandten Gottes und zugleich als Gott selbst anzusehen.)

Ramakrishna sprach auch manchmal vom Sohn oder vom Kind des göttlichen Königs. »Die Avataras sind mit göttlichen Kräften und göttlichen Eigenschaften geboren. Sie können jeden Zustand der geistigen Verwirklichung erreichen und in ihm bleiben, vom höchsten bis zum niedersten. Im Königspalast kann ein Fremder nur die äußeren Quartiere besuchen, doch des Königs eigenes Kind, der Prinz des Hauses, hat die Freiheit, überall hinzugehen.«[19]

Will der christliche Theologe beweisen, daß das indische Avatar-Konzept doch nicht dasselbe sei wie die christliche Lehre von der Inkarnation, greift er die Sache gewöhnlich von zwei verschiedenen Seiten an: entweder betont er, der Avatar sei nur eine »Theophanie« und keine wirkliche Fleischwerdung Gottes, oder aber er hebt die Stellen hervor, wo vom Avatar als einem nur »menschlichen« Gesandten Gottes die Rede ist. Dabei wird oft ganz vergessen, daß es innerhalb des Christentums auch mehrere Jahrhunderte brauchte, bis man diese beiden Extreme irgendwie zusammenbrachte. Und trotz aller Dogmen, die für viele Gläubige doch nur auf dem Papier stehen und ihr Herz nicht anrühren, dürfte auch hier ein jeder sein persönliches Christusbild haben, so wie ein jeder Hindu den Avatar in seinem persönlichen Licht sieht - als verkleideten Gott oder als göttlichen Menschen. Zwar stimmt es, daß man am eigentlichen Kern der Inkarnation vorbeigeht, wenn man die eine oder andere Seite überbetont, aber dieses Zum-Kern-Vordringen wird ja nicht durch eine Formulierung, durch eine Ex-Cathedra-Entscheidung erreicht. Wenn die Inkarnation schwer zu begreifen und ein Spiel des Unendlichen im Endlichen ist, wie Ramakrishna sagt, dann muß es auch einen gewissen Spielraum für die Deutung geben. Denn sonst verwandelt sich die Inkarnation unversehens in Nirguna-Brahman, das unpersönliche Absolute ohne irgendwelche Attribute, das nur noch durch die negative »neti, neti«-Sprache definiert werden kann: es ist nicht dies und nicht das. Die Inkarnation ist jedoch gleichsam das positive Spiegelbild dieses unpersönlichen Grundes: sie ist dies *und* das, sie verkörpert die ganze Fülle Brahmans, die in der Leere verborgen liegt. »Korrektheit« der Formulierung würde hier bedeuten, daß man Gott einfangen will wie einen Schmetterling - im Netz der Theologie. Doch Gott läßt sich nicht einfangen. Vom göttlichen Selbst, dem Atman, heißt es in den Upanishaden, es sei größer als das Größte und kleiner als das Kleinste. »Es ist bewegungslos und doch schneller als das Denken. Immer in sich ruhend, überholt es alle, die laufen. Es bewegt sich und bewegt sich nicht. Es ist weit entfernt und auch sehr nahe. Es ist im Innern aller Dinge und auch außerhalb aller Dinge.« (Isha-Up. 4 u. 5) Diese Sprache mag zuerst mehr an den *Geist* denken lassen, der weht, wo er will, doch es ist wohl auch die paradoxe Natur der Inkarnation mit einbegriffen - was deutlich zeigt, daß die Upanishaden, auch wenn sie nichts von einer Inkarnation im wörtlichen Sinn erwähnen, dennoch auf den Geist der Inkarnation hindeuten - oft besser und treffender als Schriften, die sich direkt auf die Inkarnation beziehen, sich aber oft nur in Sentimentalitäten ergehen.

Ramakrishna besaß einen solchen flexiblen Geist in erstaunlichem Maße. Er betonte einmal mehr die menschliche, dann wieder mehr die göttliche Seite des Avatar. Wer die Avatar-Doktrin allen anderen aufdrängen wollte, war in seinen Augen so einseitig wie jemand, für den eine Fleischwerdung Gottes eine Unmöglichkeit war. »Wie kann B. glauben, daß Gott Menschengestalt annimmt? Seine 'englische' Erziehung kann ihn das nicht lehren. Es ist schwer zu erklären, wie sich Gott voll als Mensch inkarnieren kann. Die Manifestation des Unendlichen in diesem menschlichen Körper, der nur dreieinhalb Cubits groß ist!«[20] - Oder an einer anderen Stelle: »Es stimmt: Gott ist unendlich. Aber er ist allmächtig. Er kann es so einrichten, daß seine göttliche Natur als Liebe Fleisch wird und unter uns als Inkarnation lebt. Die Liebe strömt zu uns von diesem fleischgewordenen Gott. Die Inkarnation ist eine Tatsache. Man kann dies natürlich nicht mit bloßen Worten klarmachen. Es ist eine Tatsache, die mit den geistigen Augen gesehen und verwirklicht werden muß. Man muß Gott sehen, um davon überzeugt zu sein. Mit Hilfe einer Analogie können wir die Sache nur sehr vage begreifen. Nehmen wir einmal an, jemand berührt das Horn einer Kuh, oder ihre Füße, oder den Schwanz, oder das Euter. Wäre das nicht dasselbe, als würde er die Kuh selber berühren? Für uns menschliche Wesen ist das Wichtigste an einer Kuh ihre Milch, die von ihrem Euter kommt. Nun, die Milch der göttlichen Liebe strömt zu uns von den Inkarnationen Gottes.«[21]

Ramakrishna sagte oft, er sehe, daß Gott zu allen Dingen geworden sei. Die ganze Schöpfung war für ihn also in gewissem Sinne die Fleischwerdung Gottes. Doch zumindest für denjenigen, der das göttliche Bewußtsein noch nicht überall wahrnehmen kann und deshalb Unterschiede sieht, muß sich Gott wieder auf besondere Weise inkarnieren. Er muß sich in einem Punkt zentrieren, so daß er für den Gläubigen sichtbar, hörbar und sogar eßbar wird. Die sonst zerstreuten Blicke und Gedanken sammeln sich und konzentrieren sich auf diesen Punkt, und von diesem Punkt - der vielleicht am konzentriertesten in der Hostie dargestellt ist, der aber auch der Name oder die äußere Gestalt der Inkarnation sein kann -

strömen die Wasser des ewigen Lebens, strömt die Milch der göttlichen Liebe.

Auf die Frage »Warum sollte sich Gott in Menschengestalt offenbaren?« erwiderte Ramakrishna: »Damit dem Menschen göttliche Vollkommenheit offenbar wird. Durch diese Manifestation kann der Mensch mit Gott reden und seines Spieles gewahr werden. In der Inkarnation genießt Gott gleichsam in vollkommener Weise seine eigene transzendente Süße. Im Heiligen wird Gott nur teilweise offenbar wie Honig in einer Blüte. Doch die Inkarnation ist ganz Honig, sie ist ganz Süße und Seligkeit.«[22]

Nicht immer zog Ramakrishna die Trennungslinie zwischen einem Heiligen und einer Inkarnation so deutlich wie hier. So sagte er etwa: »Suchst du Gott? Dann suche ihn im Menschen. Seine göttliche Natur manifestiert sich mehr im Menschen als in den anderen Dingen. Halte Ausschau nach einem Menschen, dessen Herz überfließt vor Liebe zu Gott, einem Menschen, der ganz in Gott lebt, der trunken ist von Seiner Liebe. In einem solchen Menschen manifestiert sich Gott selbst.«[23]

Sicherlich waren Jesus und Ramakrishna in den Augen vieler Menschen solche Gott-trunkene - »Heilige Gottes«, die ganz in Gott lebten und in denen Gott lebte. Aber dasselbe ließe sich etwa auch von einem Heiligen wie Franz von Assisi sagen, der in vielen Punkten sowohl Jesus als auch Ramakrishna ähnelt. Sahen nicht manche Menschen im Poverello auch einen zweiten, einen wiedergekommenen Christus? In Thomas von Celanos Franziskus-Biographie wird die Vision eines Bruders berichtet, der in der Nacht von Franziskus' Tod den »glorreichen Vater« sah: mit purpurner Dalmatik angetan und von einer ungezählten Schar von Menschen gefolgt. Einige von diesen sonderten sich ab und sagten zu dem Bruder: »Ist das nicht Christus, Bruder?« Jener antwortete: »Er ist es.« Andere aber fragten wiederum: »Ist das nicht der heilige Franziskus?« Der Bruder antwortete ebenso, er sei es. Und Thomas fügt hinzu: »Tatsächlich kam es dem Bruder und der ganzen Schar der Begleiter vor, Christus und der selige Franziskus seien ein und dieselbe Person.«[24]

Wir haben einen ganz ähnlichen Fall in der Person *Chaitanyas*, des großen bengalischen Bhakti-Heiligen, der im Jahr 1485 geboren wurde. So wie sich Franziskus ganz in das Wesen Christi vertiefte, bis er selbst äußerlich ein »zweiter« Christus wurde, so konzentrierte sich Chaitanya ganz auf die Person Krishnas, in der er mehr und mehr aufging. Für viele seiner Anhänger war er bald keineswegs mehr nur ein großer Verehrer Krishnas, sondern eine Wiederverkörperung Krishnas selber. Wir stehen hier wirklich an einer Grenze, wo sich der Unterschied zwischen einem Heiligen und einer Inkarnation ein wenig verwischt. Der Hindu hilft sich da bisweilen mit dem Konzept des »Teil«-Avatars, und hätte Franziskus in Indien gelebt, so wäre er bestimmt bald zu einer solchen »partiellen« Inkarnation Gottes erklärt worden. Und man muß zugeben, daß in seinem Fall wirklich etwas Besonderes, ein »persönliches Existenzgeheimnis« vorzuliegen scheint, das man bei keinem anderen christlichen Heiligen so findet. Wenn Gott in Christus war und sich durch ihn ausdrückte, so war Christus wiederum in Franziskus und manifestierte sich durch ihn.

Obschon eine Wertskala hier immer subjektiv bleiben muß, so kann man doch zumindest zu erklären versuchen, warum Heilige wie Franziskus, die so völlig in Gott aufgingen, doch nicht den allerhöchsten Platz in der religiösen Hierarchie einnehmen. Einer der Gründe ist wohl dieser, daß Gestalten wie Krishna, Buddha, Christus und auch Ramakrishna die Abgerundetheit und die Fülle des göttlichen Selbst ausdrücken. Vielleicht ist es auch kein Zufall, daß gerade bei diesen vollen Verkörperungen immer wieder von einer übernatürlichen Geburt die Rede ist - so legendär die jeweilige Ausschmückung auch sein mag. Wahrscheinlich sind wir auch - mit Ramakrishna als Ausnahme - von der Patina der geschichtlichen Entwicklung beeindruckt. Atmet man zum Beispiel die Atmosphäre des Mahayana-Buddhismus ein, so wird aus dem vielleicht etwas einseitigen Gautama, der nur den Jnana-Pfad predigte, der absolute Buddha-Geist: allwissend, allerbarmend, nicht nur Quelle der Erleuchtung, sondern auch Zuflucht aller Hilfesuchenden. Manche mögen eine solche Ausweitung ins Überkosmische bedauern und von späterer Übermalung sprechen, aber ist es wirklich nur ein *Zufall,* daß sich dieser gewaltige göttliche Glanz um die geschichtliche Person des Shakyamuni bildete? Mußte nicht diese ganze Fülle schon in ihm angelegt sein? Es ist wohl ebensowenig Zufall wie der Umstand, daß in der westlichen Hemisphäre der Zimmermannssohn Jesus von Nazareth zum Christus und Pantokrator wird, der uns mit großen ernsten Augen aus den Mosaiken und Ikonen anblickt.

Verschwimmt die Grenze zwischen einem Heiligen und einem Avatar manchmal ein wenig, so ist es etwas leichter, den Unterschied zwischen einer göttlichen Inkarnation und einem sogenannten *Siddha* zu erklären. Damit kann zwar auch ein »Heiliger« gemeint sein, aber nicht jemand mit einer so großen Ausstrahlungskraft wie etwa ein Franziskus. Ramakrishna benutzt diese Bezeichnung vor allem für Yogis, die einen Alleingang machen und sich mühsam von allen irdischen Banden befreien. Nachdem diese Asketen die höchste Stufe der Erkenntnis erreicht haben, scheiden sie aus dem »Spiel« aus und gehen auf in Brahman. Lebt ein solcher Befreiter noch eine Weile in seiner leiblichen Hülle, so wird er ein *Jivanmukta* genannt. Doch für ihn existiert die Welt kaum noch, und auch wenn er zum Gegenstand der Verehrung werden mag, bemüht er sich gewöhnlich doch wenig, aktiv am Fortschritt der Menschen mitzuarbeiten.

In der Erkenntnis des unpersönlichen Absoluten unterscheidet sich ein solcher *Siddha-Purusha* nicht von einem Avatar. Der Unterschied liegt vor allem in der Wirkung. »Für gewöhnlich schöpft man das Brunnenwasser aus großer Tiefe und mit viel Schwierigkeiten,« sagte Ramakrishna, »wenn aber in der Regenzeit das Land überschwemmt ist, kann man überall mit Leichtigkeit Wasser bekommen. So ist Gott für gewöhnlich nur mit großer Mühe durch Gebete und Kasteiungen zu erreichen, kommt aber die Flut der Inkarnation auf die Erde herab, wird Gott überall sichtbar.«

Ramakrishna vergleicht den Avatar mit einem mächtigen Baumstamm, der den Fluß hinabtreibt und hundert Menschen tragen kann, ohne zu sinken. »Ein treibendes Rohr dagegen sinkt vielleicht schon unter dem Gewicht einer Krähe. So finden, wenn ein Erlöser sich verkörpert, Unzählige Erlösung, die ihre Zuflucht zu ihm nehmen. Der Siddha dagegen rettet nur sich selber mit viel Aufwand an Mühe und Kasteiung.«[26]

Eine der bekanntesten Parabeln, die Ramakrishna in diesem Zusammenhang erzählt, ist die von einem wunderbaren Garten, der von einer hohen Mauer umgeben ist. Vier Männer beschließen eines Tages zu erforschen, was sich hinter der hohen Mauer verbirgt, und ersteigen diese mit Hilfe einer Leiter. Als der erste oben auf der Mauer angelangt ist, bricht er in Freudenrufe und lautes Gelächter aus und verschwindet auf der anderen Seite der Mauer.

Auch der zweite lacht nur laut und springt hinunter, und ebenfalls der dritte. Der vierte sieht zwar auch wie die anderen drei endlich den wunderbaren Garten mit den herrlichen Früchten, doch er widersteht der Versuchung und springt nicht in den Garten, sondern steigt die Leiter wieder hinunter und verkündet allen draußen die Frohe Botschaft von der Existenz dieses herrlichen Gartens.

Der Vergleich mit dem *Bodhisattva*-Ideal des Mahayana-Buddhismus liegt hier nahe. Der Bodhisattva will nicht endgültig in das Nirvana eingehen – wodurch er sich vom *Arhat* und vom *Siddha* unterscheidet –, sondern er nimmt freudig immer neue Wiedergeburten auf sich, um so den Menschen zu helfen und sie ihrem Ziel näherzubringen.

Ein solcher Bodhisattva ist jedoch kein eigentlicher Avatar im Sinne eines »Herabstieges«, wie wir schon betonten, sondern auch ein Mensch, der den anderen Menschen nur voraus hat, daß er das Ziel der Entwicklung schon kennt – oder zumindest einen Schimmer davon erhascht hat – und so fähig ist, den Mitmenschen auf der langen Wanderung behilflich zu sein. Ein wirklicher Avatar – wie Buddha – verbindet die Gegensätze Bodhisattva-Arhat in sich und transzendiert sie. Er hat nicht nur einen »Schimmer« vom Absoluten erhascht, sondern er ist eins mit dem Absoluten und wird zu dessen Verkörperung – nicht nur zur Verkörperung der höchsten Weisheit, sondern auch der Liebe und Barmherzigkeit.

Diese – das eigentliche »Herz« der Inkarnation – ist wohl das Entscheidende. Selbst im Leben des so erhabenen und »abgeklärten« Buddha gibt es genügend Episoden, die die Größe seines Herzens zeigen. Allerdings drückt sich dieses Herz bei Jesus und Ramakrishna wohl noch direkter aus, da diese es nicht unter ihrer Würde hielten, nach den Menschen geradezu zu hungern. »Jerusalem! Jerusalem!« rief Jesus aus, »... wie oft habe ich deine Kinder sammeln wollen, wie die Henne ihre Küchlein unter ihre Flügel sammelt...« (Luk. 13,34) Hier spricht kein Weiser mehr, kein bloßer Heiliger oder Prophet – hier sehnt sich Gott selbst nach den Menschen – und man versteht auch plötzlich, warum eine Mystikerin wie Juliane von Norwich Christus unsere »Mutter« nennen konnte.

Ramakrishna kletterte manchmal am Abend auf das Dach des Gartenhauses im Tempelbezirk Dakshineswars, blickte hinüber zu den Lichtern Kalkuttas und rief laut: »Oh kommt, meine Kinder!

Oh, wo seid ihr! Ich kann es nicht ertragen, ohne euch zu leben.« Und er sagte später: »Keine Mutter hat sich jemals so nach dem Anblick ihres Kindes gesehnt, kein Freund nach dem Anblick seiner Kameraden, kein Liebender nach seiner Geliebten, wie ich mich nach ihnen sehnte.«[27] Die Jünger und Verehrer, die er oft schon in einer Vision vor ihrer Ankunft sah, sollten dann bald eintreffen und sich zu einem Ring um ihn zusammenschließen - um ihn, der ihnen Vater, Mutter, Freund und Geliebter in einem wurde. Für den bloßen Siddha mag dieses Fest der Liebe, das der Bräutigam mit den Seinen feiert, auch noch »Maya« sein. Doch es ist eben diese Maya, die ihn von der Inkarnation unterscheidet.

Das heißt, die Inkarnation hat keine Angst, sich zu »binden«. Ihre ganze Existenz ist ja in gewissem Sinne ein freiwilliges Sichbinden. Während der Siddha und Nur-Jnani allein darauf aus ist, so bald wie möglich in Brahman zu verschwinden und Maya flieht wie die Pest, schlägt der Avatar seine Zelte direkt in Maya auf. Er hat die Welt überwunden, bevor er geboren wurde; und gerade deshalb ist es möglich für ihn, im Bereich Mayas zu wohnen und sich durch Maya auszudrücken.

8. Kapitel

DIE »VORGÄNGER« RAMAKRISHNAS

Obschon dies keine systematische Studie des indischen Avatar-Glaubens ist, müssen wir doch noch etwas näher auf die »Vorgänger« Ramakrishnas, insbesondere Rama, Krishna und Chaitanya eingehen - nicht zuletzt deshalb, weil Ramakrishna seinen »Stammbaum« von ihnen herleitete und sie sein Leben lang verehrte.

Ramakrishna akzeptierte zwar den Avatar-Glauben und gab oft, wie wir im vorigen Kapitel sahen, seine eigenen Kommentare, um diesen oder jenen Aspekt zu beleuchten, doch er ließ sich auf keine sektiererische Linie festlegen. Er überließ die Haarspaltereien den Pandits, da für ihn nur eines wesentlich war: leidenschaftliche Liebe zu Gott, unter welchem Namen man diesen auch immer verehrte.

Einer dieser Namen, und wohl einer der populärsten und wirkungsvollsten, ist Rama - von Millionen Hindus täglich wiederholt, gemurmelt oder gesungen. Der Name scheint sich fast verselbständigt zu haben und wichtiger geworden zu sein als die Person Rama. Zumindest gibt es Heilige wie den großen Bhakta Ramdas, der allein durch die Wiederholung dieses Namens völlig transformiert worden ist und der sich im übrigen nicht so sehr um den »Avatar« Rama kümmerte.

Doch auch die Wirkung der Rama-»Story« darf nicht unterschätzt werden. Sie ist tief ins Bewußtsein und ins Unterbewußte der Inder gedrungen. Verglichen mit den großen religiösen Führern wie Buddha und Christus mag Ramas Leben zwar enttäuschen; er war nicht der Gründer einer neuen Bewegung, kein ekstatischer Heiliger, sondern »nur« ein idealer Gatte, Familienvater, König und Krieger. Bedenkt man jedoch, daß die Avatar-Lehre aufs engste mit der Idee der Evolution verbunden ist, so ließe sich die Ansicht vertreten, daß Rama hier eine wichtige Funktion zu erfüllen hatte. Er war der Avatar einer ausgesprochenen *Familien*-Religion und nicht das Ideal einer Mönchsgemeinde oder einer Schar glühender Jünger. Rama verkörperte »Dharma«, den rechten Weg eines tugendhaften Lebens - auch wenn er manchmal menschliche Schwächen zeigte. Dadurch, daß man ihn als Avatar verehrte, wurde er zum Modell des idealen Mannes - zusammen mit Sita, der idealen Gattin. Ich glaube zwar nicht, daß man Rama aus Indien exportieren kann wie Buddha oder Ramakrishna - dafür ist Rama einfach zu indisch. Aber hier, in Indien, ist er nicht wegzudenken, er gehört zu den Hausaltären der Hindu-Religion, und wer nicht nur trockene Studien über das Für und Wider der Geschichtlichkeit Ramas gelesen hat, sondern den Gesängen der Rama-Sita-Gemeinde gelauscht hat, wird sich kaum des Eindrucks erwehren können, daß der Name Ramas und seine Geschichte eine der vielen Offenbarungen Gottes ist. Darüber hinaus hat dieser Rama-Kult den Vorteil, daß sich eine bürgerliche Familien-Religion nicht in der Verlegenheit befindet, ihre Bürgerlichkeit mit den Gestalten eines herumwandernden Mönchs oder eines Rabbi, der die Menschen von ihrem häuslichen Herd weglockt, in Einklang bringen zu müssen.

Ramakrishna hatte wohl keinerlei Zweifel an der historischen Wirklichkeit Ramas. Rama war - unter dem Namen Raghuvir - die Wahlgottheit seines Vaters und damit der ganzen Familie. Von seiner frühesten Kindheit an atmete Ramakrishna deshalb die Atmosphäre des Rama-Kultes ein. Später, während seines »Sadhana«, identifizierte er sich während einer gewissen Periode mit Hanuman, dem Affenkönig in der Ramayana, der in Indien als das Ideal des umsichtigen Dieners verehrt wird. Ramakrishna ging so weit in dieser Identifikation, daß er praktisch wie ein Affe auf Bäumen lebte, sich von Nüssen und dergleichen ernährte und hin und wieder mit dunkler Stimme den Namen seines Herrn »Rama« ausrief. Wer in Ramakrishna selber eine Inkarnation sieht und ihn gern als »respektablen« Partner Buddhas und Jesu präsentieren möchte, unterschlägt solche Episoden gern. Doch jeder Avatar hat seine eigene Sendung, seine eigene »Atmosphäre«, und bei Ramakrishna steht gerade das Spielerische, das Verwandlungsfähige im Vordergrund. Kann man sich nicht vorstellen, daß Gott die ganze Evolution, die er im allgemeinen schon durchgespielt hat, nun in einer seiner Inkarnationen noch einmal »nachspielt«, zum Spaß? Und dabei, in einer der zahlreichen Episoden, auch zum Diener wird und sich selber verehrt?

Am Ende der Hanuman-Periode hatte Ramakrishna eine

Vision Sitas, der Gefährtin Ramas, und zwar war dies die erste Vision, die er mit offenen Augen am hellichten Tag hatte - und nicht während der Meditation. »Sie erhellte alles um sie herum mit ihrem Glanz,« sagte Ramakrishna später. »Ich sah sie, und zur selben Zeit sah ich die Bäume, den Ganges und alles übrige. Ich bemerkte, daß es eine menschliche Gestalt war, denn es waren keine Zeichen eines göttlichen Wesens an ihr zu sehen. Doch ein so edles Gesicht wie das ihre - voller Liebe, Trauer, Erbarmen und Seelenstärke - ist selbst unter Göttinnen selten zu sehen.« Sita kam auf ihn zu, und bevor sie in ihm »verschwand«, sagte sie zu ihm: »Ich hinterlasse dir mein Lächeln.« Es war ein Lächeln, das nicht frei war von Leiden, und später sollte Ramakrishna einmal sagen: »Ich hatte meine erste Vision Sitas in ihrem leidenden Aspekt - ist dies vielleicht der Grund, daß ich seitdem in meinem Leben so viel leiden mußte?«

Einige Jahre nach dieser Vision kam ein Mönch namens Jatadhari nach Dakshineswar, der eine kleine Statue Ramlalas, des Kindes Rama, bei sich trug. Für Jatadhari war diese Statue keineswegs nur ein Stück Metall, sondern ein lebendes Wesen. Er sprach zu dem kleinen Rama, fütterte und badete ihn. Wir mögen eine solche Verhaltensweise kindisch und närrisch nennen, aber solange sie fähig ist, das Wesen eines Menschen gänzlich zu transformieren und ihn in einen Heiligen zu verwandeln, sollte man mit dem Spott doch zurückhaltend sein. Ramakrishna blieb es jedenfalls nicht lange verborgen, daß der Mönch kein gewöhnlicher Gläubiger war, sondern ein Bhakta höchsten Grades, der das Objekt seiner Anbetung wirklich zum Leben erweckt hatte. Er war ein Meister des *Vatsalya-bhava* - jener Bhakti-Haltung, in der der Gläubige Gott nicht als eine ferne Majestät ansieht, sondern als *Kind*, und sich selber als Vater oder Mutter. Alle Zeichen der Allmacht sind hier von Gott abgefallen, und der Mensch schaut nicht auf zu ihm, sondern beugt sich über ihn und fühlt sich verantwortlich für ihn.

Ramakrishna, der vorher Rama in der Haltung des Dieners verehrt hatte, fühlte nun auch väterliche und mütterliche Gefühle in sich erwachen. Und auch Ramlala fühlte sich zu ihm hingezogen, worüber der Mönch Jatadhari, der eifersüchtig über seinen Schützling wachte, nicht gerade glücklich war. Ramakrishna wurde bald buchstäblich zur Mutter des kleinen Rama - was sich zum Teil auch dadurch ausdrückte, daß er Ramlala ausschimpfte und ihm sogar eine Ohrfeige gab, weil dieser in punkto Ungezogenheit dem jungen Gopala (Krishna) in nichts nachstand. Natürlich machte sich Ramakrishna sofort Vorwürfe und begann zu weinen, als der kleine Rama ihn mit großen tränenvollen Augen ansah. Es sah wirklich so aus, als wollte die göttliche Natur in Ramakrishna die ganze menschliche Gefühlsskala durchlaufen - einmal ein glühender Franziskus, dann ein in sich versunkener Buddha, dann ein weiser Sokrates und nun wieder eine aufgeregte Mutter, die hinter ihrem Kind herläuft. Haben wir hier nicht den großen Gaukler und Schauspieler Gottes vor uns, der uns zeigt, daß Gott nichts Menschliches fremd ist, daß ER nicht nur das reine Absolute, sondern auch Vater, Mutter und ein riesiger Kindskopf in einem ist?

Eines Tages kam der Mönch Jatadhari zu Ramakrishna und sagte: »Ramlala hat sich mir in einer Weise offenbart, wie ich ihn nie vorher gekannt habe. Nun, nach dieser Offenbarung, ist der Wunsch meines Lebens erfüllt. Ramlala sagte, daß er diesen Ort nicht verlassen will, daß er sich von Euch nicht trennen will. Aber ich bin darüber nicht mehr traurig. Er lebt glücklich mit Euch und ich bin voller Freude, wenn ich es sehe. Ich habe nun gelernt, ganz einfach glücklich zu sein in *seinem* Glück. So kann ich ihn bei Euch zurücklassen und fortgehen in dem Wissen, daß er in Eurer Gegenwart ist.« Ramlala blieb bei Ramakrishna - äußerlich nur eine kleine metallene Statue, die für viele Jahre im Radhakanta-Tempel von Dakshineswar stand und zu Beginn dieses Jahrhunderts gestohlen wurde. Ihr Verbleib ist unbekannt.

Auch die Bhairavi Brahmani - jene brahmanische Nonne, die Ramakrishna in die geistigen Disziplinen des Vaishnavismus und des Tantrismus einführte - hatte eine kleine Statue Ramas bei sich, als sie Ramakrishna traf. Sie brachte diesem kleinen Steinbild gekochte Speisen dar und begann dann davor zu meditieren. Ramakrishna, wie so oft in einem Gott-trunkenen Zustand, kam auf sie zu, nahm etwas von der geopferten Speise und aß sie. Als beide, die Brahmani und Ramakrishna, zum normalen Bewußtsein zurückkehrten, erschrak dieser zuerst bei dem Gedanken, die Brahmani könne das Essen der heiligen Speise, die für Rama bestimmt war, als ein Sakrileg betrachten. »Warum tue ich diese Dinge?« rief er aus. Doch die Brahmani beruhigte ihn. »Ihr habt richtig gehandelt,« sagte sie. »Es ist der Eine, der in Euch wohnt, der diese Handlungen begeht - das ist es, was ich in der Meditation gesehen habe. Und nun weiß ich, daß ich von nun an keine Riten mehr zu vollziehen habe. Meine Anbetung hat zuletzt Früchte getragen.« Und sie warf das kleine Steinbild Ramas in den Ganges, da sie den lebenden Rama vor sich sah.

Es hat den Anschein, als wäre sich Ramakrishna seiner Rama-Natur nicht immer bewußt gewesen. Aber war Rama sich immer seiner göttlichen Natur bewußt? In der Ramayana Valmikis tadeln die Götter Rama, weil er an der Keuschheit Sitas zweifelt. Wie kann er, der doch die Verkörperung des höchsten Gottes und deshalb allwissend ist, zugleich unwissend über den wirklichen Tatbestand sein? Doch Rama fragt die Götter - und schafft damit wieder eine von jenen Ironien, an denen die Hindu-Literatur so reich ist -: »Ich glaube, daß ich ein Mensch bin, Rama, der Sohn Dasharatas - aber wer bin ich in Wirklichkeit?« Und die Götter müssen ihn darüber aufklären, daß er Vishnu ist mitsamt allen seinen Avataras, daß er der Schöpfer Indras ist und aller übrigen Götter, der höchste Purusha, das ewige Wort OM, die Veden und das unvergängliche Brahman selbst.

Was Ramakrishna im Dialog, den wir in einem früheren Kapitel zitierten, zu einem Gast sagte: »Ob du es weißt oder nicht - du bist Rama!« hätte er also zu Rama selber sagen können. Es ist dies ein uraltes und immer wiederkehrendes Thema im Hinduismus: daß selbst Gott sich vergißt, wenn er sich in die Klauen seiner eigenen Maya begibt. Für viele Anhänger des Advaita-Vedanta ist Rama hier natürlich nur der »Stellvertreter« aller Lebewesen, die ihre wahre Brahman-Natur scheinbar vergessen haben und sie erst wiederentdecken müssen. Ich sage »scheinbar«, weil sich Brahman nach der Advaita-Lehre nicht wirklich vergißt, sondern nur als Welt er*scheint*. Brahman ist Sein-Erkenntnis-Glückseligkeit, und besonders Ananda, die göttliche Seligkeit, ist verantwortlich für den scheinbaren Ausbruch des Göttlichen aus sich selber, für dieses Fest der Schöpfung, das Brahman durch seine Maya-Kraft »draußen« feiert. Daß dieses Fest mit dem Preis des Leidens bezahlt werden muß, darauf hat Ramakrishna mehrmals hingewiesen. Als er schon sehr krank war, sagte er: »Manchmal sage ich mir: Möge ich doch nicht mehr in die Welt zurückkommen müssen. Doch da ist noch etwas anderes: Wenn man üppige Feste draußen gefeiert hat, schmeckt einem das einfache Essen daheim nicht mehr.«[28]

Für Ramakrishna war dieser Ausbruch Gottes aus sich selber

keine reine Illusion; er sah in ihm die dynamische Seite des Absoluten, den Freudentanz Shaktis, der schöpferischen Energie, die von Brahman so wenig zu trennen ist wie die Brennkraft vom Feuer. Der Ausbruch führt jedoch nicht zu einem völligen Selbstvergessen Brahmans, die Transzendenz wird nie aufgehoben, so daß Brahman, wenn es aus sich heraustritt, zugleich in sich selber bleibt, im ureigensten Grund. Dieser paradoxe Tatbestand, den die Philosophen des Vedanta und auch westliche Mystiker wie Meister Eckhart immer wieder sprachlich umkreisen und der sich nie ganz in Worten ausdrücken läßt, ist in der Inkarnation besonders auf die Spitze getrieben: das Drinnen-sein und das Außer-sich-sein Gottes treffen sich hier in einer Person. Wäre die Inkarnation nichts anderes als der allwissende Gott, der in seiner ganzen Glorie einherschreitet, so würde sie uns höchstens einschüchtern und uns den Gegensatz von Schöpfer und Geschöpf nur noch bewußter machen. Ein solcher »Sohn« - um in christlicher Terminologie zu sprechen - wäre so eins mit dem Vater, daß sein Sohn-sein und besonders seine Fleischwerdung völlig unnötig wäre. Andererseits: wäre die Inkarnation nur ein normaler Mensch, so könnte sie uns nicht helfen, unsere wahre Natur zu verwirklichen. Deshalb dieser eigentümliche göttlich-menschliche Tanz in der Mitte zwischen den Extremen, deshalb diese ständige Verschleierung und Entschleierung.

Ramas Frage: »Wer aber bin ich in Wirklichkeit?« kann natürlich von jedem Menschen gestellt werden und - wenigstens nach der Advaita-Lehre - auch von jedem Menschen so beantwortet werden: »Ich bin in Wahrheit das unvergängliche Brahman und *spiele* nur im Augenblick den Herrn Sowieso oder die Frau Sowieso.« Letztlich sind wir alle Söhne - und Töchter - Gottes: wir haben in Gott unseren Ursprung und kehren zu ihm zurück. Das Werden ist das Spiel des Seins, das Spiel des Sohnes vor dem Vater - ein »Spiel«, das gewiß auch seine düsteren Seiten hat, seine Exile und Kreuzigungen. Doch während dies alles für uns auch zutrifft, so ist es in uns doch nur sehr skizzenhaft ausgedrückt. Herr Meier mag das unvergängliche Brahman sein, doch er prägt nicht einem ganzen Zeitalter durch sein exemplarisches Leben und seine religiösgeistige Ausstrahlung seinen Stempel auf. Ramakrishna betonte oft, daß Brahman zwar allgegenwärtig sei, daß aber die Manifestationen seiner schöpferischen Kraft verschieden seien. Mit anderen Worten: in Maya, dem Machtbereich der Göttlichen Mutter, gibt es eine Rangordnung, eine Hierarchie. Man mag sagen, Rama und Sita hätten eigentlich nur wie gewöhnliche Menschen gelebt, abgesehen von ein paar mythologischen Absonderlichkeiten -, nur eben etwas tugendhafter als die meisten. Warum wurden dann aber nicht alle tugendhaften Paare, die es sicherlich in großer Anzahl gab, in den indischen Pantheon erhoben? Eine ähnliche Frage kann man auch im Falle Buddhas stellen, von dem oft gesagt wird, er sei ein gewöhnlicher Mensch gewesen, und der Zustand, der von ihm erreicht wurde, sei von allen Menschen erreichbar, sofern sie nur die nötige Höhe in der geistigen Evolution erklommen haben. Das letztere ist sicherlich richtig, d.h. jeder Mensch ist der Erleuchtung fähig, aber warum wurden dann nicht zahlreiche Arhats, Siddha-Purushas, Jivanmuktas oder wie man sie noch nennen will, allesamt Erleuchtete, als Buddha verehrt, warum wurde nur dieser eine Gautama Buddha auf den höchsten Thron erhoben? Man wird nicht »zufällig« zu einem Archetyp des Selbst, das das Göttliche und das Menschliche auf vollkommene Weise in sich vereinigt und dadurch zum Abbild des »Pleroma« wird, dem nichts mehr hinzuzufügen ist.

Wäre es schon äußerst schwierig, Rama aus dem Bewußtsein und Unterbewußtsein der Hindus zu entfernen, so wäre es wohl gänzlich unmöglich, Krishna aus ihrem Herzen zu reißen. Daß selbst ein so moderner und im Westen erzogener Philosoph und Yogi wie Sri Aurobindo in Krishna die Verkörperung der höchsten Gottheit sah und ihn in mancherlei Hinsicht Christus vorzog, sollte all denen zu denken geben, die glauben, man könne Christus ohne weiteres an die Stelle dieser »mythologischen« Avataras setzen - so als hätten sich die Hindus nur so lange mit ihnen abgegeben, solange sie nichts besseres hatten. Ist der Avatar auch immer »derselbe«, wie Ramakrishna sagte, und offenbart er sich einmal als Krishna und dann wieder als Christus, so sind diese Offenbarungen doch auch wieder verschieden, d.h. sie verkörpern jeweils einen besonderen Aspekt Gottes. Je größer sie sind, desto komplexer sind sie zwar, aber trotz dieser »Fülle« hat ein jeder von ihnen seine besondere geistige Atmosphäre.

Damit soll nun keineswegs gesagt werden, daß die Persönlichkeit Krishnas, so wie sie uns aus dem Mahabharata und den Puranas entgegentritt, keine Probleme aufwerfen würde. Und so manche Züge in seinem Wesen irritieren nicht nur den Christen, sondern auch den Vedantin. Swami Vivekananda etwa, der für die geistige Größe der Gita immer wieder Zeugnis ablegte, fand es doch manchmal schwer, sich vom *Leben* dieser Inkarnation inspirieren zu lassen. Ein Überfluß an legendären Überlagerungen, die durchaus mit den Phantasien unserer christlich-gnostischen Apokryphen wetteifern können, ersticken wohl selbst den größten Avatar wie Efeu einen Baum - auch wenn man noch so sehr auf die *innere* Realität Krishnas hinweisen mag und nicht so sehr auf die Stories. Man braucht schon eine gewisse Bilderbuch-Mentalität, um sich im Narrenparadies so mancher Krishna-Kulte ganz wohl fühlen zu können.

Trotzdem ist Krishna wohl unersetzbar. Er erfüllt eine Sehnsucht, die der Christus der christlichen Kirche vielleicht nie ganz stillen kann, die Sehnsucht nach einem »griechischen« Christus, von dem ein Hölderlin träumte und in unserem Jahrhundert noch Simone Weil, die sich nicht zufällig vom Wesen Krishnas angezogen fühlte. Apollo, Dionysos-Orpheus und Christus scheinen in der Person Krishnas fast zu einem Wesen zu verschmelzen. Krishna ist der ewig »unberührte«, der gelassene Gott, aber auch der flötespielende, der *tanzende* Gott, den Nietzsche sich wünschte, als er an dem bloßen Moralismus des bürgerlichen Christentums verzweifelte. Krishna ist die verkörperte Schönheit, Ananda-Maya, die die Seelen der Lebewesen verzaubert. Er ist der Geliebte, nach dem sich die Braut im Hohen Lied verzehrt. Dabei haben zuviele Worte von ihm etwas Christushaftes, als daß wir ihn einfach als heidnisches Gaukelbild beiseite schieben könnten. Seine Bhaktas legen Zeugnis dafür ab, daß er eine Wirklichkeit ist, die das Wesen eines Menschen völlig zu transformieren vermag. Man kann die Gita nach scheinbaren Widersprüchen durchstöbern und versuchen, sie historisch einzuordnen - man kann sich jedoch auch einfach der göttlichen Stimme überlassen, in dem Wissen, daß Er hier gesprochen hat, und ich bin davon überzeugt, daß man das rechte Ziel erreicht.

Ramakrishna hielt sich nicht lange mit fragwürdigen Wundergeschichten und theologischen Spitzfindigkeiten auf. Er stritt sich nicht mit Pandits über die Vergangenheit. Für ihn war alles Gegenwart und deshalb *wirklich*. Er *wurde* zu einer der Gopis, zu einem jener einfachen Milchmädchen, die Krishna über alles liebten. Schon als Junge hatte er gern mit Kameraden Szenen aus dem

Leben Krishnas gespielt, und nun, schon erwachsen, spielte er sie für kurze Zeit noch einmal - diesmal so wortgetreu, daß er auch äußerlich Frauenkleidung trug und sich buchstäblich in eines der Milchmädchen verwandelte. Für die Gopis gab es nur *einen* Purusha, nur *einen* Mann im ganzen Universum: Krishna. Alle übrigen Lebewesen waren seine Seelen, und die *anima* ist bekanntlich vor allem weiblicher Natur. Ramakrishna wurde zu Radha, die die Trennung von ihrem geliebten Krishna nicht ertragen konnte, und dann identifizierte er sich wieder mit Krishna und hätte wohl wie der Tänzer Nijinskij ausrufen können: »Ich bin Gott! Ich bin Gott!« - ohne aber darüber verrückt zu werden. Wieder inszenierte Krishna sein ewiges Lila auf Erden, wie er es schon vorher in Chaitanya wiederholt hatte: Radha und Krishna in einer Person. Doch was das ganze Leben Chaitanyas ausgefüllt hatte, war nur eine Episode im Leben Ramakrishnas. Er konnte zwar kaum die Intensität Chaitanyas überbieten, doch er war breiter angelegt - ein Shakespeare der Religion.

Als Ramakrishna während einer seiner wenigen Pilgerfahrten nach Vrindavan kam und die Hirtenjungen von der Weide zurückkehren sah, rief er aus: »Wo ist Krishna? Wo ist Krishna! Warum kann ich ihn nicht sehen? Alles ist durch seine Gegenwart gesegnet worden - doch wo ist ER?«

Ist dies derselbe Ramakrishna, der behauptete: »Derjenige, der Rama und Krishna war, ist nun in diesem Leib als Ramakrishna«? In Maya scheint alles möglich zu sein. Wir suchen überall draußen nach unserem eigenen Selbst, Gott ruft am Kreuz: »Mein Gott, mein Gott, warum hast du mich verlassen!« und Krishna verzehrt sich nach dem Anblick Krishnas.

Die Vaishnavas (Vishnuiten) erklären dies im Falle Chaitanyas so: um die Liebe, die Radha für Krishna empfand, selber erfahren zu können, vereinigte der Herr in der Chaitanya-Inkarnation sich und seine Geliebte in einer Person. Deshalb der scheinbare Widerspruch, daß sich Chaitanya manchmal am Boden wälzte, weil er das Gefühl der Trennung von Krishna nicht ertragen konnte, und sich dann wiederum mit Krishna identifizierte.

Wir sahen dasselbe Phänomen in Ramakrishna. Einer der Gründe, warum die Bhairavi Brahmani und die Pandits Gauri und Vaishnavacharan ihn als einen Avatar ansahen, war der, daß er dieselben Symptome zeigte, die in den Schriften von Radha und

Chaitanya berichtet wurden. Die Schriften der Vaishnavas sprechen von 19 verschiedenen Gefühlshaltungen oder intensiven »Stimmungen« und betonen, daß nur ein Avatar sie alle in sich vereinigen könne. »Ein gewöhnlicher Mensch hätte nicht ein Viertel jener ungeheuren Glut ertragen,« sagte Ramakrishna, »er wäre auf der Stelle verbrannt.«

Eine solche Betonung der Emotion ist natürlich nur in einer ausgesprochenen Bhakti-Atmosphäre möglich, und würden wir die ganze Avatar-Doktrin darauf aufbauen, so müßten wir zumindest Buddha hier ausschließen. Auch die historische Rolle des Avatars kommt in einer solchen Atmosphäre zu kurz. Wenn diese spezielle Avatar-Philosophie, die sich besonders auf Chaitanya stützt, jedoch auch etwas einseitig ist, so fügt sie dem allgemeinen Bild doch einige wichtige Aspekte hinzu: Gott ist hier nicht nur der Gegenstand der Anbetung - wie etwa im Falle Krishnas -, sondern er ist auch Anbeter; ja, er kann in eine Agonie geraten, weil er sich von Gott getrennt glaubt. (Vielleicht weiß nur Gott, was es wirklich heißt, von Gott getrennt zu sein.) Dem Christen dürfte dies keine großen Schwierigkeiten bereiten, ist doch auch Jesus Christus für ihn wahrer Gott und wahrer Mensch, zugleich Anbeter und Objekt der Anbetung, Richter über Lebende und Tote und leidende Kreatur, die am Ölberg Blut schwitzt und am Kreuz in äußerster Verlassenheit nach Gott ruft. Darüberhinaus nimmt nach christlicher Lehre nicht nur der Sohn die menschliche Natur an, sondern auch der Hl. Geist versetzt sich in diese hinein, indem er sich unserer Schwachheit annimmt, wie Paulus im Römerbrief sagt. »Wir wissen ja nicht, um was wir bitten sollen, wie es sich gehört. Da tritt der Geist selber für uns ein mit unaussprechlichen Seufzern.« (Röm. 8,26)

Das heißt, Gott lehrt uns die wahre Anbetung nicht nur dadurch, daß er uns gleichsam von »oben« Gebote und Anleitungen gibt, sondern indem er sich in uns hineinversetzt und uns durch sein Beispiel die wahre Anbetung und Liebe zu Gott lehrt. In der Krishna-Inkarnation lehrt Gott Bhakti gleichsam von der Kanzel der Gita herab, während er uns in Chaitanya mit gutem Beispiel vorangeht. In der Sri Sri Chaitanya Charitamrita sagt Krishna zu sich selber: »Ich habe den Menschen für lange Zeit die Gunst der höchsten Gottesliebe (Prema-bhakti) nicht verliehen. Wenn man selber Bhakti nicht praktiziert, können die anderen sie nicht finden. So werde ich diesmal Bhakti lehren, indem ich sie selber übe.«

Bedeutet dies, daß Gott, wenn er die Rolle des Bhakta übernimmt, diese glühende Anbetung nur »spielt«? Ja und nein. Einerseits ließe sich sagen, daß all das Beten und Fasten, das Blutschwitzen und Rufen zu Gott für den Avatar nicht nötig ist. Er braucht sich nicht weiter zu reinigen und zu bessern, er braucht kein schlechtes Karma zu tilgen. All dies ist Beispiel für die anderen, das »De profundis« kein wirklicher Notschrei, sondern die Demonstration Gottes, der nach unten steigt, um nach oben zeigen zu können. Und zu dem »Beispiel« gesellt sich dann noch das stellvertretende Opfer. »Was immer ich tue,« sagte Ramakrishna, »wird für euch alle getan. Wenn ihr ein Sechzehntel davon praktiziert, was ich getan habe, so ist dies genug.«

Wenn wir hier von einem »Spiel« sprechen, so heißt dies jedoch nicht, daß der Avatar seine Gefühle nur »simuliert«. Eher könnte man sagen, daß seine Emotionen weit intensiver sind als die des gewöhnlichen Menschen. Um es noch einmal zu sagen: vielleicht weiß nur Gott wirklich, was es heißt, von Gott getrennt zu sein. Wenn Ramakrishna in seiner Verzweiflung darüber, daß er die Göttliche Mutter nicht sehen konnte, zum Schwert im Kali-Tempel griff, um seinem Leben ein Ende zu setzen, so waren in dieser Agonie alle kleinen und großen Ängste, Leiden und Sehnsüchte der Menschen zu einem einzigen Klumpen zusammengeballt und so tausendfach gesteigert, so wie auch mit Jesus die ganze Menschheit, ja, die ganze Kreatur am Ölberg litt und Blut schwitzte. Daß Gott diese Identifikation mit der leidenden Kreatur so sehr gelingt, kann nur daran liegen, daß das Kreatürliche in Wahrheit nichts anderes ist als der aus sich herausgetretene Gott, der zu sich selber zurückkehren will. Im Leben einer Inkarnation wird diese Rückkehr nur viel bewußter gespielt als im Leben eines normalen Menschen. Im letzteren regiert oft der Zufall, der Mensch kann sehr wohl in die Irre gehen und sich noch weiter von Gott entfernen - wenn er auch nach Hindu-Lehre immer wieder die Chance hat, in einem nächsten Leben Gott wieder näher zu rücken. Im Leben des Avatars dagegen gibt es keine Zufälle, es handelt sich immer um einen »mythischen« Lebenslauf, auf dessen Weg zwar viele Hindernisse zu überwinden sind, dessen Ende jedoch nie in Frage steht. Darin, daß dieser Weg »stellvertretend« gegangen wird, kommt beides zum Ausdruck: daß es sich um ein »Spiel« oder Drama handelt, und daß alles, was in Millionen von Menschenleben nur hier und da fragmentarisch zum Ausdruck kommt, sich zum Exemplarischen hin zusammenfaßt und sich dadurch millionenfach intensiviert.

Als Bengale war Ramakrishna verständlicherweise mit dem Chaitanya-Kult vertraut. Allerdings ging dieses »Vertrautsein« sehr viel weiter als das gewöhnlicher Bhaktas. Er sah Chaitanya oft mit einer Gruppe tanzender und singender Verehrer durch den Panchavati kommen - durch das kleine Waldstück, das Ramakrishna selber im Tempelgarten von Dakshineswar gepflanzt hatte. Er sah Chaitanya und seine glühenden Bhaktas nicht nur während der Meditation, sondern auch mit offenen Augen, so wie er auch vorher Sita gesehen hatte und so wie er Christus sah. Einige der singenden Bhaktas erkannte er wieder als seine eigenen Schüler, so wie er zwei seiner Jünger in einer Vision auch im Gefolge Jesu sah. Die »Vergangenheit« war ihm nicht durch Bücher nahe, sondern durch direkte Gesichte.

Viele seiner bengalischen Verehrer sahen in ihm einen wiedererstandenen Chaitanya, und wer die zahlreichen Szenen im »Evangelium Ramakrishnas«, in denen Ramakrishna zum Mittelpunkt einer Schar tanzender und singender Bhaktas wird, mit dem geistigen Auge vor sich sieht, wird dies verstehen können. Wie Chaitanya pries auch Ramakrishna die Wiederholung des Gottesnamens als den besten Weg zu Gott in unserem Zeitalter. Er hatte eine außerordentlich gute Stimme, die die Zuhörer zu Tränen bewegen konnte. Der Gesang endete oft in einem ekstatischen Tanz, und mitten im Tanz blieb Ramakrishna manchmal stehen, tief im Samadhi versunken, auf den leicht geöffneten Lippen jenes seltsame Lächeln, das - wie später jemand sagte - kein Gemälde und keine Fotografie getreu einfangen konnte.

Manchmal nahm Ramakrishna an den religiösen Festen der Chaitanya-Anhänger teil, und es kam dabei hin und wieder zu recht seltsamen Situationen. So wurde etwa bei diesen Festen immer ein mit Blumen geschmückter Sitz für Chaitanya freigehalten, der nach Ansicht der Bhaktas wirklich in seinem feinstofflichen Geist-Körper an ihren Feierlichkeiten teilnahm. Als Ramakrishna sich diesem Sitz einmal näherte, wurde er plötzlich von einer tiefen Emotion überwältigt. Er stellte sich auf den Sitz, wobei sich seine Hände nach oben streckten, und war wie so oft ohne Bewußtsein der Außenwelt. Die Bhaktas waren zuerst eher begeistert als schockiert. Ramakrishnas strahlendes Gesicht und seine erhobenen Arme, die sie so sehr an Chaitanya erinnerten, inspirierten sie dazu, laut den Namen Gottes zu singen. Erst später, als Ramakrishna das Haus bereits wieder verlassen hatte, begannen erregte Diskussionen darüber, ob diese Handlung den »Heiligen Sitz« entehrt habe. Manche verteidigten Ramakrishna, andere klagten ihn an. Ein gewisser Bhagavan Das Babaji, der einen großen Namen unter den Vaishnavas hatte, wurde um Rat gefragt, und er sprach seinen Zorn über diesen Vorfall aus, obschon er nicht Augenzeuge gewesen war.

Ramakrishna traf diesen Mann übrigens später, ohne etwas von dessen strengem Urteil zu wissen. Und Bhagavan Das wußte ebenfalls nicht, wen er vor sich hatte. Er war gerade von einer Schar von Bhaktas umgeben, von denen einer ihn fragte, warum er noch immer *Japa* mache (das ständige Wiederholen des Gottesnamens mit Hilfe eines Rosenkranzes), da er doch schon ein Erleuchteter sei, und Bhagavan Das erwiderte, er tue es nicht für sich selber, sondern um anderen ein gutes Beispiel zu geben.

Ramakrishna sagte oft selber, es sei gut, noch an gewissen äußeren religiösen Disziplinen festzuhalten, auch wenn man schon eine hohe geistige Ebene erreicht hatte. Doch in diesem Fall spürte er wohl das Ego dieses angeblichen Heiligen, der sich als Führer der Gemeinde fühlte, und deshalb fuhr er ihn plötzlich an: »In einem solchen Lichte seht Ihr Euch also - selbst jetzt noch? Ihr glaubt, Ihr lehrtet die Leute? Ihr glaubt, Ihr entließet diesen oder jenen aus Eurer Gemeinschaft? Ihr glaubt, Ihr könntet entscheiden, wann Ihr mit Japa aufhört oder nicht? Wer machte Euch zu einem Lehrer? Glaubt Ihr, Ihr könntet die Welt belehren, ohne daß Gott Euch dazu die Erlaubnis gibt?«

Bhagavan Das war zutiefst beschämt. Ramakrishnas Anklage hatte nichts Persönliches, das spürte er wohl. Der Heilige hatte sich bescheiden zurückgehalten und schien sich nun, als es plötzlich aus ihm hervorbrach, der Umgebung gar nicht bewußt zu sein. Wie so oft hatten die Leute den Eindruck, daß jemand durch ihn sprach - eine göttliche Macht, vor der der Mensch in seiner ganzen Eitelkeit nichts als Staub war. Als Bhagavan Das erfuhr, daß es dieser seltsame Heilige gewesen war, der auf Chaitanyas Sitz gestanden hatte, entschuldigte er sich für seinen Zorn, weil er die Geste völlig mißverstanden habe, und die beiden schieden voneinander ohne irgendeinen Groll.

Ramakrishna war oft selber über die Anziehungskraft, die er auf andere ausübte, erstaunt. »Kannst du mir sagen, warum all diese Menschen zu mir kommen? Es muß etwas in mir sein, oder warum sollten sie sich sonst so angezogen fühlen? - Einmal besuchte ich Hridays (seines Neffen) Haus in Sihore. Von dort gingen wir nach Shyambazar. Ich hatte eine Vision Gaurangas (Chaitanyas), bevor ich das Dorf betrat, und so wußte ich, daß ich Verehrer Gaurangas dort treffen würde. Sieben Tage und Nächte war ich von einer riesigen Menschenmenge umgeben. Welch' eine Anziehung! Nichts als Singen und Tanzen, Tag und Nacht. Die Leute saßen in Scharen auf den Mauern und sogar in den Bäumen... Am Morgen lief ich oft zum Haus eines Webers, um ein wenig Ruhe zu haben. Doch auch dort sammelten sich gleich wieder Leute um mich. Sie trugen Trommeln und Zymbeln, und die Trommel gab fortwährend den Ton von sich: 'Takuti! Takuti!' - Das Gerücht verbreitete sich überall, ein Mann sei gekommen, der sieben mal gestorben und wieder zum Leben zurückgekehrt sei (womit wohl die langen Perioden des höchsten Samadhi gemeint waren, in denen Ramakrishnas Körper wie tot war). Hriday zerrte mich fort zu einem Reisfeld, weil er Angst hatte, ich könnte einen Hitzschlag bekommen. Doch die Menge folgte uns wie ein Ameisenheer. Wieder die Zymbeln und das nie endende 'Takuti! Takuti!' der Trommeln... Die Leute strömten von den Nachbardörfern herbei. Sie verbrachten sogar die Nacht dort. In Shyambazar verstand ich die Bedeutung der göttlichen Anziehungskraft. Wenn Gott sich auf der Erde verkörpert, zieht er die Menschen mit Hilfe seiner Yoga-Maya, seiner göttlichen Kraft, an sich.«[29]

Ramakrishnas Erstaunen war ebenfalls groß, als er eines Tages eine göttliche Gestalt aus sich hervorkommen sah, die sagte: »Ich inkarniere mich in jedem Zeitalter«. Ramakrishna sagte nicht, welche Form diese Gestalt hatte - er nannte sie ganz einfach »Sat-Chit-Ananda«, womit gewöhnlich die Natur Brahmans bezeichnet wird. Wir finden solche nach außen hin verobjektivierten »inneren« Visionen bei Ramakrishna häufig. So wie er oft göttliche Gestalten, die auf ihn zukamen, »schluckte«, so projizierte er auch wieder Gestalten aus sich hervor. Er war in ein ständiges religiöses Drama verwickelt und schien manchmal nichts weiter als ein Glashaus zu sein, in dem die Götter ein- und ausgingen. Der »Herr«, der in ihm wohnte, nahm äußerlich manchmal die Gestalt Krishnas oder eines jungen Paramahamsa an, der mit ihm spielte (und an den »schönen nackten Buben« der Eckhart-Legende denken läßt, der - gleichsam als die Verkörperung der einfaltigen nackten Gottheit - seine Kurzweil mit dem Mystiker trieb). Als Ramakrishna diesmal die Worte »Sat-Chit-Anandas« hörte, glaubte er zuerst, er sage diese Worte selber, aus einer bloßen Laune heraus. Er verhielt sich ganz ruhig und wartete. Und Sat-Chit-Ananda sprach wieder und sagte: »Auch Chaitanya betete Shakti an«. Ramakrishna kommentierte dieses geistige Erlebnis dann mit den Worten: »Ich sah, daß es die vollste Manifestation Sat-Chit-Anandas ist, doch diesmal manifestiert sich die göttliche Kraft durch Sattva.«[30]

Sattva ist das höchste der drei *Gunas*, der Eigenschaften der Natur, und bedeutet soviel wie »lichtvoll, weise, ausgeglichen«. Im besonderen Sprachgebrauch Ramakrishnas lag die Betonung bei dem Wort *Sattva* noch besonders auf Qualitäten wie Zurückhaltung und Sich-nicht-zur-Schau-stellen. Er bezeichnete sich hier als eine »volle« Manifestation der göttlichen Natur, wobei sich diese »Fülle« jedoch nicht so sehr durch Aktivität und äußere Wirkung ausdrückte, sondern eher durch den ungeheuren Reichtum seines mystischen Innenlebens. Es passierte ihm zwar hier und da auch ein kleines Wunder und er predigte auch, aber verglichen mit der Wander-Wunder- und Predigt-Tätigkeit Jesu spielte sich bei Ramakrishna doch alles in einem privateren Rahmen ab.

Die Beziehung Ramakrishnas zu seinen indischen »Vorgängern« konnte hier nur angedeutet werden. Zusammenfassend können wir sagen, daß Ramakrishna an der historischen Wirklichkeit dieser Avataras nicht zweifelte, daß es ihm jedoch vor allem darauf ankam, ihre »Gegenwart« zu verwirklichen. Er machte sie sich zu eigen, er wurde zu ihnen. Doch es handelte sich für ihn dabei nicht nur um eine jeweilige Identifikation, sondern er war fest davon überzeugt, daß derjenige, der sich als Rama, Krishna und Chaitanya verkörpert hatte, sich nun in ihm manifestiert hatte.

Verschiedene Elemente trafen sich dabei in ihm. Rama (der nicht zufällig von Gandhi so verehrt wurde) verkörperte vor allem Tugend, Wahrheitsliebe, Tapferkeit usw. Es ist hauptsächlich eine Religion des ethischen Einsatzes, des Kampfes für Gerechtigkeit. Krishna betont zwar auch den *Dharma* und sagt in der Gita, er verkörpere sich immer wieder zur Wiederherstellung des rechten Dharma, doch das mannhafte Auftreten wird ergänzt und manchmal fast überspielt von einer weiblichen Anmut. Er ist Ausdruck der göttlichen Schönheit, die die Wesen an sich zieht - ein himmlischer Rattenfänger, der die Menschen unwiderstehlich aus ihrer alltäglichen Routine und ihrem Familienleben herausreißt.

In Ramakrishna waren beide Elemente vereinigt. Eine fast fanatische Wahrheitsliebe ging Hand in Hand mit dem Talent für Schauspielerei, Gesang und Tanz. Die Betonung absoluter Reinheit des Geistes und des Körpers schlossen eine ekstatische Freude und auch eine gewisse Schalkhaftigkeit keineswegs aus. Betrachtet man sein Gesicht, so fällt zuerst eine große Einfachheit und Direktheit auf, die eher an das Wesen Ramas denken läßt. Doch gleichzeitig ist etwas in den Augen und Mundwinkeln, das die Welt nicht ganz ernst nimmt. Vielschichtigkeit und Einfachheit fallen hier zusammen. Es gibt immer noch einen Schleier, der zu lüften ist - nie können wir sicher sein, daß wir das »allerletzte« Gesicht Ramakrishnas gesehen haben - und doch haben wir eine Einfachheit und spontane Freude vor uns, die wohl nur den Kindern zueigen ist, die das Reich Gottes betreten haben.

Daraus wird vielleicht verständlich, warum ein Verehrer Ramakrishnas - besonders ein westlicher - die indischen Avataras einerseits nicht einfach zur Seite schieben kann, andererseits sich aber auch nicht mit jeder Kleinigkeit aufhalten will. Er glaubt nicht, jede Ungereimtheit verteidigen zu müssen, denn was wesentlich und zeitlos an diesen Avataras ist, kam wieder zum Leben in Ramakrishna. Der Christ stochert ja auch manchmal etwas unlustig in so manchen Passagen des Alten Testamentes herum, ohne dieses ganz zu verwerfen, und wendet sich dann wieder ohne irgendwelche Gewissensbisse Christus zu, der in seinen Augen das Alte Testament *erfüllt*.

Was nun die Fülle und Abgerundetheit Ramakrishnas betrifft, so hat sie vor allem darin ihren Grund, daß er nicht nur das ekstatische Bhakti-Element verkörperte, sondern auch den in sich ruhenden Geist Buddhas. Ein Chaitanya kann wohl nie so sehr zu einem Objekt der Anbetung werden, weil seine erhobenen Arme immer über sich hinausweisen auf den Größeren, Krishna. Wir sahen, daß Ramakrishna auch diesen Aspekt - die leidenschaftliche Hingabe an Gott - voll und ganz verkörperte. Doch das Bild, das in den Schreinen des Ramakrishna-Ordens verehrt wird, zeigt jemanden, der völlig in sich selber ruht. Ramakrishna verbeugte sich selber vor diesem Foto und sagte: »Es zeigt einen sehr hohen Yoga-Zustand.« Und in einer Vision sah er, daß dieses Bild bald in vielen Häusern - auch in westlichen Ländern - verehrt werden würde. Hier haben wir Ramakrishna, den sonst so bescheidenen, der auf Ramakrishna hinweist. Derjenige, der in ihm wohnte, und »er selber« (wer immer das sein mochte) sind hier eins. Die äußere menschliche Hülle, die sich sonst oft nur als Diener fühlte, wird nun zum Kleid, zur Sichtbarwerdung des Göttlichen, vor der sich Ramakrishna fast erstaunt selber verbeugt - so als hätte er sich verselbständigt. Er weist hier nicht mehr über sich hinaus, so wenig wie Christus in der Ikone, die ihn als Lehrer der Welt und Pantokrator zeigt, über sich hinausweist. Wie dem in sich ruhenden Buddha ist ihm nichts hinzuzufügen - kein göttlicher Vater, keine göttliche Mutter, kein Rama oder Krishna. Er ist alle diese göttlichen Aspekte, zusammengefaßt zu einem Bild: Vater, Mutter, Sohn, Liebender und Geliebter. Kurz, er ist der Atman, das Selbst aller Wesen, das uns hier in einem Bild entgegentritt.

Man kann die Bedeutung dieser Synthese kaum überbetonen. Auch wenn alle Religionen im Grunde eins sind, so gibt es doch im relativen Bereich sehr verschiedene religiöse Haltungen, auch auf demselben Boden, wie etwa in Indien, das einen Buddha *und* einen Chaitanya hervorgebracht hat. Kann man sich größere Gegensätze vorstellen? Auf der einen Seite die erhobenen Arme Chaitanyas, zu denen sich auch die Arme vieler christlicher Heiliger gesellen - Arme, die wie Flammen zum Himmel züngeln, ganz Hingabe an die transzendente göttliche Natur. Und auf der anderen Seite die »Selbstgenügsamkeit« Buddhas, der in seinem eigenen Grund ruht, in seiner »Leere« oder Buddha-Natur. Daß der leidenschaftliche Bhakta Ramakrishna es verstand, auch diese Buddha-Natur zu verkörpern, grenzt an ein Wunder. Es gelang ihm so vollkommen, daß westliche Kritiker ihn oft in die Klischee-Schublade des östlichen »Weisen« steckten, der nur am unpersönlichen Absoluten interessiert ist. Selbst wohlmeinende Christen wie der Benediktiner-Pater Dechanet verfielen diesem Irrtum, so wenn dieser etwa in seinem Buch »Yoga für Christen« schreibt, Gott sei für den Christen zwar auch der letztlich Unaussprechliche, aber eben doch auch der Gott der Offenbarung, der sich liebend dem Gläubigen naht -

und nicht nur das »Antlitz des Schweigens«, das er für Ramakrishna gewesen sei. Man kann Dechanet nur zugutehalten, daß er über Ramakrishna wohl kaum mehr wußte als den Titel eines poetischen Buches über ihn - »Das Antlitz des Schweigens« von Mukerji. Er wäre wohl schockiert gewesen, hätte er die folgende Stelle im »Evangelium Ramakrishnas« gelesen - schockiert nicht über die Unpersönlichkeit der Gotteserfahrung Ramakrishnas, sondern im Gegenteil über die fast primitiv-anthropomorphe Art mancher seiner geistigen Erlebnisse - so als ginge Gott noch immer im Garten Eden spazieren, führte einen Ringkampf mit Jakob und lauerte Moses auf. »Ihr glaubt,« sagte Ramakrishna, »durch bloße geistige Anstrengungen könntet ihr den Zustand erreichen, in dem ich bin. Aber dem ist nicht so. Hier ist etwas Besonderes. Gott sprach mit mir. Ja, er sprach wirklich mit mir, es war nicht eine bloße Vision. Ich sah ihn vom Ganges herkommen. Dann lachten wir soviel. Beim Spiel mit mir verbog er meine Finger. Dann sprach er. Ja, er sprach mit mir. Drei Tage lang weinte ich ununterbrochen. Und er offenbarte mir, was in den Veden steht, in den Puranas, den Tantras und allen anderen Heiligen Schriften.«[31]

Man kann hier wohl kaum noch von einem Weisen sprechen, der nur in eine göttliche Leere starrt. Man darf aber ebensowenig vergessen, daß dieser Bhakta, dem Gott sich immer wieder auf so persönliche Weise offenbarte, keine Angst hatte vor dem überpersönlichen Grund Gottes, vor dem ewigen Schweigen Brahmans, das der Bhakta gewöhnlich flieht. Otto Wolff wollte beweisen, daß Ramakrishna mit dem Advaita nichts anzufangen wußte, weil er eben *nur* Bhakta gewesen sei, aber dies ist genauso einseitig wie die Bemerkung von Dechanet. Ramakrishna sagte einmal, daß sich der Avatar sowohl auf dem Dach des Hauses als auch auf den Treppenstufen aufhalten könne. Das »Dach« war für ihn die Erfahrung der reinen Transzendenz im Nirvikalpa-Samadhi, während er auf den »Stufen« Gott in seinen verschiedenen persönlichen Aspekten begegnete und auch die Welt als die Manifestation der göttlichen Shakti sah. Er selber blieb einmal ganze sechs Monate auf diesem »Dach« und konnte nur mit größter Mühe heruntergeholt werden - nicht zuletzt durch den Auftrag der Göttlichen Mutter, daß er in *bhavamuka* bleiben solle - einem Zustand, in dem sich der Geist gleichzeitig des Absoluten und der relativen Welt bewußt ist. Auf diese Weise konnte Ramakrishna trotz seines tiefen

Verankertseins in Brahman seinen geschichtlichen Auftrag erfüllen.

9. Kapitel

DIE BEGEGNUNG MIT CHRISTUS

Als Ramakrishna im Jahre 1874 sein Christus-Erlebnis hatte, hatte er die Periode seines eigentlichen »Sadhana« längst hinter sich gebracht. Er hatte unter der Leitung der Bhairavi Brahmani die Ziele des Tantrismus verwirklicht - jener Lehre, in der besonders Shakti, die Göttliche Mutter, verehrt wird. Er kannte die Kulte des Vaishnavismus durch und durch, und er hatte darüberhinaus die etwas dünnere Höhenluft des Advaita-Vedanta kennengelernt, von der er zwar oft wieder herabstieg, um mit Gott und seinen Bhaktas zu »spielen«, die er aber nie verleugnete - im Gegenteil, er füllte sie mit Leben, mit Poesie, wodurch der Akosmismus, das Nein zur Schöpfung (in dem sich sein Guru Totapuri so gefallen hatte) wieder in ein Ja umschlug, in einen »Pantheismus«, in dem aber nicht Gott von der Welt aufgesogen wurde, sondern die Welt von Gott, denn alles wurde in *Seinem* Licht, in Seinem ewigen Grund gesehen. Ramakrishna hätte wohl die Lehre von einer »außergöttlichen Wirklichkeit« als Gotteslästerung empfunden, weil es für ihn nur eine Wirklichkeit gab: Gott. Wer die Welt außerhalb von Gott sah, war eben in seinen Augen noch blind, noch nicht trunken genug von der Allgegenwärtigkeit Gottes.

Wir sagten schon, daß die Advaita-Erfahrung Ramakrishna vollends davon überzeugte, daß alle Religionen schließlich zu der einen Gottheit führen, wenn diese auch unter verschiedenen Namen angebetet wurde. Aus allem, was wir bisher über Ramakrishna gehört haben, ist auch klar, daß seine Annäherung an die anderen Religionen keine akademisch-intellektuelle sein konnte; er »studierte« diese Religionen nicht, um sie dann wieder als »sehr interessant« beiseitezulegen. Er konnte sich auch nicht mit einer Geste bloßer Toleranz begnügen. Toleranz war für ihn nicht genug, sie war zu negativ und oft nicht frei von Arroganz. Für Ramakrishna gab es nur eins: ein wirkliches Aufgehen im anderen. Dabei mag ihm sein schauspielerisches Genie geholfen haben, seine Begabung, sich mit der jeweiligen Rolle vollständig identifizieren zu können. Das »Schauspielen« bedeutet hierbei natürlich nichts Negatives, sondern gerade absolute Wahrhaftigkeit - so paradox das auch klingen mag -, nämlich die völlige Übereinstimmung von Innen und Außen, die sich im Leben Ramakrishnas immer wieder beobachten läßt. Wenn er sich also etwa wie ein Moslem kleidete, sich an die Speisevorschriften des Islam hielt und während dieser Zeit nicht imstande war, einen Hindutempel zu betreten, so war dies alles andere als eine äußere Show. Ramakrishna konnte gar nicht anders: er mußte sich mit dem ganzen Geist und dem ganzen Körper in das neue Abenteuer stürzen: Kopf, Herz und Leib mußten ganz übereinstimmen.

Bevor wir auf die allgemeine Problematik dieser »Annäherungsweise« eingehen, müssen wir noch etwas ausführlicher seine Begegnung mit dem Christentum schildern. Ein gewisser Sambhu Mallick, ein Hindu, der sich von der Gestalt Christi sehr angezogen fühlte, las Ramakrishna aus dem Evangelium vor, und es dauerte nicht lange, bis dieser Feuer fing und seinen Geist ganz auf Christus konzentrierte. Als er in einem Gartenhaus auf ein Bild der Madonna mit dem Jesuskind blickte, erwachten die Gestalten auf dem Bild plötzlich zum Leben: Lichtstrahlen gingen von ihnen aus und durchdrangen sein Herz. Ein wenig in Panik rief er zu Kali: »Mutter, was tust du mit mir?« Doch aller Widerstand war umsonst. Es schien, als habe Christus völlig von seiner Seele Besitz ergriffen. Drei Tage lang konnte er den Kalitempel nicht betreten. Gegen Ende des dritten Tages sah er eine Gestalt auf sich zukommen, als er im Panchavati spazierenging. Als die Gestalt ihm direkt gegenüberstand, sagte eine Stimme in ihm: »Dies ist Christus, der das Blut seines Herzens für die Erlösung der Welt vergossen hat, der ein Meer des Leidens durchschritten hat aus Liebe zu den Menschen. Es ist Er, der Meister-Yogi, ewig eins mit dem Vater. Es ist Jesus, die verkörperte Liebe.« Daraufhin umarmte ihn die Gestalt und verschmolz mit ihm - wie vor ihm schon so viele andere Gestalten. Ramakrishna verlor sich im höchsten Samadhi, und seit diesem Erlebnis, das viel stärker war als seine Begegnung mit dem Islam, zweifelte er nicht an der Göttlichkeit Christi.

Nun kann man es jedoch verstehen, daß damit das Problem für einen Christen noch keineswegs gelöst ist. Bei aller Sympathie für Ramakrishna wird er doch Bedenken haben. Er wird fragen, ob

Ramakrishna wirklich ins Herz des Christentums vorgestoßen ist - in so kurzer Zeit! Kann man das Christentum in ein paar Tagen »erledigen«, so wie ein Tourist Rom oder Paris erledigt? Ramakrishna hatte kein einziges Sakrament empfangen, seine Bibelkenntnis war sehr lückenhaft und von einem ernsthaften theologischen Studium konnte natürlich keine Rede sein. Aller Eifer, mit dem er sich in dieses kurze Abenteuer stürzte, kann auch nicht darüber hinwegtäuschen, daß er viele Lehren, die das Christentum als zentral ansieht, wohl hätte ablehnen müssen: etwa die Lehre von der Erbsünde, von einer Schöpfung aus dem Nichts, von nur einem Sohn Gottes, einem einzigen Menschenleben und einer ewigen Verdammnis. Sein Christus-Erlebnis war demnach äußerst subjektiv, es war die Vision eines Hindu, der Christus auch gleich nach Hindu-Art in eine der zahlreichen Nischen stellte und als einen Avatar verehrte - neben vielen anderen. Für einen Christen ist dies alles andere als den christlichen Glauben *annehmen*.

Doch so überzeugend solche Einwände auch klingen mögen - so ganz überzeugen sie wohl den Christen selber nicht. Da ist zuerst einmal die Frage nach Jesus selber, die zwar zuerst fast sinnlos erscheint, aber dann doch etwas Unbequemes hat: hatte Jesus alle Sakramente empfangen, hatte er so gute theologische Kenntnisse wie Thomas von Aquin? Jesus beeindruckt uns ja nicht durch ein theologisches System, sondern durch eine ungeheure religiöse *Intensität* - und die besaß Ramakrishna in demselben Maße. Das aber bedeutet, daß wir Ramakrishna nicht mit einem Christen, sondern mit Christus selber vergleichen müssen, der noch kein »Christ« im herkömmlichen Sinne war. Wir haben es im Falle Jesu und Ramakrishnas nicht mit »Anhängern« von Religionen zu tun, sondern mit Personen, die selber ganz Religion sind und die Grenzen ihrer angestammten Religion - Judentum und Hinduismus - immer wieder sprengen, auch wenn sie sich noch stark in deren Rahmen bewegen. Wenn wir in Ramakrishna nichts weiter als einen ungetauften Heiden sehen, der der Taufe und der Erlösung bedarf, so ist seine Christus-Begegnung natürlich nicht genug, solange er sich weigert, daraus die »Konsequenzen« zu ziehen. Sehen wir in ihm aber - wie in Christus - eine Offenbarung Gottes, dann sieht die Sache völlig anders aus. Irgendwann muß man sich über diesen Punkt einmal schlüssig werden, auch als Christ, denn von diesem Blickwinkel hängt alle weitere Beurteilung ab.

Ist man davon überzeugt, daß Ramakrishna kein gewöhnlicher Mensch war, sondern eine Inkarnation, so lösen sich so manche Rätsel auf, die sich uns durch sein Praktizieren so vieler verschiedener religiösen Wege stellen. Warum sollte sich Gott in der »Fülle der Zeit« nicht inkarnieren, um uns zu zeigen, daß die vielen Wege, die er den Menschen geoffenbart hat, sich nicht gegenseitig ausschließen, sondern sich ergänzen, so wie sich viele Instrumente zu einem Orchester ergänzen? Es ist offensichtlich, daß in den letzten hundert Jahren eine entscheidende Wende in der Beziehung der Religionen zueinander eingetreten ist, und daß die Zeit reif war für eine solche Wende. Man kann da ungeniert von einem neuen Zeitalter sprechen. Obschon die Impulse zu diesem Dialog häufig von Indien ausgingen, sehen doch die wenigsten Christen dabei den Teufel am Werk; im Gegenteil, die meisten werden ein Wirken des kosmischen Christus und des Hl. Geistes darin sehen, das die Völker immer mehr zusammenführt. Dieses Wirken war und ist zum Teil allgemein, so daß man die vielen »Universal-Religionen«, die in den letzten hundert Jahren aus dem Boden sprangen, kaum noch zählen kann. Doch am direktesten drückte sich diese neue Tendenz doch wohl in Ramakrishna aus - direkt vor allem deshalb, weil hier die Harmonie aller Religionen nicht nur verkündet, sondern vor allem praktiziert wurde.

Hätte Ramakrishna jedoch, so muß man fragen, als Christ oder Moslem die Möglichkeit gehabt, die Wahrheit anderer Religionen zu demonstrieren? Trotz vieler Erstarrungen und lokaler Engstirnigkeiten war der Hinduismus in dieser Hinsicht ein nahezu ideales Versuchsfeld. Es wird zwar oft mit Recht darauf hingewiesen, daß der Hinduismus keineswegs immer so tolerant war und ist, wie dies oft dargestellt wird, doch andererseits wird jeder Christ zugeben müssen, daß sich Ramakrishna, wäre er zufällig ein christlicher Heiliger gewesen und kein Hindu, viele seiner religiösen Abenteuer *nicht* hätte leisten können. Die Grenzen des Hinduismus, der in sich schon eine Art Universal-Religion ist, sind da nun einmal dehnbarer: nur als Hindu konnte Ramakrishna für kurze Zeit die Rolle eines Sufi und eines Christen übernehmen, ohne aufzuhören, ein Hindu zu sein.

Die Genialität Ramakrishnas, mit der er dieses ganze Problem löste, lag wohl in seiner Einfachheit. Er sah in den verschiedenen Religionen nicht so sehr Institutionen, in denen man sein Leben verbringt, sondern Wege, die zur Vereinigung mit Gott führen. Dabei vereinigte er eine fast fanatische Konzentration auf den jeweiligen Aspekt Gottes mit einer sehr liberalen Haltung, die es ihm ja erst ermöglicht hatte, sich auf diesen oder jenen Aspekt zu konzentrieren. Er vermied so zwei Extreme, die die eigentlichen Feinde eines wirklichen Dialogs sind: engstirnigen Dogmatismus und lauwarme Toleranz. Da er den göttlichen Grund jenseits aller Namen und Formen verwirklicht hatte, versuchte er nicht, eine künstliche Universal-Religion zu gründen, sondern er erfreute sich gerade an der Mannigfaltigkeit der verschiedenen religiösen Ausdrucksformen. Er blieb dem Hinduismus treu und ließ sich doch nicht durch ihn binden. So wie Jesus wußte, daß es viele Wohnungen im Hause seines Vaters gab, so wußte auch Ramakrishna, daß seine Mutter die verschiedensten Gerichte für ihre Kinder bereithielt, je nach ihrem Geschmack und ihrer Verdauungsfähigkeit. Warum für jeden denselben Eintopf?

Ramakrishna sagte einmal zu seiner Göttlichen Mutter: »Mutter, ein jeder sagt: 'Meine Uhr allein geht richtig.' Die Christen, die Hindus, die Moslems, die Anhänger des Brahmo-Samaj, sie alle sagen: 'Nur meine Religion ist wahr.' Doch Mutter, die Wahrheit ist, daß niemandes Uhr ganz richtig geht. Wer kann dich völlig verstehen? Doch wenn ein Mensch mit glühendem Herzen zu dir betet, kann er durch deine Gnade zu dir gelangen, welchen Pfad er auch immer geht. Mutter, zeige mir einmal, wie die Christen zu dir in der Kirche beten. Doch was werden die Leute sagen, wenn ich die Kirche betrete? Vielleicht gibt es einen Auflauf! Vielleicht erlauben sie mir nicht mehr, den Kalitempel zu betreten! Nun, dann zeige mir den christlichen Gottesdienst von der Kirchentür aus.«[32]

Wenn Gott sich inkarniert, ist er wohl immer ein wenig fehl am Platz. Doch wir sollten auch nicht in falsche Rührung verfallen. Ramakrishna gehörte nicht zu denen, die zögernd auf der Schwelle stehen, die Nase an der Fensterscheibe platt gedrückt wie bei einem Kind, das in ein festlich geschmücktes Zimmer schaut. Wer fast ständig im Samadhi lebt, in der innigsten Vereinigung mit Gott, braucht keine äußeren Hilfen. Selbst wenn Ramakrishna einen christlichen Gottesdienst besucht hätte, so hätte ihn allein der Gedanke an die Gegenwart Gottes auf dem Altar in den Zustand des Samadhi versetzt - und ich bezweifle, ob er je das Ende der Messe bei klarem Bewußtsein erlebt hätte. Wir selber sind fähig, bis zum

Ende durchzuhalten, weil unser angeblich klares Bewußtsein noch trüb ist, weil wir eben nicht sehen, daß Gott gegenwärtig ist. Ramakrishna sagte einmal: »Ich sehe, daß Gott zum Priester, zum Opferaltar und zum Opfertier geworden ist - ah, welch ein Gesicht!« und er verstummte im Samadhi. Wir brauchen noch Gedächtnisfeiern, wir müssen an Gott *erinnert* werden - Ramakrishna brauchte eine solche »Erinnerung« nicht. Wenn er sich dennoch danach sehnte, einen christlichen Gottesdienst zu sehen, so deshalb, weil er immer gern auch andere Menschen sich auf Gott konzentrieren sah. Er gehörte trotz seiner Advaita-Erfahrung nicht zu jenen »Freien Geistern«, die gegen alle äußeren Formen der Andacht polemisieren. Im Gegenteil, er liebte alles, was traditionell gewachsen war, ob nun im Hinduismus oder im Christentum. In dieser Hinsicht war er »orthodox«.

Doch kommen wir noch einmal zurück zu der Christus-Erscheinung, die Ramakrishna hatte. Wer als Christ darüber enttäuscht ist, daß das »christliche« Abenteuer Ramakrishnas nicht länger als ein paar Tage dauerte, wird zumindest zugeben müssen, daß nicht jeder Christ eine so direkte Begegnung mit Christus hat - auch nach dem Empfang aller Sakramente und jahrelangem theologischen Studium nicht. Gewiß sollte man Erscheinungen nicht überbewerten - es gibt sicherlich tief-religiöse Menschen, denen nie eine wunderbare Erscheinung zuteil wurde und die dennoch eine hohe Stufe der geistigen Verwirklichung erreichen. Dennoch kann es dem Christen nicht gleichgültig sein, wenn er liest, daß Christus einem Hindu am hellichten Tag begegnet, ihn umarmt und mit ihm verschmilzt. Daß Ramakrishna ihn zuerst wie einen »Fremden« auf sich zukommen sah, den er nicht kannte, und sich später darüber wunderte, daß er Christus mit einer leicht abgeflachten Nase gesehen habe - und nicht mit einer typischen jüdischen Hakennase - sollte allen denen zu denken geben, die von vornherein annehmen, daß Ramakrishnas fiebriges Gehirn während der Meditation nur eben einen typischen Bilderbuch-Christus aus sich hervorprojiziert habe. Gültig beweisen läßt sich hier natürlich nichts, und die Grenze zwischen »subjektiv« und »objektiv« läßt sich so genau nicht ziehen. Wer darauf hinweist, daß Ramakrishna eben nur »seinen« Christus gesehen habe, da er ja wohl die Evangelien nicht in allen Einzelheiten kannte, muß immerhin einräumen, daß auch Paulus vor Damaskus kaum mehr vom äußeren Leben Jesu wußte als

Ramakrishna, was an der Wirklichkeit und Eindringlichkeit seiner Christus-Erscheinung jedoch nichts änderte.

Der Vergleich mit Paulus hinkt natürlich insofern, als die Begegnung mit Christus für Ramakrishna kein einschneidendes Damaskus-Erlebnis darstellte, sondern allenfalls eine »Bereicherung«. Es gab im Leben Ramakrishnas nichts zu verbessern, nichts zu verwandeln. Es gab keine »Konversionen«, die sein Leben grundlegend geändert hätten - ein Umstand, der ihn zum Beispiel auch von Heiligen wie Franz von Assisi unterscheidet. Als einschneidend könnte man höchstens jene Erfahrung in seiner frühen Jugend bezeichnen, als Ramakrishna sich zum erstenmal bewußt wurde, daß Gott in ihm wohnte. So viele göttliche Gestalten dann auch später auf ihn zukamen und in ihm »verschwanden«, so wurde seine Natur und sein Leben doch nie wirklich durch sie verändert, er blieb trotz dieser zahlreichen »Bereicherungen« immer derselbe Ramakrishna, demütig und verschmitzt lächelnd und durch den fortwährenden Zuwachs nicht im geringsten aufgebläht.

Nun ist für uns das Kapitel »Ramakrishna und Christus« natürlich nicht mit dieser Begegnung im Jahr 1874 abgeschlossen. Letztlich geht es ja nicht so sehr um die *Begegnung* mit Christus, sondern um das *Christus-sein* dieses indischen Heiligen. Es ist selbstverständlich bedeutsam, wenn auch die äußere Gestalt Christi in Ramakrishna eingeht und mit ihm verschmilzt - näher kann auch wohl ein getaufter Christ seinem Heiland nicht kommen, wenn er ihn in der Form der Hostie empfängt. Es ist deshalb besonders bedeutsam, weil im Leben einer Inkarnation ja alles in sichtbare Zeichen umgesetzt werden muß, in äußere Begegnungen, die auf eine innere Einheit hindeuten. Ramakrishna hätte auch umherwandern und verkünden können, er sei Krishna und der wiedergekommene Christus, und die Welt hätte eben nur einen Narren mehr gehört und gesehen, der nur behauptete, er sei der Retter der Welt. Ramakrishna proklamierte fast nichts, sondern beschritt gewisse Wege, die ihn zur Einheit mit Krishna und Christus führten, und nur hin und wieder ließ er in seinem »inneren Kreis« durchblicken, daß derjenige, der sich in den bisherigen Avataras inkarniert habe, nun in ihm Gestalt angenommen habe.

Insofern ist Ramakrishnas Christus-Erfahrung natürlich »subjektiv«, als er sich in Christus selber begegnete - wenn auch objektiviert und »verfremdet« als jüdischer Jesus von Nazareth. Man lacht oft über den Ausspruch eines Pantheisten: Wenn das Absolute ins Wasser fällt, wird es ein Fisch. Doch könnte man nicht zumindest sagen, daß Gott, wenn er auf diese Erde »fällt« und in Palästina geboren wird, zu einem Juden wird, und wenn er in Indien geboren wird (was ihm eigentlich nicht verboten werden kann), zu einem Hindu? Wir haben uns natürlich so sehr an den *einen* Sohn Gottes gewöhnt und an seine ganz spezifische Manifestation als Jesus von Nazareth, daß uns solche Gedankengänge meist als zu versponnen erscheinen - wenn wir auch nicht den genauen Grund dafür anführen können, warum sich Gott in Indien nicht inkarnieren *darf.* Die Furcht vor uferlosen und unüberprüfbaren Spekulationen und Phantastereien ist natürlich berechtigt, insbesondere wenn man auf die Messias-Schwemme blickt, die uns der Osten in den letzten Jahren beschert hat. Doch dies ist noch kein »Beweis«. Man kann sich selbstverständlich auf einen dogmatischen Glauben zurückziehen und von dieser festen Burg aus alles betrachten (wie das auch so mancher Krishna-Gläubiger macht), aber wer offen ist, wird aus dieser ängstlichen Sicherheit ausbrechen und die Spreu vom Weizen zu scheiden wissen und das Christushafte auch im indischen Gewand erkennen. Dabei geht es weniger darum, etwas zu behaupten, sondern es einfach darzustellen -: so wie sich Ramakrishna selber und so wie ihn seine Jünger gesehen haben. Was macht ihn so Christus-ähnlich, daß wir von einem »unbekannten Christus im Hinduismus« sprechen können, mit einer leichten und doch schwerwiegenden Verschiebung der Bedeutung, die der indische Theologe Panikkar seinem Buchtitel gab -: nicht einem Christus, der sich in der Hindu-Philosophie versteckt hält, sondern einem Christus, der vor hundert Jahren lebte und doch den meisten Christen noch unbekannt ist?

10. Kapitel

VERKLÄRUNGEN UND WUNDERZEICHEN

Eines Nachts folgte Hriday, der Neffe Ramakrishnas, diesem mit einem Handtuch und einem Wasserkrug, da er glaubte, er könnte sie vielleicht gebrauchen. Plötzlich wurde sein geistiges Auge geöffnet. Er sah, wie die Gestalt Ramakrishnas vor ihm zu strahlen begann; sie schien völlig aus Licht zu bestehen. Das Licht erhellte die ganze Umgebung, und Hriday bemerkte, daß die Gestalt vor ihm nicht eigentlich ging, sondern schwebte. Doch noch größer war sein Erstaunen, als er an seinem eigenen Körper hinunterblickte und entdeckte, daß auch er aus Licht bestand. Das Licht kam vom Licht Ramakrishnas - es hatte sich nur von diesem getrennt, damit der Meister jemanden hatte, der ihm behilflich sein konnte. Hriday war außer sich vor Freude über diese Entdeckung. »Oh Ramakrishna,« rief er aus, »du und ich - wir sind eins. Wir sind keine sterblichen Wesen! Warum sollten wir hier bleiben? Komm mit mir - laß uns von Land zu Land ziehen und die Menschen von ihrer Unwissenheit befreien!«

Ramakrishna wandte sich sofort um und bat ihn zu schweigen. Wenn er einen solchen Krach schlage, könnten die Leute glauben, ein Verbrechen sei geschehen. Er legte seine Hand auf Hridays Brust und bat die Göttliche Mutter, ihn wieder zu »normalisieren«. Hriday fand sich plötzlich etwas unsanft in die gewohnte Alltagswelt zurückversetzt und begann zu seufzen: »Warum hast du das getan? Warum hast du diese selige Vision wieder von mir genommen?« Ramakrishna sagte, seine ganze Aufregung und sein Benehmen hätten gezeigt, daß er noch nicht reif sei für solche Erlebnisse. Er selber habe tagtäglich zahlreiche Offenbarungen - und mache er deswegen ein solches Theater?

Diese Begebenheit ist recht typisch: sie zeigt, wie Ramakrishna vor den Augen eines ihm Nahestehenden »verklärt« wird, und sie zeigt auch hier den eigenartigen Humor Ramakrishnas, der jeden übertriebenen Personenkult verhindert. Typisch ist auch die

Advaita-Note: Ramakrishna offenbart seinem Neffen auch dessen »Licht«-Natur - und nicht nur seine eigene.

Es liegt nahe, hier einen Blick auf Jesus zu werfen, besonders auf die Verklärung auf dem Berg Tabor. Da wir das kurze, gestraffte und dramatisch zugespitzte öffentliche Leben Jesu kennen, erwarten wir hier kaum persönlichen Humor. Humor ist wohl nur in einem breit angelegten Leben möglich, das nicht nur den Ernst, sondern auch die Verspieltheit Gottes ausdrückt und von den Biographen in allen Details »geschildert« wird - aber wohl kaum in einem so kurzen Leben, das so zielstrebig und mit solch' prophetischem Ernst auf die Katastrophe und ihre dialektische Umkehrung in der Auferstehung zueilt und von den Evangelisten »verkündet« wird - und »Verkündigung« wird wohl nie die »ganze Wahrheit« bringen, sondern immer nur ein verkündbares Konzentrat.

Dennoch gibt es auch hier Situationskomik, gerade auf dem Berg Tabor. Hriday und Petrus reagieren zwar verschieden auf die Verklärung ihres jeweiligen Meisters - der eine will von Land zu Land ziehen und alle Menschen von ihrer Unwissenheit befreien, der andere will an Ort und Stelle verharren und die berühmten drei Hütten bauen. Doch beiden gemeinsam ist ihre große Naivität, beide wissen kaum, was sie sagen, und so wie Ramakrishna seinen Neffen wieder zum Schweigen bringt, so bittet Jesus seine Jünger, den anderen von dieser »Verklärung« nichts zu sagen.

Eine andere - und nur in Indien mögliche und verständliche - Vision hatte Mathur Babu, der Verwalter des Dakshineswar-Tempels, der in seinem Urteil über Ramakrishna zu Anfang auch recht schwankend war - einerseits sah er in dem jungen Tempelpriester einen großen Heiligen, der vor jeder Anpöbelung zu schützen war, andererseits war aber auch er der Meinung, daß sein Schützling etwas »überdreht« sei. Erst nach und nach gelangte er zu der Überzeugung, daß Ramakrishna - den er bald nur noch als »Vater« anredete - eine Inkarnation Gottes sei, und die folgende Vision mochte wohl dazu beigetragen haben:

Mathur sah eines Tages Ramakrishna auf der Terrasse auf und abgehen, wie fast immer in einem Zustand der Gottversunkenheit. Doch das gewohnte Bild verwandelte sich plötzlich: Ramakrishna nahm auf einmal die Gestalt Shivas an, und als er sich umdrehte und in die andere Richtung ging, die Gestalt Kalis. Dies wiederholte sich ständig: einmal Shiva, dann wieder Kali, und schließlich lief Mathur zu Ramakrishna, fiel ihm weinend zu Füßen und erzählte seine Vision - doch Ramakrishna sagte wie so oft, er wisse von dem ganzen nichts.

Shiva verkörpert im Tantrismus das reine, in sich ruhende Absolute, während Kali den dynamischen Aspekt der Gottheit vertritt. Sie stehen weiter für die Gegensätze: Ewigkeit-Zeit, Bewußtsein-Energie, Unendlich-Endlich, Absolut-Relativ, Männlich-Weiblich etc. Die Vision Mathur Babus offenbart so das Paradox der Inkarnation auf einprägsame Weise: Ramakrishna vereinigte in sich Shiva und Kali, das männliche und das weibliche Prinzip, Ewigkeit und Zeit, Brahman und seine Maya.

Doch nicht immer riefen die Visionen und Ekstasen, die Ramakrishna in anderen erweckte, Begeisterung hervor. Ramakrishna zögerte oft selber, von seiner eigentümlichen Gabe - nämlich seinen ekstatischen Zustand auf andere zu übertragen - Gebrauch zu machen, da er wußte, daß viele noch nicht reif dafür waren - wie wir vorhin im Falle Hridays sehen konnten. So versuchte er auch Mathur Babu, der ihn um eine »Ekstase« bat, von dem Wunsch nach solchen Entzückungen abzubringen. Und als er endlich nachgab, sah Mathur selber bald ein, wie berechtigt das Zögern Ramakrishnas gewesen war. »Vater,« rief er aus, als er Ramakrishna traf, »ich gebe mich geschlagen. Ich befinde mich in diesem Gott-trunkenen Zustand nun schon drei Tage lang, und es ist mir unmöglich, meinen Geist auf weltliche Dinge zu richten, so sehr ich es auch versuche. Kein einziges Geschäft geht gut für mich aus. Bitte, nimm diese Ekstase wieder zurück, die du mir gegeben hast. Ich will sie nicht.« Und Ramakrishna hatte Erbarmen mit dem Möchtegern-Mystiker, der noch mit beiden Beinen fest auf der Erde stand, vielleicht ein wenig zu fest.

Wir erwähnten auch schon in einem früheren Kapitel kurz jenen 1. Januar 1886, als der bereits schwerkranke Ramakrishna sich einer großen Anzahl von Laienschülern, die sich im Garten versammelt hatten, in seiner ganzen Größe offenbarte und nichts mehr dagegen hatte, von Girish Gosh als der »Herr« gefeiert zu werden. Er berührte bei dieser Gelegenheit alle der Versammelten mit der Hand und erweckte in ihnen die geistige Energie, die in ihnen schlummerte. Wenn man so will, war es eine Übertragung der Kraft des Hl. Geistes. Die Visionen und Ekstasen waren keineswegs überall dieselben - einige saßen still versunken in tiefer

Meditation, andere sangen oder tanzten vor Freude. Deshalb wird dieser 1. Januar von den Verehrern Ramakrishnas als *Kalpataru*-Tag gefeiert. Kalpataru ist in der Hindu-Mythologie der Baum, der alle Wünsche erfüllt, und Ramakrishna gab an diesem Tag jedem das seine.

Uns interessiert in diesem Zusammenhang besonders das geistige Erlebnis eines gewissen Vaikunthanath, der Ramakrishna schon vorher oft gebeten hatte, sein geistiges Auge zu öffnen. Als Ramakrishna ihn nun berührte, ging eine große Veränderung in seinem Geist vor sich: er sah die Gestalt Ramakrishnas, ein Lächeln auf den Lippen, ins Kosmische wachsen. Er sah ihn in den Häusern, den Bäumen, den Menschen, am Himmel und wohin er auch immer blickte. Dieser Zustand hielt mehrere Tage an, und Vaikunthanath war zuerst hocherfreut über die große Gnade seines Meisters. Doch dann erging es ihm wie Mathur: es fiel ihm immer schwerer, sich auf dieser geistigen Höhe, auf der er überall nur den Herrn erblickte, zu halten. Er konnte sich nicht auf seine Büroarbeit konzentrieren. Und so bat er schließlich Ramakrishna, diese Vision wieder zurückzunehmen. Seine Bitte wurde erhört - zumindest teilweise. Denn etwas in Vaikunthanaths Geist wollte die kosmische Vision des Herrn nicht völlig missen, und so erschien ihm Ramakrishna auch weiterhin manchmal in seinem universalen Aspekt, ohne dabei seine Büroarbeit allzusehr zu stören.

Man könnte zahlreiche weitere solcher »Offenbarungen« anführen, aber dies mag einstweilen genügen. Wenden wir unseren Blick wieder auf Christus und dessen Wunder und Zeichen, um sie mit den Offenbarungen Ramakrishnas zu vergleichen.

Daß Jesus mehr »physische« Wunder wirkte als Ramakrishna, darauf braucht kaum besonders hingewiesen zu werden. Selbst wenn einige dieser Wunder der Legende zuzurechnen wären, so bleibt doch noch immer genug, um die Atmosphäre um Jesus als die eines Wundertäters zu charakterisieren. Wenn wir uns fragen, ob sich Jesus ganz mit dieser Aura des Wundertäters identifizierte, so stoßen wir recht schnell auf Widersprüche. In der Versuchungsgeschichte lehnt es Jesus eindeutig ab, seine Größe und Gottessohnschaft durch die Demonstration von Wunderkräften zu beweisen. Warum ist er dann später weniger zurückhaltend? Hin und wieder spüren wir seinen Unmut darüber, daß die Menschen immer nur nach Zeichen und Wundern verlangen, doch er kann andererseits auch das Reich Gottes geradezu mit diesen Wundern identifizieren: dadurch, daß er Lahme und Blinde heilt, ist das Reich Gottes ja schon mitten unter ihnen!

Ich habe nun nicht den Ehrgeiz, alle Widersprüche, die wir in den Evangelien finden, aus dem Weg zu räumen. Es hat so wenig Sinn, Christus nur zu »verinnerlichen« und alle äußeren Wunder wegzulassen oder sie mystisch umzuinterpretieren, wie es keinen Sinn hat, behaupten zu wollen, die ganze Größe Christi hätte sich in dieser Wundertätigkeit erschöpft. Als hochentwickelter »Yogi« wußte Jesus sicherlich um die Gefahren von okkulten Kräften, aber um seine *Heiland*-Natur, die er so überreich besaß, auch nach außen hin auszudrücken, konnte er wohl kaum auf den Gebrauch dieser Kräfte verzichten. Er konnte den Glauben der Leute nicht allein durch Worte stärken, er mußte auch sichtbare Wunder wirken, um sich als Messias auszuweisen. Das Heilen von Lahmen, Taubstummen und Blinden scheint dabei ein universelles »Zeichen« zu sein, denn auch Krishna wird in der Einleitungs-Meditation zur Gita als der allselige Madhava gepriesen, dessen Erbarmen die Stummen reden und die Lahmen über Berge gehen läßt. Dabei scheint einmal das spontane Mitleid den Ausschlag zu geben, ein anderes Mal der Wille, die Größe Gottes durch ein solches Wunder zu »demonstrieren«. Allerdings: so wenig wir diese Heiland-Natur, die wohl am ergreifendsten in den Christus-Bildern Rembrandts zum Ausdruck kommt, von der Person Jesu trennen können, so wenig können wir behaupten, Jesus habe nichts anderes im Sinn gehabt, als alle Blinden, Stummen und Lahmen wieder »normal« zu machen. Man braucht nicht erst das Johannes-Evangelium zu lesen, um zu erkennen, daß für Jesus das normale physische Leben noch *nicht* das Reich Gottes war, denn es gab auf dieser Ebene noch viel zu viele Tote, die ihre Toten begruben, viel zu viele Blinde, die von Blinden geführt wurden, und Taube, die hörten und doch nicht hörten. Das Heilen von Blinden ist deshalb auch immer ein äußeres Zeichen für ein inneres Sehen-machen. Wir wissen zwar nicht, wieweit diese Lahmen und Blinden durch das äußere Wunder auch innerlich transformiert wurden, aber zumindest hatten diese Armen und Erniedrigten mehr Chancen, durch das Wiedergewinnen der normalen Sehkraft und des Gebrauchs der Beine einen Schimmer des Übernatürlichen zu erhaschen als viele Gesunde, die weiter wie blinde Maulwürfe durchs Leben liefen. Wer das normale Leben als »Gnade« erfährt, wird auch etwas von dem erhaschen, von dem diese Gnade kommt - auch wenn äußerlich nur die Augen für die sichtbare Welt geöffnet werden.

Im Falle Ramakrishnas verlagerte sich der Schwerpunkt nun ganz auf das Erwecken der inneren Sehkraft, das »Heilen« drückte sich kaum noch auf der physischen Ebene aus. Wir erwähnten ja schon, daß Ramakrishna betonte, in ihm habe sich Gott vor allem durch das *Sattwa-Guna* manifestiert, was ganz auf diese Verinnerlichung und auf den Verzicht auf äußere Wundertaten hindeutet. Natürlich darf man auch dies nicht überbetonen, denn ganz ohne Wunder und Zeichen kommt wohl keine Inkarnation aus. So wird zum Beispiel berichtet, daß Ramakrishna die Frau Mathur Babus von einer schweren Krankheit befreite, und Ramakrishna selber sagte später: »Glaubt ihr, Mathur hätte mir 14 Jahre lang so treu gedient - für nichts und wieder nichts? Er war nur dazu fähig, weil ihm die Göttliche Mutter durch diesen Körper hier verschiedene Wunder zeigte.«[33]

Auch er mußte also Zugeständnisse an die Mentalität derjenigen machen, die das Göttliche nur im »Sensationellen« sehen können. Doch ansonsten verlief sein äußeres Leben recht unsensationell. Er sagte des öfteren - besonders zu Vivekananda -, daß er alle okkulten Yoga-Kräfte besitze, daß er sie aber nicht anwenden wolle.

Selbst kleinere »Wunder«, wie etwa das Strahlen seines Körpers in der Ekstase, waren ihm eher unangenehm. »Anfangs, als ich im Zustand der Ekstase lebte,« sagte er, »strahlte mein Körper Licht aus. Ich sagte daraufhin zur Göttlichen Mutter: Mutter, offenbare dich nicht nach außen, geh' bitte nach innen. - Deshalb ist meine Hautfarbe jetzt so stumpf. Wäre mein Körper noch immer leuchtend, so hätten mich die Leute zu Tode gequält; eine Menschenmenge hätte mich hier fortwährend umgeben. Nun aber ist keine äußere Manifestation sichtbar. Das hält die Spreu fern. Nur aufrichtige Verehrer werden jetzt bei mir bleiben.«[34]

Wir werden auf diese Stelle noch einmal zurückkommen, wenn wir näher auf Golgatha eingehen - auf jenen Punkt in der Geschichte Jesu, wo auch dieser darauf verzichtete, seine göttliche Natur äußerlich zu manifestieren und dadurch den Umstehenden den Ausruf entlockte: »Anderen hat er geholfen; sich selber kann er nicht helfen.«

Was die Wunderkräfte betrifft, so bleiben auch noch weiterhin viele Fragen offen, ob sie sich nun auf das Ausüben dieser Kräfte beziehen oder den Verzicht auf eine Ausübung. Es stellt sich auch die Frage nach den Grenzen göttlicher Allmacht, so wenn Jesus verwundert feststellt, daß er in seiner näheren Heimat keine Wunder tun kann; oder wenn Ramakrishna einen jungen Mann berührt, um dessen Geist zu erwecken, und dann bei der Berührung aufschreit vor Schmerz, weil das schlechte Karma des jungen Mannes eine solche geistige Erweckung noch nicht erlaubt. »Noch nicht in diesem Leben, mein Sohn,« sagte Ramakrishna. Wie weit kann eine Inkarnation den Karma-Haushalt der Welt verändern und wie weit bleibt er an die eisernen Gesetze des Karma gebunden? Die Aufnahmefähigkeit einer Inkarnation scheint in dieser Hinsicht nicht unbegrenzt zu sein, und wäre Jesus nicht ans Kreuz geschlagen worden, so hätte ihn auch wohl so das Karma all derer, die er heilte und denen er die Sünden nachließ, bald verzehrt. Es wäre natürlich sinnlos, das stellvertretende Leiden hier in genauen »Maßeinheiten« angeben zu wollen - aber daß man nicht ungestraft das Leid der Welt lindert, scheint festzustehen. Ramakrishna war von diesem Gesetz nicht befreit, auch wenn sich seine Heilstätigkeit mehr auf das geistige Erwachen der Menschen konzentrierte. Schon todkrank sagte er: »Meine Haltung hat sich jetzt verändert. Ich glaube, ich sollte nicht zu allen und jedem sagen: 'Möge dein Geist erwachen!' - Die Menschen im Kali-Yuga sind voller Sünde, und wenn ich das spirituelle Bewußtsein von allen erwecke, muß ich auch die Last ihrer Sünden tragen«.[35]

Natürlich geht es hier nicht um Wollen oder Nicht-wollen, denn ein Avatar, der sich von vornherein in einen Glaskasten stellen will, um vom sündhaften Atem der Welt nicht angehaucht zu werden, wäre recht sinnlos und ungöttlich. Aber es geht hier um die *Belastbarkeit* des Avatars, und hier gibt es sicherlich Grenzen. Weder bei Jesus noch bei Ramakrishna schließt die Liebe, die sich selber nicht schont, eine gewisse Vorsicht und Klugheit aus. Allerdings muß man hinzufügen, daß die Liebe in beiden Fällen bei weitem das Übergewicht hatte.

Ramakrishna schonte sich nicht, auch als die Ärzte ihm längst das viele Sprechen verboten hatten. Doch Ramakrishna »sprach« ja nicht nur, er unterschied sich von einem bloßen Prediger dadurch, daß eine Kraft von ihm ausging, die den Geist eines Menschen erwecken konnte. Oft berührte er die Brust eines Menschen und manchmal schrieb er auch etwas mit seinem Finger auf die Zunge und sagte: »Mutter, erwache!« Er wußte, daß seine Göttliche Mutter in jedem Menschen als *Kundalini-Shakti* schlummerte - als jene geistig-dynamische Kraft, die in den unteren Zentren des physischen Lebens gleichsam »eingerollt« ist und durch spirituelle Disziplinen oder auch durch die gnadenhafte Berührung des göttlichen Guru erweckt wird und sich den Weg durch die höheren Zentren - das Herz, die Kehle und den Punkt zwischen den Augenbrauen - bahnt und sich dann im höchsten Zentrum, dem »tausendblättrigen Lotus« im Gehirn, mit dem absoluten Brahman-Bewußtsein verbindet. Ramakrishna erlebte das Aufsteigen dieser Kraft täglich in sich selber - sein Problem war es nicht, die »Mutter« in sich zu wecken, sondern seinen Geist irgendwie wieder und wieder auf die normale Ebene herunterzubringen. Manchmal sagte er in seiner humorvollen Art: »Mutter, komm herunter, ich will mich unterhalten. Komm, setz dich.« Oder er äußerte den Wunsch, etwas zu trinken oder zu essen, damit sich sein Geist mit alltäglichen Dingen beschäftigen konnte. (Ramakrishna stand übrigens mit diesem Problem keineswegs allein da. So wird von einem jüdischen Mystiker, einem Chassid, erzählt, daß er im Zustand der Entflammtheit auf die Uhr sehen mußte, um sich in der Welt halten zu können, und von einem anderen heißt es, daß er sich eine Brille aufsetzen mußte, um seine Schau zu zügeln - denn sonst hätte er die verschiedenen Dinge der Welt als Einheit gesehen.[36])

Natürlich erfuhren nicht alle, die von Ramakrishnas Hand berührt wurden, gleich ihre Einheit mit Brahman im höchsten Samadhi; denn viele waren zuerst einmal Bhaktas und die Berührung durch Ramakrishna öffnete ihnen die Augen für den besonderen Aspekt Gottes, der ihnen am Herzen lag. Ramakrishna gab jedem das Seine, und wir sahen auch, daß er das Gegebene manchmal wieder zurücknehmen konnte, wenn er erkannte, daß der Empfänger noch nicht die erforderliche Reife besaß.

Es ist sehr wahrscheinlich, daß die Jünger Jesu durch das Auflegen der Hände die geistige Kundalini-Kraft oft in denjenigen erweckten, die sie tauften (was bei einer normalen Kindertaufe sicherlich nicht geschieht). Die Apostel selber hatten die Kraft des Hl. Geistes bereits empfangen - sei es an Pfingsten, oder schon vorher, als Christus sie - nach Joh. 20, 22 - anhauchte und sagte: »Nehmet hin den Hl. Geist.« Es scheint zwar ein Unterschied zwischen der westlich-christlichen und der östlichen Auffassung zu bestehen: der Osten betont das Erwecken einer schon im Inneren vorhandenen Kraft, während der Christ es sich eher so vorstellt, daß der Geist sozusagen von »außen« her vom Menschen Besitz ergreift. Daß es sich dabei aber im Grunde auch um das Erwachen der Kundalini handeln muß, wird schon aus vielen Erweckungsberichten heutiger Anhänger von Pfingstbewegungen ersichtlich: immer wieder ist von einem plötzlichen intensiven Wärmegefühl die Rede, das durch den ganzen Körper hindurchlaufe. Bezeichnend in diesem Zusammenhang ist auch die Stelle im Werk des schlesischen Mystikers Jakob Boehme, der vom Hl. Geist sagte, er steige plötzlich auf wie ein Feuerblitz, so wie Feuer aus einem Feuerstein sprüht. Boehme spricht weiter von den sieben sich entfaltenden Quellgeistern des Hl. Geistes und von dessen Aufstieg vom Herz-Zentrum zum Gehirn, wo der Geist der aufgehenden Sonne gleiche. »Nur von diesem Geist nehme ich meine Erkenntnis und von keinem anderen Ding,« fügt Boehme an - und hat damit eigentlich schon das Zeitalter des Sohnes verlassen und das Reich des Geistes betreten, von dem einst Joachim von Fiore schwärmte.

Spricht man vom »Empfang« des Hl. Geistes, so werden oft nur jene Gaben wie Zungenreden, Prophezeien usw. gemeint. Doch dies sind rein psychische Phänomene, die wenig zu tun haben mit der eigentlichen »Spiritualität«. Ramakrishna erweckte den Geist selbst - es kam ihm nicht so sehr auf dessen »Begleiterscheinungen« an. Er wäre sich sicherlich mit Paulus darüber einig gewesen, daß diese vergänglichen Phänomene nichts sind, wenn man sie mit der wahren Liebe und dem wahren Erkennen - von Angesicht zu Angesicht - vergleicht.

Die Erkenntnis konnte dabei absolut sein, d.h. sie konnte den Geist offenbaren, wie er in sich selber ist: als das »Klare Licht« der Gottheit. Aber sie konnte den Geist gleichsam auch als eine Lampe benutzen, die das Licht wieder auf den zurückwarf, der den Geist erweckt hatte. Dann sah der Gläubige Ramakrishna plötzlich mit anderen Augen an: als eine universale Gestalt, die den ganzen Kosmos hervorgebracht hatte und dessen Gesicht in jedem Ding zu sehen war. Für den ausgesprochenen Bhakta war der Geist deshalb nur eine *Hilfe*, die es ihm ermöglichte, die wahre Bedeutung und Größe des Herrn zu erkennen. Wir haben dieses Problem schon früher einmal angeschnitten: die Inkarnation weist auf den Geist hin und erweckt diesen Geist, und der Geist offenbart wiederum die eigentliche Natur der Inkarnation. Für den Bhakta drückt sich diese »eigentliche« Natur vor allem in der *Größe* der Inkarnation aus, vor der er sich anbetend niederwirft wie Arjuna vor dem kosmischen Krishna. Der Jnani sieht es eher umgekehrt: in seinen Augen ebnet der Geist die Größe der Inkarnation ein, hat also sozusagen eine demokratisierende Wirkung: die »eigentliche« Natur der Inkarnation offenbart sich als die eigentliche Natur eines jeden Menschen, der sich nun *in* Christus oder *in* Buddha erkennt: als Sohn Gottes oder als die ewige Buddha-Natur.

Natürlich darf man diesen Gegensatz nicht überbetonen, denn es gibt viele Zwischenzonen, wo sich beide Haltungen überlappen; man kann diesen Gegensatz aber andererseits auch nicht leugnen, denn er zieht sich durch die Geschichte fast aller Religionen. Ramakrishna sprach in diesem Zusammenhang gern vom Vishnu- und vom Shiva-Element. Vishnu ist das Prinzip der Verkörperung, der Inkarnation, und seine Verehrer sind allesamt Bhaktas, auch wenn sie philosophische Systeme entwerfen. Shiva ist dagegen - wenn auch »Lebensspender« - der Gott der Jnanis und Asketen, und der Mensch, in dem das Shiva-Element überwiegt - wie zum Beispiel Swami Vivekananda, der bedeutendste Schüler Ramakrishnas - wird immer einen Hang zu absoluter Erkenntnis, zum unpersönlichen Absoluten, zu den Höhen des Advaita haben.

Ramakrishna schien zwar äußerlich mehr von der Vishnu-Natur zu besitzen, hatte doch auch Vishnu - oder seine inkarnierte Form als Rama-Raghuvir - seinem Vater versprochen, er werde sich als sein Sohn verkörpern. Doch ebensosehr war die »Überschattung« der Mutter von einer Shiva-Statue hergekommen. Es war gefährlich, den Namen Shivas in Gegenwart Ramakrishnas auszusprechen, da ihn allein dieser Name schnell in die Tiefen des Nirvikalpa-Samadhi werfen konnte. Shiva verkörpert die höchste Bewußtseinsebene - dort, wo der Geist in absoluter Ruhe verharrt - und Shakti, die »Mutter«, wiederum die dynamische Seite, das »Brausen« des Geistes, der weht, wo er will, und dessen Wellen über Ramakrishna zusammengestürzt waren, als er zum ersten Mal die Mutter »sah«, und der wohl auch Maria, die Muttergottes, überschattet hat.

»Verklärung« - um zu unserem Thema zurückzukommen - ist nur möglich, wenn das Klare Licht eine gewöhnliche Form angenommen hat und wieder zurückkehrt zum Klaren Licht. Das Reich des Geistes löst dann das Reich des Sohnes ab: die »Verklärung« wird schließlich so stark, daß nur noch letzte Klarheit übrigbleibt, die Klarheit des gestaltlosen Geistes. Krishna, Buddha, Christus, Ramakrishna - sie alle sind die »Gesichter« des Geistes, und ein Bhakta hat nichts dagegen, wenn sich die übergroße Klarheit etwas trübt und deutliche Gesichtszüge annimmt. Die Inkarnation ist das göttlich-menschliche Lächeln des Geistes - ein recht schmerzhaftes Lächeln manchmal und dann wieder ein befreiendes Lachen.

11. Kapitel

DAS GOTTESREICH IST NAHE

Ramakrishna verglich das Reich Gottes mit einem Garten hinter einer hohen Mauer. Er selbst hatte diesen wunderbaren Garten gesehen, er hatte seine Früchte genossen, ja, er lebte eigentlich ständig in ihm, war jedoch gleichzeitig fähig, den anderen von der Existenz dieses Gartens zu berichten und sie auch davon zu überzeugen - denn ein Mensch, der Tag für Tag in einem solchen glücklichen und Gott-trunkenen Zustand lebte, mußte wirklich den größten Schatz entdeckt haben, den es auf Erden und im Himmel gab.

Für Ramakrishna war das Reich Gottes ein innerer Zustand, der immer existierte. Er brauchte nur entdeckt zu werden. Wer sich plötzlich in ihm wiederfand, wußte, daß dies seine wahre Heimat war, seine ursprüngliche Natur. Auf die Frage, wie er sich im Samadhi fühle, erwiderte Ramakrishna: wie ein Fisch, den man vom trockenen Ufer wieder ins Wasser zurückgeworfen hat. Dieser Zustand konnte auch schon hier auf Erden, in diesem Leben, verwirklicht werden.

Einen Menschen, der so das wahre Zentrum seines Daseins gefunden hatte, verglich Ramakrishna mit jemandem, der in eine Stadt kommt, sich sofort ein Hotelzimmer sucht, in dem er sein schweres Gepäck abstellt, und dann vergnügt und unbeschwert durch die Straßen schlendert, um sich die Stadt anzuschauen. Ein Freund, der ebenfalls in die Stadt gekommen ist und die Zimmersuche bis zuletzt aufgeschoben hat, trifft ihn und blickt neidvoll auf ihn, der sich nun so sorgenfrei herumtummeln kann.

Ramakrishna zog hier keinen scharfen Trennungsstrich zwischen dem Erlebnis des unpersönlichen Brahman und der Verwirklichung des persönlichen Gottes und seiner Liebe. Er sagte nur, daß es für gewöhnliche Sterbliche sehr schwer sei, von der höchsten Höhe des Nirvikalpa-Samadhi wieder herunterzukommen. (Daß es auch recht schwierig ist, überhaupt erst »hinaufzukommen«, versteht sich von selbst.) Das Hotelzimmer - um im Bild zu bleiben

– war für Ramakrishna deshalb nicht unbedingt nur die völlige Einswerdung mit dem attributlosen Brahman; ihm genügte schon ein ständiges In-Gott-zentriert-sein, das es dem Menschen ermöglicht, auch im Trubel der Welt aus dem göttlichen Grund heraus zu leben. Ein solcher Mensch mag noch ein »Ego« haben, doch es ist ein *reifes* Ich, das genau weiß, daß Gott letztlich die einzige Wirklichkeit ist und die Welt nur sein äußerer Abglanz. Natürlich kann er Gott auch *in* der Welt sehen, doch gerade deshalb sieht er auch, daß die Dinge kein selbständiges Sein neben Gott haben und ihn deshalb auch nicht von Gott trennen können.

Wie aber verwirklicht man Gott? Obschon Ramakrishna die verschiedensten Yoga-Techniken kannte, legte er doch keinen zu großen Wert auf »Methoden«. Er unterwies zwar seine Schüler in der Meditation, aber vor aller »Technik« und vor allem »Know how« war in seinen Augen zu allererst ein wirklicher *Hunger* nach Gott wesentlich, ein »Schrei nach Gott«. »Die Menschen vergießen eimerweise Tränen um Frau und Kinder. Sie schwimmen in Tränen um des Geldes willen – doch wer weint um Gottes willen?« Wie Meister Eckhart hätte wohl auch Ramakrishna sagen können, daß man in den Frieden *laufen* solle, nicht aber in ihm anfangen solle. Die Intensität der Ruhelosigkeit und Sehnsucht war für ihn deshalb ausschlaggebend. Kann ein Dieb schlafen, fragte er, wenn er weiß, daß im angrenzenden Raum ein Schatz versteckt ist? Das Verlangen eines Geizigen nach Gold, die Liebe einer Frau für ihren Mann, das Haften der Weltlich-Gesinnten an den Dingen dieser Welt – wenn das Herz eines Menschen all diese Sehnsüchte und Leidenschaften zusammenfassen und sie auf Gott konzentrieren kann, so wird er sicherlich Gott verwirklichen, sagte Ramakrishna.[37]

Er erzählt auch die Geschichte eines Guru, der eines Tages am Strand entlang wanderte und von jemandem, der sich ihm näherte, gefragt wurde: »Herr, wie kann man Gott verwirklichen?« Der Guru stieg mit dem Fragenden ins Wasser und tauchte ihn unter. Als er ihn nach kurzer Zeit wieder losließ, fragte er ihn, wie er sich gefühlt habe. Der Mann sagte: »Ich glaubte, meine letzte Stunde sei gekommen – so verzweifelt war meine Situation.« Darauf erwiderte der Guru: »Du wirst Gott sehen, wenn sich dein Herz nach ihm so sehnt wie du dich eben jetzt nach Luft gesehnt hast.«[38]

In manchen Ausgaben wird an die Stelle des allgemeinen

»Guru« der Name Jesu gesetzt, und es ist vielleicht möglich, daß sich hier ein kleiner apokrypher Splitter bis nach Indien verirrt hat. Wie dem auch sei - die *Dringlichkeit*, mit der hier auf die Verwirklichung Gottes hingewiesen wird, ist sowohl für Ramakrishna als auch für Jesus typisch. Ramakrishna glaubte zwar wie jeder Hindu an die Reinkarnation, aber diese Lehre war für ihn nie eine Entschuldigung für Faulheit. »Ich muß Gott schon in diesem Leben verwirklichen; ja, in drei Tagen muß ich ihn finden; nein, mit einem einzigen Aussprechen seines Namens will ich ihn an mich ziehen! - mit einer solchen fast gewalttätigen Liebe kann der Gläubige Gott schnell verwirklichen. Doch wer lauwarm in seiner Liebe ist, braucht ganze Zeitalter, um Ihn zu finden, wenn er Ihn überhaupt findet.«[39]

Liegt nicht aber doch ein großer Unterschied vor? Jesus, so scheint es, glaubte an ein baldiges Ende der Welt, und das kommende Reich Gottes, das er schon nahe sah, war für ihn nicht nur ein »innerer« Zustand. Er forderte zur Entscheidung auf, jetzt, in diesem Leben, denn das Urteil schien in seinen Augen endgültig zu sein. Ramakrishna dagegen forderte zwar auch den Einsatz der ganzen Person, doch es fährt kein Schwert aus seinem Mund, wir hören von keinem »Entweder-Oder«. Es mag eine Hölle geben, doch diese ist für ihn wie für alle Hindus nur eine Durchgangsstation, einer der vielen Zustände in Maya, und da jeder Mensch im Grunde Brahman *ist*, ob er es nun weiß oder nicht, wird er auch eines Tages seine wahre Natur verwirklichen. Die Worte Jesu im Johannes-Evangelium »Und ihr werdet die Wahrheit erkennen und die Wahrheit wird euch frei machen« hätte Ramakrishna sicherlich auf *alle* Menschen bezogen - wenn er auch, aus Gründen der rhetorischen Wirksamkeit, manchmal in Zweifel zu ziehen scheint, ob ein fauler und lauwarmer Mensch Gott jemals verwirklichen wird. »Alle Menschen werden mit Sicherheit Gott verwirklichen,« sagte er einmal. »Alle werden die Freiheit erlangen. Es mag sein, daß einige ihr Mahl am Morgen bekommen, andere mittags, und andere wieder erst am Abend. Doch keiner wird ohne Mahl ausgehen. Alle ohne Ausnahme werden mit Gewißheit ihr wahres Selbst verwirklichen.«[40]

Die Dringlichkeit, auf die Ramakrishna so sehr pocht, hat also nicht darin ihren Grund, daß er auch die Möglichkeit eines völligen Scheiterns und einer ewigen Verdammnis ins Auge fassen würde. Sie entspringt vielmehr seiner direkten Gotteserkenntnis. Er wußte, daß Gott wirklich der größte Schatz war, für den man alles andere opfern mußte. Wozu dann sein Leben in sinnlosen weltlichen Dingen verzetteln?

Doch er wußte auch, daß nicht alle gleich ihr Ziel erreichen konnten. Seine Göttliche Mutter hatte ihren Kindern zuviele Spielzeuge gegeben, mit denen diese sich nun ihre Zeit vertrieben - und nur die wenigsten wurden des Spielens müde, liefen zur Mutter und wollten nur noch Sie. Dieses Spiel Gottes, seine Maya oder sein Lila, hat nach Hinduglauben keinen absoluten Anfang und kein absolutes Ende. Alle Weltuntergänge werden wieder von neuen Weltgeburten gefolgt. Ein Ruf nach letzter, aber auch allerletzter Entscheidung kann deshalb in einem solchen Weltbild kaum erschallen. Zwar hören wir in Indien auch immer wieder das »Steh auf! Erwache!« der Katha-Upanishad, da es eben so Großartiges zu verwirklichen gibt, aber es fehlt doch die Hast, die etwa einen Paulus von Land zu Land eilen läßt, um vor dem Wiederkommen des Herrn noch so viele wie möglich mit der neuen Botschaft bekannt zu machen; es fehlt das etwas kurzatmige apokalyptische Keuchen, es wird auch kein Feigenbaum verflucht und es wird auch nicht erwartet, was rein äußerlich doch nie eintreten wird.

Sollen wir also, wenn wir Jesus und Ramakrishna vergleichen, doch nur wieder unsere Zuflucht in dem alten und schon etwas überstrapazierten Gegensatz suchen: hier der »westliche« tatendurstige Messias, der alles im Draußen objektiviert sehen muß, der nur in Zeit- und Raum-Kategorien denken kann, und dort der östliche Mystiker, dem es nur um das »Ewige Nun« eines überzeitlichen Nirvanazustandes geht? Natürlich liegt die Sache nicht so einfach, und auch diese Studie wird nicht alle Zweifel und Widersprüche aus dem Weg räumen können.

Was die Zweifel angeht, so betreffen sie vor allem Jesus: was er sich unter dem Reich Gottes wirklich vorstellte, welche Worte wirklich *seine* Worte sind und nicht die einer begeisterten Urgemeinde etc. Das »Weltbild« Ramakrishnas ist dagegen verhältnismäßig abgerundet, und es gibt kaum einen Punkt, über den nicht Klarheit herrschen würde - dank der ausführlichen Aufzeichnungen, die von seinen Schülern, insbesondere von M. und Saradananda, oft tagebuchartig niedergeschrieben wurden und uns die ganze Persönlichkeit Ramakrishnas zeigen, auch das Menschlich-Allzumenschliche. Man muß hier nicht zwischen einem synoptischen Jesus unterscheiden, der zeitweise nur das Augenmaß eines provinziellen Kleinstadt-Propheten gehabt zu haben scheint und dann vom Nicht-Eintreffen seiner Prophezeiungen enttäuscht war, und einem johanneischen Jesus, bei dem alles plötzlich sehr zeitlos, mystisch und beinahe gnostisch wird. Man muß auch nicht mit gewissen »harten« Stellen ringen, wegen derer man vielleicht schlaflose Nächte hat, nur um dann wieder zu erfahren, daß die besagte Stelle nur eine spätere Interpolation sei - wieder einmal. Zuletzt hält man alles für eine einzige große Interpolation und wird vielleicht erst durch die Offenbarungen in anderen Religionen darauf aufmerksam gemacht, daß vieles in den Evangelien Gesagte doch in einen größeren Rahmen paßt, und plötzlich *stimmt* wieder vieles, weil man zum spirituellen Kern vorgedrungen ist und sich von gelehrten Detailfragen kaum noch verunsichern läßt.

Es ist zwar nicht zu leugnen, daß Jesus an vielen Stellen vom »nahenden« Gottesreich spricht und dabei manchmal kaum weiter oder tiefer zu blicken scheint als ein heutiger Zeuge Jehovas. Ob Jesus dabei die Zeichen mißverstand oder ob man ihn mißverstand, läßt sich heute kaum noch feststellen. Es gibt jedoch glücklicherweise in den Evangelien genügend Stellen, die diese Fixierung auf die Zeit und diese Kurzsichtigkeit wieder stark zurechtrücken. Sehr vereinfachend ließe sich dann sagen:

Spätestens anläßlich seiner Taufe im Jordan hatte Jesus ein Durchbruchserlebnis: er betrat eine neue Bewußtseinsebene, eine neue Dimension. Gott offenbarte sich ihm als »Abba«, als sein wirklicher Vater, zu dem er ein ganz besonderes Verhältnis hatte. Seine Fastenperiode entband seine okkulten Kräfte, und obschon er der Versuchung Satans widerstand, wandte er diese Kräfte doch im weiteren an, um das innere Reich Gottes, das er plötzlich entdeckt hatte, irgendwie in das beschränkte Alphabet der Außenwelt zu übersetzen - so wie Ramakrishna sang, tanzte, Parabeln erzählte und andere berührte, um seine Ekstase mitzuteilen. Auch Jesus reihte Gleichnis an Gleichnis, um dieses Reich der Wahrheit und der Freiheit wortstark zu umreißen, und wenn auch nicht immer ganz klar ist, was dieses Reich nun genau ist - denn letztlich entzieht es sich ja aller Begrifflichkeit -, so wird doch von Jesus mit unmißverständlicher Klarheit gesagt, wer in dieses Reich hineingelangt und wer nicht. Hinein gelangen diejenigen, die arm und wie Kinder geworden sind, die den Ballast äußeren Besitzes und innerer Ich-Sucht abgeworfen haben und so nackt, leicht und »dünn« geworden sind, daß sie durch die Enge Pforte und durch das Nadelöhr hindurchschlüpfen können. Daß Jesus diesen Zustand bereits verwirklicht hatte, daran kann kein Zweifel bestehen, und in gewissem Sinne könnte man das Reich Gottes als die Atmosphäre bezeichnen, in der Jesus und alle, die ihm wirklich nachfolgten, tagtäglich lebten. In dieser intensiven Atmosphäre wurde die Zukunft zum Jetzt, so daß selbst das Hinausgehen der Apostel ein Wirken *im* Reich Gottes war und nicht nur dessen Ankündigung. In starkem Kontrast zu den Endzeit-Predigten stehen jene Stellen, wo Jesus alles Schielen nach zukünftigen Zeichen verurteilt, wo er den Menschen - nicht anders als ein Zen-Meister - immer wieder in das Jetzt und in die Freiheit völliger Bindungslosigkeit versetzt: in das Reich jenseits von Raum und Zeit, das doch *hier* gegenwärtig ist, in dem man keinen Gedanken an das Morgen verschwendet, wo man im ewigen Nun lebt wie die Vögel im Himmel und die Lilien auf dem Felde.

Kein Wort Jesu wird in diesem Zusammenhang wohl mehr zitiert als die berühmte Stelle bei Lukas (17; 20-21): »Als er aber von den Pharisäern gefragt wurde: Wann kommt die Gottesherrschaft?, da antwortete er ihnen und sprach: Die Gottesherrschaft kommt nicht so, daß man ihren Anbruch beobachten könnte; auch wird man nicht sagen: Siehe, dort! oder: Siehe, hier! Denn siehe, die Gottesherrschaft ist mitten unter euch!« Da das griechische *entos hymon* sowohl »in euch« als auch »unter euch« bedeuten kann, haben sich sowohl die »Mystiker« immer wieder auf dieses Wort gestürzt, um aufzuzeigen, daß Jesus eben doch von einem *inneren* Reich gesprochen habe, als auch alle diejenigen, denen es darauf ankommt, darzulegen, daß für Jesus die »soziale« Dimension die Hauptsache gewesen sei. Nun kann man natürlich sein ganzes Leben mit philologischen und theologischen Studien verbringen, um das Problem irgendwie auf dem Papier zu »lösen« - man kann jedoch auch versuchen, beide Dimensionen - die mystische und die zwischen-menschliche - zu verwirklichen und zu leben, und man wird wohl merken, daß beide sich nicht gegenseitig ausschließen müssen. Wer das Reich Gottes in sich verwirklicht, wird es auch »unter uns« sehen. Er wird durch das innere mystische Licht das Gespür dafür bekommen, mit welcher Intensität die

Gottesherrschaft durch die Gestalt Jesu »unter uns« geweilt hat und noch immer gegenwärtig ist; darüberhinaus wird er das Göttliche auch noch in einem allgemeineren Sinn unter uns sehen, so wie Ramakrishna es sah: zuletzt in dem radikalen Sinn, daß wir nichts sehen als nur Gott, die einzige Wirklichkeit, dessen Reich nicht »berechnet« werden kann, weil es jenseits aller Zahl und aller Zeichen ist.

Das Kommen des Gottesreiches ist demnach zugleich das Ende des Alten Äon, der nichts anderes ist als das Gefängnis aus Raum, Zeit und Kausalität, in dem wir normalerweise ständig leben und das die indischen Weisen Maya nennen. Im Reich Gottes ist keine Zeit und keine Stätte mehr und auch das Gesetz der Vergeltung ist hier überwunden. Ins Reich Gottes eintreten heißt deshalb: über Maya hinausgehen. Es heißt: das Raum-Zeit-Gebäude sprengen und die Wahrheit erkennen, die uns frei macht: daß wir nicht nur begrenzte sterbliche Kreaturen sind, sondern Söhne Gottes, auf deren Offenbarwerden die ganze in Wehen liegende Schöpfung wartete. Es heißt: wiedergeboren werden im Geiste, der weht, wo er will. Dieser Geist schenkt uns die Erkenntnis der Wahrheit, und diese Erkenntnis gebiert *Ananda*, die göttliche Seligkeit. »Sie sind voll des süßen Weines«, hieß es von den Aposteln, als der Hl. Geist von ihnen Besitz ergriff. Und Ramakrishna wirkte oft so trunken, daß manche annahmen, er habe eine geheime Weinquelle. Schließlich glaubten auch die Verwandten Jesu zuerst, dieser sei von Sinnen, doch er war wohl so normal wie der Seher der Taittirya-Upanishad, der schon viele Jahrhunderte vor Christus in den Jubelruf ausbrach: »O wie wundervoll! Ich bin die Speise, und ich bin der Esser, und ich bin das, was beide verbindet! Ich bin der Erstgeborene des Weltgesetzes. Ich bin, noch bevor die Devas (die Lichtwesen) wurden. Ich bin das Zentrum und die Quelle der Unsterblichkeit. Ich habe die Welt überwunden. Und ich leuchte wie die Sonne!«

Jesus hatte dieses Reich Gottes betreten, doch es ließe sich auch umgekehrt sagen, daß das Reich Gottes durch ihn in die Welt kam, denn - in den Worten Ramakrishnas - »kommt die Flut der göttlichen Inkarnation auf die Erde herab, wird Gott überall sichtbar.« Wie Ramakrishna hing auch Jesus keinen Spekulationen nach und forderte auch die anderen nicht auf, zu grübeln und zu spekulieren, sondern sagte schlicht: »Komm und sieh!« Negativ ließe sich das Gesehene als die völlige Nichtigkeit des Alten Äon mit seiner Weltlichkeit ausdrücken, und positiv als das Reich des Geistes und der Wahrheit. Ins Zeitliche übersetzt - und viele seiner Jünger schienen nur diese zeitliche Sprache zu verstehen - wird dieser »Alte Äon«, dieses Netzwerk Mayas, zur »Vergangenheit«, und das Reich Gottes zu einem Paradieszustand in der Zukunft. Auch in Indien gibt es solche Vorstellungen von einem »Neuen Goldenen Zeitalter«, das dem Alten Äon des jetzigen Kaliyuga folgen soll, und auch Ramakrishna spricht einmal kurz vom Kommen Kalkis, dem letzten Avatar, der wie der wiedergekommene Christus alle Bösen vernichten und ein Reich des Friedens errichten soll. Doch solche »zeitlichen« Betrachtungen sind in Indien gewöhnlich doch sehr in den Hintergrund gerückt. Gemeinsam ist beiden Betrachtungsweisen - der »mystischen« und der »prophetischen« - zumindest, daß die jetzige Welt *gerichtet* wird, denn da unterscheidet sich der Prophet, der die alte Weltordnung der Vernichtung preisgegeben sieht, gar nicht so sehr von dem Weisen und Mystiker, der den maya-artigen Charakter der Welt durchschaut und erkennt, was ewig und unwandelbar ist. In beiden Fällen wird etwas unwiderruflich zurückgelassen, und es ist sehr wohl möglich, daß sich die prophetische und die mystische Strömung auf eigenartige Weise in Jesus kreuzten. Der Mystiker hat dabei natürlich den großen Vorteil, daß er nicht enttäuscht wird, wenn »äußerlich« keine radikale Wende eintritt - und wie viele sind in den zweitausend Jahren seit Christus in dieser Hinsicht schon enttäuscht worden und endeten in Verbitterung! Für den Mystiker ist allein durch das göttliche *Sein* schon der Richterspruch über den Zustand in Maya gefällt - da bedarf es keiner großartigen Dies Irae-Posaunenstöße mehr.

Es sollte uns auch zu denken geben, daß ein moderner Denker wie Teilhard de Chardin, der bestimmt nicht im Verdacht zu großer »Verinnerlichung« stand, das Ende der Welt und die Verwirklichung des Gottesreiches ganz in einem mystischen Licht sah: nicht als eine äußere Katastrophe und Verwandlung, sondern als »die Befreiung aus der materiellen, historischen Ebene und die Ekstase in Gott«. Er sprach von einer »Umwandlung des Bewußtseins, einer Eruption des inneren Lebens. Der Geist muß nur umkehren und sich in eine andere Zone bewegen, damit die ganze Gestalt der Welt im Nu verwandelt wird.«

Ist es nicht sehr wahscheinlich, daß sich der Geist Jesu bereits in diese »andere Zone« bewegt hatte und die Welt mit ganz neuen Augen ansah? Deutlicher als Lk. 17, 20f ist hier ein Fragment des Thomas-Evangeliums, in dem Jesus auf die Frage, wann das Königreich Gottes komme, antwortet: »Es kommt nicht, wenn man es erwartet. Sie werden nicht sagen: Sieh hier! oder: Sieh dort! Das Reich des Vaters ist über die Erde ausgebreitet, und die Menschen sehen es nicht.« (111)

Hätte Jesus dieses Reich, das die Menschen mit den gewöhnlichen Sinnen nicht sehen, nicht bereits zu seinen Lebzeiten entdeckt, dann wären alles Mystiker vor und nach ihm größer als er. Selbstverständlich predigte er nicht, die Welt sei völlig in Ordnung, denn das, was im Grunde *ist*, muß in gewissem Sinn erst werden. So sagte auch Ramakrishna: Gewiß, es ist Butter in der Milch, doch es genügt nicht, diese Tatsache einfach festzustellen; man muß die Milch quirlen und sich setzen lassen, nur so wird man Butter bekommen.

Also, man muß etwas *tun*. »Gottesschau setzt Bemühung voraus,« sagte Ramakrishna. »Wenn Ihr bloß am Ufer eines Teiches sitzt und sagt: 'In diesem Teich sind Fische,' werdet Ihr dann irgendwelche fangen? Geht und holt das nötige Angelgerät, holt eine Angelrute und Köder und werft etwas Köder aus. Dann werden aus dem tiefen Wasser die Fische aufsteigen und an die Oberfläche kommen, daß Ihr sie sehen und fangen könnt. - Ihr wollt, daß ich Euch Gott zeige, und dabei sitzt Ihr ruhig da, ohne Euch im geringsten selbst anzustrengen! Ihr möchtet, daß ich den Quark ansetze, Butter mache und sie Euch an den Mund halte! Ich soll den Fisch fangen und ihn Euch überreichen! Wie unverständig!«[41]

Dieses *Tun* bezieht sich zu allererst auf eine radikale innere Umkehr und ein Sich-auf-Gott-konzentrieren - und nicht so sehr auf eine Umorganisierung der Außenwelt. Wir werden nicht aufgefordert, die Mitmenschen zu verbessern (was wir so gerne tun), sondern zuerst einmal den Balken im eigenen Auge zu entfernen. Es geht um Selbstreinigung, um ein radikales Sterben und Wiedergeborenwerden. Wer die »Welt« fahren läßt, bekommt sie wieder zurück als Gotteswelt - nur so kann das Reich des Vaters, das über die Erde ausgebreitet ist, gesehen werden.

Narendra sagte einmal zu Ramakrishna: »Einige Leute werden wütend, wenn ich ihnen von Weltverzicht rede.« - »Verzicht ist notwendig«, erwiderte Ramakrishna. Und auf die Glieder seiner Arme und Beine zeigend: »Wenn ein Ding über dem anderen liegt, muß man das eine entfernen, um zum anderen zu gelangen. Kannst du das zweite bekommen, ohne das erste zu entfernen?« Doch kurz darauf sagte er flüsternd (der Kehlkopfkrebs erschwerte ihm das Sprechen): »Wenn man alles nur noch von Gott erfüllt sieht, sieht man dann sonst noch etwas?« Etwas verwirrt durch diese plötzliche Wendung fragte Narendra: »Muß man auf die Welt verzichten?« Und Ramakrishna erwiderte: »Sagte ich nicht soeben: Wenn man alles nur noch von Gott erfüllt sieht, sieht man dann noch etwas anderes? Sieht man dann noch so etwas wie die Welt?«[42]

Viele - wie etwa Teilhard de Chardin - »träumten« von jenem anderen Zustand, in dem »die ganze Gestalt der Welt im Nu verwandelt wird«. Ramakrishna träumte nicht davon, er lebte tagtäglich in diesem Zustand. Es war keine bloße Poesie, kein vager Pantheismus - er sah Gott ganz einfach mit offenen Augen, wohin er auch immer blickte. Da er einen »Lehrauftrag« hatte, mußte er zuerst noch ein »Ich« behalten, das ein wenig von der Unwissenheit der Menschen wahrnahm. Doch selbst dieses Ich des Lehrers und Meisters wurde ihm am Ende genommen. »Mein Auftrag geht zu Ende,« sagte er. »Ich kann keine Belehrungen mehr geben. Ich sehe, daß Rama zu allen Lebewesen geworden ist, und so sage ich manchmal zu mir selber: Wen soll ich da noch belehren?«[43]

Wenn ich nun noch einmal zwei Fragmente des sogenannten Thomas-Evangeliums zitiere, so nicht deshalb, um die ganze Diskussion doch noch in ein rein gnostisches Fahrwasser zu bringen, sondern weil sie Ramakrishnas Wesen so treffend charakterisieren - der zwar sicherlich die wahre »Gnosis« besaß, nämlich die direkte Erkenntnis der göttlichen Natur, aber ansonsten weit von einem esoterischen, bhakti-feindlichen, elitebewußten »Gnostiker« im negativen Sinn entfernt war.

Auf die Frage, wann das Königreich komme, antwortet der Jesus des Thomas-Evangeliums: »Wenn ihr die Zwei zu Einem macht, und das Innere wie das Außen, und das Außen wie das Innere, und das Oben wie das Unten, und das Männliche und das Weibliche zu einem Wesen... « (23)

Ramakrishna gelang diese ungeheure *Vereinfachung* der dualistischen Welt, er gelangte in den einfaltigen Grund, weil er selber einfaltig war. Selbst was für manche Monisten noch eine Zweiheit ist, nämlich Brahman und Maya, wurde für ihn Nicht-Zwei, Advaita. Er verband das Absolute und das Relative in sich, das Männliche und Weibliche - wie es auch in Mathurs Vision sichtbar wurde, als er Ramakrishna von vorn als Shiva und von hinten als Kali sah - und transzendierte gleichzeitig diese Gegensätze. Auf die Polarität Männlich-Weiblich bezogen heißt das: er war in seiner reinen Atman-Natur weder männlich noch weiblich, und gerade weil er sich dieser reinen Geist-Natur bewußt war, die von nichts Geschlechtlichen berührt wird, konnte er beide Naturen auf der relativen Ebene ausdrücken - ohne dabei auch nur im geringsten in eine zwielichtige, morbid-zwitterhafte Atmosphäre zu tauchen. Das Einhorn war beileibe nicht sein Wappentier. Es geht Frische und Unbekümmertheit aus von Ramakrishnas Gestalt, kein Fin de siècle-Duft.

Wir finden fast in allen Avataras diese Abrundung der männlichen Persönlichkeit durch den weiblichen Aspekt, denn anderenfalls wären sie nicht Archetypen des »Selbst«. In Ramakrishna ist diese Abrundung und Fülle vielleicht am deutlichsten ausgeprägt. Konnte schon die englische Mystikerin Julian von Norwich Christus unsere »Mutter« nennen, so werden viele Verehrer Ramakrishnas in diesem nicht nur den Vater und das göttliche Kind sehen, sondern auch Sie, die er als Göttliche Mutter anbetete und die sich in ihm auf besondere Weise manifestierte.

Vereinfachung bedeutet hier also zugleich Erweiterung, Expansion. Wer sich so klein macht, zum Kind, zum Samenkorn, wächst ins Unermeßliche und wird zum All. Alles ist plötzlich neu und ganz anders. Der einfaltige Grund entfaltet sich zu allen Aspekten, wird zum Vater, zur Mutter, zum Liebespaar, zum universalen Kind.

Und dann: »Das Äußere wie das Innere«. Große religiöse Gestalten wie Jesus, Franziskus und Ramakrishna nahmen sich beim Wort. In unseren Augen nahmen sie vieles viel zu wörtlich - und betraten wahrscheinlich deshalb so leicht das Reich Gottes. Gibt es ein besseres Symbol für das Nackt-werden und Sterben des menschlichen Ich als das Kreuz? Aber Jesus hing *wirklich* am Kreuz. Auch Franziskus machte ernst mit der Nacktheit: der Sterbende legt sich nackt auf den Boden, um zu zeigen, daß er wirklich nicht das geringste besitzt. Als der junge Ramakrishna im Panchavati meditiert und sich ganz auf die Göttliche Mutter konzentriert, legt er zum Entsetzen seines Neffen neben der normalen Bekleidung auch noch seine Brahmanenschnur ab, um auch äußerlich nicht mehr das geringste Band zu besitzen, das ihn an weltliche Rangvorstellungen bindet. Vor der Göttlichen Mutter ist er das nackte Kind. Natürlich hätte er solches auch in schöne Formulierungen kleiden und den Leuten predigen können, aber er zog es vor, das Innere auch im Äußeren auszudrücken. Anstatt nur zu predigen, daß man nicht so sehr am Geld hängen solle, nimmt er ein paar Geldmünzen und etwas Dreck in seine Hände und sagt, beides abwägend: Geld ist Dreck und Dreck ist Geld - und wirft beides in den Ganges. Zeit seines Lebens konnte er kein Geld mehr berühren - die bloße Berührung verursachte ihm stechende Schmerzen. Es war ihm auch unmöglich, auch nur einen Zentimeter von der Wahrheit abzuweichen, selbst wenn es sich nur um eine Notlüge gehandelt hätte. Es gab für ihn keine Umschweife, keine Umwege, keine Tricks, keine nachträglichen langatmigen Erklärungen oder Aufschübe. Alles mußte *jetzt* getan werden, so direkt wie möglich. Deshalb war es ihm auch unmöglich, irgendeine Vorsorge für die Zukunft zu treffen oder auch nur den geringsten Besitz zu haben. Er konnte nichts »beiseitelegen«, wie er oft sagte. Und manchmal, wie bereits angedeutet, war es ihm sogar zuviel, auch nur ein wenig Kleidung am Körper zu haben.

»An welchem Tag wirst du uns erscheinen?« fragen die Jünger Jesus im Thomas-Evangelium. Und Jesus antwortet: »Wenn ihr euch entkleidet und euch nicht schämt, und wenn ihr eure Kleider nehmt und sie unter eure Füße legt wie kleine Kinder und auf ihnen herumtrampelt, dann werdet ihr Söhne des lebendigen Gottes werden und werdet keine Furcht kennen.« (38)

Auf die Frage, warum Krishna die Kleider der Gopis stahl, antwortete Ramakrishna einmal, daß die Milchmädchen fast von allen irdischen Fesseln befreit gewesen seien, außer einer: der Scham. Auch diese Fessel wollte Krishna ihnen noch nehmen.

Die symbolische Bedeutung ist klar: die Seele muß nackt sein vor Gott, ihrem Bräutigam, sie darf nicht das Geringste zurückhalten, keine einzige irdische Fiber, die die ursprüngliche Reinheit verdecken könnte. Für Gnostiker wie den Autor des Thomas-Evangeliums bedeuten Kleider wahrscheinlich soviel wie den Körper selber, die leibliche »Hülle«, d.h. es kam ihm wohl nicht so sehr auf die Nacktheit des Körpers als auf das Nacktsein, d.h. Freisein *vom* Körper an. Beides kann allerdings Hand in Hand gehen, da

Bekleidung oft darauf hinweist, daß wir uns des Körpers *bewußt* sind.

In einem Brief im Anhang zum »Evangelium Ramakrishnas« beschreibt ein Verehrer Ramakrishnas eine Szene, die die Worte im Thomas-Evangelium fast wörtlich zu illustrieren scheint. Ramakrishna sang das Lied: »Tauche, mein Geist, o tauche tief in den Ozean der göttlichen Schönheit...« und versank selber schon nach den ersten Versen im Samadhi. Als er aus der Ekstase hervorkam, begann er im Zimmer auf- und abzugehen, der Außenwelt noch immer nicht ganz bewußt. Er zog an seinen losen Kleidungsstücken und schließlich nahm er sie und warf sie auf den Boden mit den Worten: »Ach, was für ein Unsinn! Weg damit!«[44]

Man braucht hier wohl kaum hinzuzufügen, daß nicht jeder, der seine Kleider wegwirft, schon das Reich Gottes betritt. Wie im Falle des Hl. Franziskus darf auch die spontane Freude, die ursprüngliche Einfachheit und kindliche »Nacktheit« Ramakrishnas nicht vom Hintergrund einer strengen Askese getrennt werden. Libertinismus lag Ramakrishna so fern wie die langen Gesichter einer selbstquälerisch-puritanischen Religion. Gott war für ihn Ananda, höchste Seligkeit, und sein »Reich« kein preußischer Rechtsstaat - aber auch kein moralisches Chaos.

Eine jede Inkarnation manifestiert das Reich Gottes auf ihre ganz besondere Weise, und es ist wohl müßig, die verschiedenen Aspekte gegeneinander ausspielen zu wollen. Ramakrishna war es zweifellos gegeben, den Ananda-Aspekt besonders zum Ausdruck zu bringen. In den äußersten Ecken seiner oft halb geschlossenen Augen finden wir immer zwei Tränen, die gleichsam der »Überschuß« der göttlichen Freude sind. Und manchmal glaube ich, daß eben diese Tropfen des göttlichen Überflusses das Material sind, aus dem unsere Schöpfung gemacht ist, die letztlich - wie wohl jeder im Grunde weiß - überflüssig ist. Aber eben ein göttlicher Überfluß!

12. Kapitel

GOTT-VATER
UND
GOTT-MUTTER

Ein jeder, ob Hindu, Jude oder Christ, weiß, daß Gott kein Geschlecht hat. Warum sprach dann Jesus von seinem »Vater« und Ramakrishna von seiner »Mutter«? Um uns klarzumachen, daß Gott uns nahe ist, daß er eine Person ist und in eine sehr persönliche Beziehung zu uns treten kann, kurz: daß er an uns interessiert ist wie Eltern normalerweise an dem Wohl ihrer Kinder interessiert sind. Ob wir uns nun an den »Abba« Jesu oder an die »Mutter« Ramakrishnas wenden - in beiden Fällen drücken wir damit eine Intimität aus. Gott ist keine Sache, kein Ding, auch kein starrer byzanthinischer Herrscher, sondern ein lebendiger Gott, der uns näher ist, als wir uns selber sind.

Das Wissen, daß Gott das alles-durchdringende Bewußtsein ist, nannte Ramakrishna *Jnana*. Doch für ihn war der Zustand des *Vijnani* noch höher, der wieder in eine persönliche Beziehung zu Gott tritt und so Erkenntnis und Liebe, Jnana und Bhakti, in sich vereinigt. Ein solcher Vijnani weiß genau, daß Gott sich nicht in irgendwelchen Formen und Begriffen einfangen läßt. Kali oder Krishna mögen von weitem dunkelblau aussehen wie der Himmel oder das Meer, sagte Ramakrishna, doch kommt man ihnen näher, so entdeckt man, daß sie farblos sind - wie Wasser, das man durch die Hände rinnen läßt. Das heißt, Krishna und Kali sind in Wahrheit nichts anderes als das attributlose Brahman. Doch der Vijnani bleibt bei diesem Wissen nicht stehen. Es interessiert ihn wahrscheinlich wenig, ob seine »Rückkehr« zum persönlichen Gott ein Herabstieg oder ein Weitergehen genannt wird - Ramakrishna benutzte beide Ausdrucksweisen. Die Liebe zum persönlichen Gott ist für ihn sowohl ein Weg zur höchsten Erkenntnis, als auch wiederum die Frucht dieser höchsten Erkenntnis. Wenn er sich vorher nach seiner Mutter heiser schrie, so kann er nun mit Ihr spielen - in welcher Form auch immer -, so wie auch Sie mit ihm spielt.

Unter den Verehrern Ramakrishnas befanden sich sowohl

reine Bhaktas als auch Jnanis, denen es hauptsächlich um die Verwirklichung des unpersönlichen Brahman ging. Ramakrishna sah einmal in einer Vision beide Gruppen durch einen Zaun voneinander getrennt. »Auf der einen Seite waren Kedar, Chuni und andere Devotees, die an den persönlichen Gott glauben. Auf der anderen Seite war ein lichterfüllter Raum, in dem Narendra saß, tief im Samadhi versunken... Kedar, ein Anbeter des persönlichen Gottes, schaute hinein und rannte sofort wieder mit einem Schauder davon.«[45]

Es sind also keineswegs nur Christen, die es vor diesem unpersönlichen Brahman schaudern läßt. Ramakrishna kannte beide Aspekte Gottes, und Narendra (Vivekananda) sollte ihm darin folgen - wenn bei ihm auch das Pendel immer ein wenig zur unpersönlichen Seite ausschlug, da in ihm das »Shiva-Element« überwog. Für Ramakrishna kam es nicht so sehr darauf an, welchen Weg man wählte, sondern mit welcher Intensität man ihn ging. Was machte es, ob man seine Göttliche Mutter den persönlichen Aspekt des absoluten Brahman nannte, oder Brahman den unpersönlichen Aspekt der Göttlichen Mutter? Feststand für ihn, daß Sie nicht nur Gegenstand der Anbetung war, nicht nur ein Ziel aller Bhaktas, sondern daß Sie auch den Schlüssel zum Tor der höchsten Erkenntnis in Händen hielt. »Meine Göttliche Mutter hat mir geoffenbart, daß Sie das Brahman des Vedanta ist. Es liegt in Ihrer Macht, die Erkenntnis des höchsten Brahman zu geben, indem Sie das niedere Selbst im Menschen auslöscht. Wenn meine Mutter es will, könnt ihr Brahman durch den Pfad der rechten Unterscheidung und Erkenntnis verwirklichen. Oder ihr könnt auf dem Pfad der Liebe dorthin gelangen. Die Essenz des Bhakti-Pfades besteht aus fortwährendem Gebet um Licht und Liebe und in völliger Ergebenheit in Ihren Willen. Kommt zuerst auf diesem Weg zu meiner Göttlichen Mutter - und ich garantiere euch, daß Sie euch antworten wird, wenn euer Gebet aufrichtig ist. Betet zu Ihr wiederum, wenn ihr das unpersönliche Selbst verwirklichen wollt. Sollte Sie eure Bitte erhören - denn Sie ist allmächtig -, so werdet ihr fähig sein, auch Ihren unpersönlichen Aspekt im Samadhi zu erfahren. Dies ist dasselbe wie Brahma-jnana, die Erkenntnis des höchsten Brahman.«

Daß dem persönlichen Gott hier ein so hoher Platz eingeräumt wird, mag vielleicht so manchen Jnani stören, der in ihm nur einen niedrigen und darüberhinaus illusorischen Aspekt der unpersönlichen Gottheit sieht. Sagte nicht selbst ein Mystiker wie Meister Eckhart, der doch in einer christlichen - also theistischen - Atmosphäre lebte, Gott möge ihn Gottes quitt machen? Aber eben: auch Eckhart mußte Gott zuerst *bitten,* ihn Gottes quitt zu machen, so wie Ramakrishna die Göttliche Mutter um die Erlaubnis bat, von Totapuri in die Erkenntnis der Nicht-Zweiheit eingeweiht zu werden. In dem Bemühen, den persönlichen Gott zu transzendieren, mußten sowohl Eckhart als auch Ramakrishna als menschliche »Ichs« sterben. Sie konnten Gott nicht beiseiteschieben und sozusagen »allein« Einzug halten im göttlichen Grund. Nur wenn sie sich opferten, wenn sie arm im Geiste wurden und die Masken des Ego entfernten, nahm auch Gott seine Maske vom Gesicht, war weder Vater noch Mutter, sondern »ent-wurde« im Grund, in dem es weder Gott noch Kreatur gibt.

Ramakrishna liebte es, immer wieder in diesen unpersönlichen Grund zurückzukehren, in dem er und seine Mutter eins waren, und er liebte es auch, immer wieder daraus hervorzubrechen und mit seiner Mutter zu »spielen« - nicht nur in ihrer Form als Kali oder Durga, sondern auch in allen übrigen göttlichen Formen, die in seinen Augen nur Verkörperungen der einen Shakti, der göttlichen Geist-Energie, waren, die er seine »Mutter« nannte.

Angesichts der zahlreichen Götter und vor allem Göttinnen des Hinduismus überfiel christliche Missionare früher nicht selten die Wut der alttestamentlichen Propheten. Solche Donnerworte sind zwar heute immer seltener zu hören, und es werden schon gar keine Kanonenläufe mehr auf die »Götzenbilder« gerichtet, aber die Grundüberzeugung hat sich wohl kaum geändert: Gott ist *Geist*, er hat keine Frau, und vor allem: er *ist* keine Frau. Damit soll Gott von allem Geschlechtlichen freigesprochen werden, doch im Grunde ist es wohl vor allem das Weibliche, das getroffen werden soll. Etwas salopp ausgedrückt: Gott durfte zwar mit einem wallenden Vaterbart dargestellt werden, aber nicht mit mütterlicher Brust. Dabei ist der Hindu in dieser Hinsicht eigentlich viel konsequenter, denn wenn Gott alles Geschlechtliche transzendiert, dann muß er sich, wenn er sich auf der relativen Ebene ausdrücken will, sowohl als Vater als auch als Mutter offenbaren. Dem Christen, genauer: dem Katholiken, ist es dagegen nur gelungen, Maria, die Muttergottes, im höchsten Himmel leibhaftig Aufnahme finden zu lassen, gleichsam neben dem Sohn thronend, aber theologisch doch noch weit außerhalb der Trinitätssphäre. Alle bisherigen - besonders russische - Versuche, etwas von diesem Weiblichen in Form der Sophia in diese allerheiligste Sphäre eindringen zu lassen, scheiterten als »Häresien«.

Der eine oder andere wird seine antiweiblichen Gefühle vom Beispiel Jesu unterstützt sehen. Wandte sich dieser nicht immer wieder von seiner irdischen Mutter ab, mit oft sehr harten Worten, und seinem himmlischen Vater zu? »Irdische Mutter« läßt sich leicht in »Mutter Erde« umkehren, und so wie sich Jesus von seiner Mutter abwandte, so distanzierten sich die frühen Christen ausdrücklich vom Magna Mater-Kult des Mittelmeerraumes, der auch bald völlig vom Erdboden verschwand - um dann in gewandelter Form als Marienkult wieder zu erstehen, denn das Unbewußte, das auch nach einem weiblichen Archetyp verlangt, konnte dieses entstandene Vakuum auf die Dauer nicht ertragen.

Dadurch ergab sich jedoch auch bald eine gewisse Diskrepanz zwischen der bildlichen Darstellung in der christlichen Kunst, in der die Muttergottes fast über den Sohn hinauswuchs und ein eigenständiges Leben zu führen begann, und dem Geist der Evangelien, in denen Jesus wenig mit diesem Weib zu schaffen haben will. Diese Zurückweisung des Weiblichen durchzieht die christliche Literatur wie ein roter Faden. Auch Mystiker wie Eckhart machen hier keine Ausnahme - so wenn dieser etwa vom »Edlen Menschen« sagt: »Er kehrt den Rücken der Menschheit und das Antlitz Gott zu, kriecht der Mutter aus dem Schoß und lacht den himmlischen Vater an.«[46] Die Mutter steht so für alles Irdische, Erdhafte, Menschliche, Unreine, für den Schoß der Natur, dem der wahrhaft geistige Mensch entwachsen muß, will er jemals den »Vater« erkennen, das göttliche, rein geistige Sein.

Nicht, daß es im Hinduismus dem Weiblichen viel besser erginge. Im Sankhya-System ist nur der *Purusha* (ursprünglich: Person oder »Mann«) reines Bewußtsein, während *Prakriti* nur eine blinde Energie und Materie darstellt, eine Begierde und Sucht, der jede eigentliche Intelligenz fehlt - wie der »Magie« Jakob Boehmes. Sie scheint nur intelligent zu sein, weil sich das Licht des Purusha in ihr reflektiert. Im Vedanta entspricht Maya in etwa der Prakriti, und obschon Maya eher ein philosophisches Konzept ist und keine »Person«, so wird sie (!) doch meistens, ob bewußt oder unbewußt, als etwas Weibliches angesehen. Sie ist die große Sphinx und Verführerin, sie ist Unwissenheit und Verblendung, die Gebärerin aller Vielfalt und damit auch der Schleier, der das wahre göttliche Sein verbirgt. Als »Mutter« bringt sie zwar auch ihre großen Gottessöhne hervor, doch diese sind meistens nicht sehr dankbar gegen sie. Die eine Hand Buddhas - dessen Mutter nicht zufällig Maya hieß - weist zwar manchmal auf die Erde, was bedeuten soll: »Auch mich, den Erhabenen, hat die Erde hervorgebracht!« - doch seine Mutter, Maya, starb schon sieben Tage nach seiner Geburt, was meistens so ausgelegt wird, daß die Unwissenheit sich nicht lange halten kann, wenn erst einmal die Sonne der Erleuchtung aufgegangen ist.

Werden die Prinzipien Maya und Prakriti im Hinduismus zu »Göttinnen« personifiziert, so treten sie fast immer nur als Gattinnen oder Shaktis des einen *Ishvara* auf, ob dieser nun als Brahma, Vishnu oder Shiva angesprochen wird. Wie die Sophia des Alten Testaments waren sie *bei* Gott von Anbeginn, doch nicht gleichberechtigt wie der Logos, sondern eben nur als Gehilfinnen, dem *eigentlichen* Gott untergeordnet. Nur im Tantrismus nimmt Shakti eine wirklich prominente Stellung ein - nicht zuletzt deshalb, weil hier der »Herr«, Shiva, zum Symbol eines statischen Bewußtseins wird, das im Hintergrund fast verschwindet und die kosmische Bühne ganz seiner Shakti überläßt.

Der Tantrismus ist gerade in Bengalen weit verbreitet, und es war keineswegs ungewöhnlich, daß Ramakrishna die Göttin Kali zu seiner Wahlgottheit machte. Es wäre doch zu einfach, Ramakrishnas Anbetung Gottes als »Mutter« als eine bloß lokale Angelegenheit beiseitezuschieben. Sieht man in der Reihe der Avataras eine fortschreitende Offenbarung Gottes, so ist Ramakrishnas Betonung des mütterlichen Aspektes keineswegs ein »Zufall«. Ein lokal begrenzter Kult gewann durch die Genialität Ramakrishnas Weltformat. Diejenigen, die ihm nahestanden, müssen wohl etwas von der »Neuheit« dieser Gottesanbetung gespürt haben, auch wenn ihnen der Gedanke, Gott könne auch einen weiblichen Aspekt haben, keineswegs fremd war. Als Sarada Devi nach dem Tod Ramakrishnas einmal dessen Größe pries, sagte jemand: »Ich kenne nur meine Mutter,« - womit Sarada Devi selber gemeint war. Diese erwiderte: »Es war der Meister, der uns den Namen »Mutter« gelehrt hat. Wußten die Leute vorher, daß Gott unsere Mutter ist?

Es ist Ihre Schöpfung... «[47]

Dabei handelt es sich natürlich nicht um einen radikalen Umsturz aller vorherigen Vorstellungen, der »Vater«-Gott wurde nicht abgesetzt und die Mutter an dessen Stelle auf den höchsten Thron erhoben. Doch es handelte sich wohl um eine notwendige Geste, die gleichsam einen gesunden Ausgleich in der himmlischen Wertskala schuf - ähnlich wie das Dogma von der leibhaftigen Aufnahme Marias in den Himmel neben vielen verständlichen Protesten auch positive Kommentare hervorrief, so von C.G. Jung und Teilhard de Chardin, die zwar wahrscheinlich nicht an den buchstäblichen Inhalt dieses Dogmas glaubten, aber für die Symbolik dieser Aufnahme des Irdisch-Mütterlich-Weiblichen in den Himmel doch etwas übrig hatten. So schrieb Teilhard de Chardin: »Ich bin mir der bio-psychologischen Notwendigkeit des 'Marianischen' (als Ausgleich zur 'Männlichkeit' Jahwes) zu sehr bewußt, als daß ich das tiefe Bedürfnis für diese Geste nicht fühlen würde.«[48]

Worauf es Ramakrishna vor allem ankam, wenn er Gott als Mutter anbetete, haben wir bereits angedeutet: die »Intimität« mit Gott. Der Vater wird gewöhnlich weiter entfernt gedacht als die Mutter, weshalb Gott wohl in allen semitischen Religionen, in denen sich zwischen Schöpfer und Geschöpf ein weiter Graben auftut, niemals als Mutter verehrt werden kann. Es bedarf schon einer gewissen »pantheistischen« Atmosphäre, um eine solche Mutterverehrung aufkommen zu lassen. Teilhard de Chardin, der mit einem »außerkosmischen« Gott nie viel anfangen konnte, war oft nahe daran - so wenn er etwa in einem Brief schrieb: »Wieder einmal scheint die große belebende Kraft, der uns zu überlassen so gut für uns ist, die inneren und die äußeren Kräfte der Welt auf mütterliche Weise in Harmonie um mich herum gebracht zu haben.«[49] Diese Kraft oder Shakti, die alles belebt und durchwebt, überlassen viele Christen gern den »Dichtern«, da sie selber ihr Herz mit einem eisernen Besen von allen pantheistischen Gefühlen reingefegt haben. Gott muß der »Ganz Andere« bleiben, der die Welt souverän aus dem Nichts erschafft und mit seinen Kreaturen machen kann, was er will. Er offenbart sich höchstens in historischen »Bombentrichtern« (Barth), und selbst wenn er Mensch wird, ist dies eben auch nur wieder ein solcher Einschlag von oben, der den Menschen fast eher demütigt als erhebt.

Man darf nun jedoch nicht glauben, daß die »Mutter« Ramakrishnas nur eine milde Gegenspielerin Jahwes sei. Seine Kali hat mehr mit dem Gott des Alten Testamentes gemeinsam als mit dem etwas blassen Himmelsvater, den sich viele Christen zurechtgemacht haben. »Die Anbetung Shaktis ist kein Spaß,« sagte Ramakrishna. Sie ist Segen und Fluch, Gnade und Zerstörung. Sie hat etwas von der Irrationalität des Jahwe im Hiob-Buch, von dem Hiob sagt: »Erkennet doch, daß Gott mein Recht gebeugt und er mit seinem Netze mich umgarnte!« (19, 6) Zappeln nicht alle Wesen im Netz dieser seltsamen Göttlichen Mutter, die auch *Mahamaya* genannt wird? Sie mag den einen die Erkenntnis des höchsten Brahman geben (woran der Jahwe des Hiob-Buches allerdings nicht interessiert ist), doch andere verblendet sie mit ihrer Maya der Unwissenheit.

Im christlichen Evangeliumsbericht führt der Geist Gottes (der in einem apokryphen Text als Jesu *Mutter* bezeichnet wird!) Jesus nach der Taufe nur in die Wüste, um Satan dann alles weitere zu überlassen. Man muß sich jedoch fragen, ob man wirklich nur dem Teufel alles in die Schuhe schieben kann. Hatte nicht auch Gott, zu dem Jesu doch immerhin betete: »Und führe uns nicht in Versuchung!«, einen direkten Anteil an diesen Versuchungen?

Swami Premananda, ein Schüler Ramakrishnas, schlief einmal in demselben Raum wie dieser. Mitten in der Nacht erwachte er und sah den Meister im Zimmer auf- und abgehen. Ramakrishna war in einem seltsamen erregten Zustand und spuckte mehrmals auf den Fußboden, wobei er ausrief: »Pfui! Ich spucke drauf! Ich will es nicht, Mutter, nimm es wieder fort! Versuche mich nicht damit!« Als Premananda ihn später fragte, was das Ganze zu bedeuten gehabt hätte, sagte Ramakrishna: »Ich erwachte plötzlich und sah, wie sich mir die Göttliche Mutter näherte, einen Korb in der Hand haltend. Sie hielt ihn mir hin und drängte mich, alles, was in dem Korb war, anzunehmen und als mein Eigentum zu betrachten. Als ich hineinblickte, entdeckte ich, daß die Mutter mir weltliche Ehren anbot. Sie sahen so scheußlich aus, daß ich mich angeekelt abwandte und die Mutter bat, ihre Verlockungen wieder zurückzunehmen. Daraufhin lächelte sie und verschwand.«[50]

Ein recht seltsamer Gott, der selbst seine glühendsten Verehrer in Versuchung führt. Ramakrishna machte für alles Übel in der Schöpfung keinen Satan verantwortlich, sondern er sah auch in der dunklen, negativen Seite einen Aspekt seiner Mutter. Sie war, als das Absolute, jenseits von Gut und Böse, und drückte sich auf der relativen Ebene deshalb sowohl durch das Gute als auch das Böse aus. Trotz dieser schillernden Natur war sie jedoch für Ramakrishna keineswegs nur ein irrationales Monstrum, ein seltsames Gemisch aus Licht und Dunkelheit, sondern es gab in ihrer Maya eine Hierarchie, einen Aufstieg von der Dunkelheit zum Licht, vom Nichtwissen zum Wissen, von der Verblendung und irdischen Trägheit zum Jubel göttlicher Ananda. Hätte es eine solche Stufenleiter nicht gegeben, wäre es sinnlos gewesen, in der Mutter Zuflucht zu suchen - wozu Ramakrishna die Menschen ja immer wieder so dringend aufforderte. Wer wirklich alles, aber auch *alles* zu Ihren Füßen niederlegte, wer sich selber als ein Brandopfer darbrachte, hatte nichts zu fürchten: die Mutter entfernte lächelnd die Versucher-Maske von ihrem Gesicht und ihr Anbeter gewahrte einen Ozean des göttlichen Bewußtseins und der göttlichen Liebe.

Ramakrishna sprach oft vom Dorn des Bösen und der Unwissenheit, der uns im Fleisch steckt. Mit Hilfe eines anderen Dornes - dem des Guten und des Wissens - können wir ihn entfernen, um dann jedoch zuletzt beide Dornen fortzuwerfen. Dies besagt natürlich nicht, daß der Erleuchtete keine gute Tat mehr verrichten könnte; er ist so gereinigt, daß das Gute zu seiner Natur geworden ist. Doch er ist an das Gute nicht mehr gebunden, er hat den Bereich bloßer »Moral« überschritten und ist in den göttlichen Grund getaucht, der sich in keine Begriffe mehr einfangen läßt. Ein solches Fortwerfen beider Dornen muß keineswegs zu einem Zustand kalter Gleichgültigkeit führen. Auch wer die reine *Liebe* Gottes erfahren will, und nicht nur Brahma-*jnana*, muß über bloße moralische Begriffe hinausgehen. Deshalb betete Ramakrishna zu seiner Göttlichen Mutter: »Mutter, hier nimm Dein Wissen und Deine Unwissenheit, Deine Reinheit und Deine Unreinheit, Dein Gutes und Dein Böses, Deine Tugend und Deine Sünde. Nimm dies alles zurück und gib mir nur reine Liebe zu Dir.« (Bezeichnenderweise fügte er jedoch manchmal, wenn er über dieses Gebet sprach, hinzu: »Doch ich konnte nicht sagen: 'Nimm zurück Deine Wahrheit und Deine Unwahrheit.' Alles konnte ich der Mutter zurückgeben, nur nicht die Wahrheit.«)

Ein Mensch, der sich Gott so ausliefert, geht weit über alle hinaus, die sich nur in der Güte Gottes sonnen wollen und so genau wissen, daß Gott auf ihrer Seite ist. Jesus lieferte sich seinem Vater auf so radikale Weise am Kreuz aus, das nicht zufällig ein Symbol für den Zusammenfall aller Widersprüche, für die Totalität des Seins ist. (Die vier Enden des Kreuzes und die vier Arme Kalis!) Dies ist Liebe um ihrer selbst willen: alles, was die Schöpfung zu bieten hat, das Gute wie das Schlechte, wird dem Urheber der Schöpfung zurückgegeben. Und da auch der Anbeter ein Bestandteil der Schöpfung ist, gibt er sich auch selber zurück: Alles gehört Dir, o Gott, dieser Leib, dieser Atem, die Gefühle, die Gedanken, die Konzepte von Reinheit und Unreinheit, Gut und Böse, Tugend und Sünde. Diese Liebe ist nackt, sie will nicht Gott um seiner Gaben willen, sondern um seiner selbst willen. Diese Liebe ist eins mit der wahren Erkenntnis, die - wie Meister Eckhart sagt - Gott nicht einmal unter dem Mantel der Gutheit haben will, sondern als das nackte Eine. Es ist eine Liebe »ohne ein Warum«.

Ramakrishnas Leben war im Grunde ein einziger langer Dialog mit seiner »Mutter«. Sie war *in* ihm als die geistige Kundalini-Kraft und als der Eine, der ihm alles offenbarte. Nie hatte er das Gefühl, daß *er* sprach, sondern daß die Mutter durch ihn sprach. Brauchte er ein Gleichnis, zeigte ihm die Mutter sofort ein »Bild« - meist aus dem einfachen bengalischen Landleben, das er aus eigener Anschauung sehr gut kannte. Manchmal hatte er Angst, wenn er mit einem großen Pandit sprechen sollte, doch die Mutter offenbarte ihm das Innere dieser oft eitlen Gelehrten und alle Furcht verschwand: er fühlte, wie eine Kraft in seinen Kopf hinaufkroch, und was er dann sagte, war so direkt und treffend, daß der buchstäblich Betroffene in sich zusammenfiel und weinte; das menschliche Ego hielt dieser Kraft nicht lange stand.

Die Mutter offenbarte sich ihm auch in den verschiedensten göttlichen Formen, den himmlischen Masken ihrer höheren Maya. Sie offenbarte sich ihm weiterhin »draußen« als die Schöpfung in ihren vielfältigen Aspekten - selbst der eitle Pandit war in seiner ganzen Eitelkeit nichts anderes als eine Manifestation der Göttlichen Mutter. Sie war der Heilige und der Sünder, die Dirne und der Mönch. Oft geriet er außer sich, weil er sah, daß nichts existierte außer seiner Mutter, daß Sie zu allem geworden war - und er verstreute überallhin Blumen und tanzte. Dann sah er sie wiederum besonders manifestiert in der Kali-Statue des Tempels, die er durch seine glühende Anbetung zum Leben erweckte. Die formalen

Riten, die von ihm als einem Priester erwartet wurden, gingen sehr bald in spontane Gesten und Dialoge über, die Beobachtern als die Akte eines Wahnsinnigen erschienen. Er erhob sich von seinem Meditationssitz, schwankend wie ein Betrunkener, kletterte auf den Altar und begann, die Mutter zu liebkosen. Er sang, lachte, scherzte mit ihr, und manchmal hielt er ihre Hände und begann zu tanzen. Ein »Jongleur de Dieu«? Ein »Gaukler unserer Lieben Frau«? Drückte der Sohn etwa plötzlich alle Gefühle aus, die er in seiner Inkarnation als Jesus unterdrückt hatte? Oder waren Vater und Mutter endlich zusammengewachsen, hatte sich der Himmel mit der Erde vermählt? Was wissen wir von den verborgenen Dramen, die Gott in seinen Inkarnationen spielt! »Ich kann jetzt noch nicht alles offenbaren,« sagte Ramakrishna manchmal, »die Mutter verschließt mir den Mund. Ich werde mich noch einmal verkörpern müssen.«

Doch immerhin offenbarte die Mutter durch ihn, wie man sich Ihr nähern sollte, und diese Offenbarung unterschied sich kaum von den Worten Jesu: »Klopfet an und es wird euch aufgetan«. Ramakrishna hatte auch nichts dagegen, wenn man dabei mit den Fäusten hämmerte. Die Vorstellung, daß wir arme Sünder seien und es nicht wagen könnten, uns Gott zu nähern, hielt er für einen morbiden Minderwertigkeitskomplex – was jedoch keineswegs bedeutet, daß er dem Pharisäer den Vorzug vor dem reumütigen Zöllner gegeben hätte. Wirkliche Reue hielt er natürlich für etwas Gutes, doch er sah nicht ein, warum die Menschen nur ewig wie Würmer im Staub kriechen sollten, anstatt sich zu erheben und die in ihnen schlummernde Göttlichkeit zu manifestieren. Wozu Furcht? »Die Zitadelle Gottes muß im Sturm genommen werden,« sagte er. Er betonte, daß die Erkenntnis unserer wahren Natur unser Geburtsrecht sei, daß wir es von Gott fordern sollten. Sind wir nicht Kinder Gottes? Wer zuviel von Dankbarkeit gegenüber Gott sprach, wurde von Ramakrishna zurechtgewiesen: Ist es nicht selbstverständlich, sagte er, daß Gott sich um seine Kinder kümmert? Ist er nicht unser Vater und unsere Mutter? Wer sonst soll sich wohl um die Kinder sorgen – etwa die Nachbarn?

Trotz dieser mütterlichen Fürsorge liegt es jedoch auch am Menschen, Gott auf sich aufmerksam zu machen. Die »Mutter« Ramakrishnas scheint nicht so direkt einzugreifen wie der Jahwe des Alten Testamentes – wenn auch nichts ohne Ihren Willen geschieht. Während Jahwe fortwährend erstaunt und zugleich erbost darüber zu sein scheint, daß sich seine Geschöpfe nicht anständig aufführen, und immer wieder in ihre Geschichte eingreift, um sie zurechtzuweisen, ist das Verhalten der Mutter indirekter - mehr wie die Sonne, die über Gerechte und Ungerechte scheint. Ihr Erziehungsmotto ist: Wachsen lassen. Sie hat mehr Geduld als der Vater, auch mehr Vertrauen. Sie weiß, daß jedes ihrer Kinder ein schlafender Gott ist, jetzt noch eingelullt von ihrer Maya, verführt von ihren weltlichen Spielzeugen - doch eines Tages wird ein jedes von ihnen aufwachen und seine wahre Natur verwirklichen. Sie kann zwar auch manchmal das Spiel stören, kann Sand in ihr eigenes Getriebe streuen und sich auch von ihrer schrecklichen Kali-Seite zeigen, um die Menschen aufzuschrecken und sie an ihre wahre Heimat zu erinnern. Doch es herrscht keine Torschlußpanik und vor allem auch kein so großer Leistungszwang wie in einem ausschließlich »väterlichen« Klima. Die Mutter liebt ihre Kinder um ihrer selbst - und nicht so sehr um ihrer Leistungen willen. Schließlich gehört jede Leistung auch nur zu *Ihrem* Spiel, ist auch nur einer von unzähligen Tanzschritten ihres ewigen Werdens, auch wenn die Menschen glauben, sie selber hätten die Leistung vollbracht.

Man müßte ein ganzes Buch schreiben, wollte man noch näher auf die ganze Problematik der Vater-Mutter-Psychologie eingehen. Einerseits darf man die Unterschiede nicht überbetonen, und man kann wohl ganz allgemein sagen, daß Ramakrishna denselben Gott anbetete wie Jesus. Ramakrishna machte nie ein »Dogma« daraus, daß Gott nun plötzlich nur noch Mutter und nicht mehr Vater sei. Er sprach oft genug auch von Ihm, dem Herrn. Doch andererseits kann es auch nicht völlig gleichgültig sein, wenn auf einmal der mütterliche Aspekt so sehr in den Vordergrund geschoben wird. Was bisher bescheiden und oft verachtet im Hintergrund stand - als der Schoß, der alle Wesen gebiert, auch den Gottessohn - kam nun mehr nach vorn und vermählte sich in gewissem Sinne mit dem »Vater«. Der Dualismus von Geist und Materie, von Gott und Natur wurde damit aufgehoben. Die Göttliche Mutter war für Ramakrishna vor allem *Chit-Shakti*: Geist-Energie. Keine blinde Sucht also, auch kein lebloser Materie-Klotz, sondern ein Wesen, das den Gott der theistischen Religion und die dynamische Materie des DIAMAT (Bloch'scher Prägung) zumindest sehr nahe zusammenbringt. Sie ertrinkt zwar keineswegs so sehr im rein Immanenten wie die Materie Ernst Blochs, sie hat sehr wohl auch ihre transzendente Seite, doch sie ist nichtsdestoweniger für den »religiösen« Materialisten kein so großes Ärgernis wie ein Vatergott, der plötzlich aus dem Nichts eine Schöpfung »macht«. Die Shakti Ramakrishnas gleicht - wie das Brahman der älteren Upanishaden - einer Spinne, die ihr Netz aus sich selber hervorbringt. Sie ist Zeit, Raum und Kausalität. Sie ist die dynamische Seite des Absoluten, und wer ganz um sie herumgeht, entdeckt, daß sie - von »hinten« gesehen - auch jenseits von Zeit und Raum und jenseits aller Formen und persönlichen Züge ist.

Eine Betonung des weiblichen Aspektes Gottes verschließt vor allem die Augen nicht vor dem sphinxhaften Charakter des Daseins. Wäre das Weltall nur von einem völlig von der Ratio beherrschten und ein wenig »preußischen« Vatergott geschaffen worden, wäre ein Mona Lisa-Lächeln in eben diesem Universum undenkbar. Aber es ist da, dieses rätselhafte verführerische Lächeln, und anstatt es nur dem Teufel zuzuschreiben, ist es weit besser, auch in Maya Gott zu sehen. »Ohne Gott zu kennen, kann man nicht wissen, was eine Frau in ihrem wahren Wesen ist,«[51] sagte Ramakrishna einmal. Man könnte diesen Satz vielleicht auch umkehren: Wer das Wesen der Frau nicht erfaßt hat, kann unmöglich das *ganze* Wesen Gottes kennen.

13. Kapitel
SARADA DEVI

Die Stellung, die Maria im Weltbild eines frommen Katholiken hat - als Jungfrau und Gottesmutter, als Inbegriff der Reinheit, als Himmelskönigin - nimmt für einen Verehrer Ramakrishnas nicht so sehr dessen leibliche Mutter, sondern dessen Frau, Sarada Devi, ein. Wir erwähnten schon in unserer kurzen biographischen Skizze, daß die Ehe zwischen Ramakrishna und Sarada nie im normalen Sinn vollzogen wurde, Sarada wurde nie Mutter von Kindern, wenn auch sehr bald eine große Anzahl von Menschen sie als ihre »Mutter« betrachteten, als *Sri Ma*, die »Heilige Mutter«.

Es wurde Ramakrishna manchmal vorgeworfen, daß er das Weibliche so geheiligt und auf einen so hohen Thron erhoben habe, daß er es dadurch - besonders im konkreten Falle seiner Frau - seiner natürlichen Funktion beraubt habe. Doch Ramakrishna zwang Sarada nie zum Verzicht auf den Vollzug der Ehe; er sagte ihr in sehr klaren Worten, daß sie als Frau ein Recht auf ihn habe. Doch es war *ihr* ebenso klar, daß Ramakrishna kein normaler »Ehemann« war, sondern daß er in einer völlig anderen Region lebte, so wie auch er wußte, wer sich in Wahrheit in seiner Gattin verkörperte. Es gab hier keinen Konflikt, es bedurfte keiner langen Überredung. Ihre Vereinigung vollzog sich nicht auf der physischen Ebene, sondern auf der Ebene des Samadhi. Diese mystische Hochzeit ist kein blasser Abglanz der sexuellen Vereinigung, sondern es ist eher umgekehrt: die letztere ist ein schwacher Reflex dieser absoluten Einheit, ein Tropfen Anandas im Relativen, der jedoch schnell wieder auf dem heißen Stein des Lebens verzischt.

Wen Ramakrishna in Wahrheit in Sarada verehrte, offenbarte er an einem Frühlingstag des Jahres 1872, am 25. Mai - einem Tag, an dem ein besonderer Gottesdienst zu Ehren Kalis abgehalten wurde. Ramakrishna »inthronisierte« Sarada an diesem Tag, er betete sie an als die Göttliche Mutter und brachte ihr alle Opfergaben dar, die sonst Kali geweiht wurden. Als er ihr etwas von der geopferten Speise zu essen gab, versank ihr Geist im Samadhi. Ramakrishnas Geist folgte sofort dem ihren, und beide blieben mehrere Stunden lang in diesem Zustand höchster Vereinigung. Mehr als die Hälfte der Nacht war bereits vergangen, als Ramakrishna wieder zum Bewußtsein der Außenwelt zurückkehrte. Er brachte nun die letzte Opfergabe dar: sich selbst. Er legte der Göttlichen Mutter, die in der Gestalt Saradas vor ihm saß, die Früchte aller seiner religiösen Anstrengungen zu Füßen nieder, zusammen mit seinem Rosenkranz. Nichts mehr gehörte nun ihm. Hatte er nicht alles von der Mutter empfangen - auch seine Ekstasen, seine zahlreichen Visionen? Er zog die völlige Nacktheit und »Armut im Geiste« einem äußeren Glänzen vor. Er klammerte sich nicht an die Früchte seiner geistigen Arbeit, und wahrscheinlich behielt er sie deshalb in einem reichlicheren Maß als alle, die sich auf dem Plateau, das sie mit großer Mühe erreicht haben, ausruhen und sich nun im Licht ihrer Größe sonnen.

Wer in Ramakrishna und Sarada Devi *mehr* sieht als nur zwei bengalische Dörfler, die durch völlig veraltete Heiratsvorstellungen mehr oder weniger »zufällig« zusammengeführt wurden, sieht natürlich auch in der soeben geschilderten Szene mehr als eine bloße »Zeremonie«. Er geht vielleicht sogar noch weiter und sieht in ihr noch mehr als die Vereinigung zweier Individuen auf einer hohen geistigen Ebene. Er sieht in ihr die »Himmlische Hochzeit« des Sohnes und seiner Shakti, die nun nicht mehr völlig im Hintergrund steht als die »Magd des Herrn«, sondern als »Gemahlin« auf dem höchsten Thron sitzt, als die Verkörperung der Weltenmutter, vor der sich auch der Sohn selber demütig verneigt. Es ist die wörtlich genommene *leibliche* Aufnahme der Jungfrau in den Himmel, nicht als Dogma verkündet, sondern auf Hindu-Art zelebriert.

Dies hinderte Sarada Devi natürlich nicht daran, in ihrem Leben so demütig zu sein wie Maria. Sagte jemand nach dem Tod Ramakrishnas zu ihr, sie und der Meister seien eins, rief sie aus: »Schäm dich! Nie darfst du so etwas wieder sagen, mein dummes Kind. Ich bin seine Magd. Hast du nicht im 'Evangelium Ramakrishnas' gelesen: 'Ich bin nur die Maschine, die Du bedienst! Ich bin das Haus und Du der Bewohner! Ich tue, was Du mich tun läßt!'? - Alles ist der Herr. Es gibt nichts außer Ihm.«[52]

Bedenkt man, wie oft Ramakrishna dieselben Worte benutzte, um sich vor der Göttlichen Mutter klein zu machen und sich als ein »Nichts« darzustellen, kommt fast so etwas wie Ironie in dieses eigenartige Spiel. Shiva verehrt seine Shakti, und Shakti verehrt Shiva und ein jeder beteuert, der andere sei der Größere und wälzt alle Verantwortung auf ihn ab. Bat jemand Ramakrishna um etwas, so sagte dieser meistens, er solle die Göttliche Mutter darum bitten, von deren Willen alles abhänge. Bat jemand später, nach dem Tod Ramakrishnas, Sarada Devi um etwas, so verwies ihn diese meistens weiter an Ramakrishna, den »Herrn«.

Wie Maria gilt auch Sarada als die Verkörperung der reinen Jungfrau. Als junges Mädchen blickte sie einmal zum Mond auf und rief: »Oh, selbst der Mond hat Flecken! Gewähre mir, Gott, immer fleckenlos zu bleiben!« Sie gilt als vom Herrn »ausersehen«, denn als man den jungen Ramakrishna verheiraten wollte - nicht zuletzt deshalb, um ihn wieder »normal« zu machen - und man zuerst kein geeignetes Mädchen finden konnte, rief er aus: »Geht zur Familie des Ram Mukhopadhyaya im Dorf Jayrambati. Die Vorsehung hat meine Braut mit einem Strohhalm markiert.« Diese Worte bezogen sich auf einen bengalischen Brauch, der darin bestand, daß man eine besonders schöne Frucht, die man später, wenn sie reif geworden war, Gott als Opfergabe darbringen wollte, mit einem Stohhalm umband, damit niemand sie pflückte und verkaufte. Daß Sarada Devi selber keinen Zweifel daran hatte, daß ihr Zusammentreffen mit Ramakrishna kein »Zufall« war, wird besonders in einem recht seltsamen Monolog offenbar, den einer ihrer Devotees mit anhörte: »Diese wiederholte Reise zur Erde! Gibt es da kein Entkommen? Wo immer Shiva ist, da ist auch seine Shakti. Sie sind immer zusammen. Es ist immer wieder derselbe Shiva und dieselbe Shakti. Es gibt da kein Entkommen.«[53]

Doch nicht jeder erkannte gleich ihre Größe. »Sie ist wie eine Katze, die sich in der Asche versteckt,« sagte Ramakrishna von ihr. Von Szenen wie der oben erwähnten Zeremonie einmal abgesehen, trat sie zu Lebzeiten Ramakrishnas kaum in den Vordergrund, und einige der Jünger entdeckten erst nach einiger Zeit, daß sie überhaupt existierte; denn wenn Ramakrishna zu den weiblichen Devotees sprach, war selten ein männlicher Schüler zugegen - und umgekehrt. Für eine damalige Hindu-Frau wäre es kaum möglich gewesen, sich ganz ungezwungen in den Kreis der männlichen Freunde ihres Gatten zu mischen. Wenn Ramakrishna sang und im Kreis der auserwählten Jünger tanzte, schaute Sarada oft durch ein Loch in der Wand zu. Ganz so weit entfernt sind wir also doch nicht von den christlichen Evangelien, in denen die »Muttergottes« nur immer in der Ferne am Horizont auftaucht, und Jesus aus dem

Abendmahl eine so ausschließliche Männersache macht.

Nach dem Tod Ramakrishnas wurde Sarada jedoch bald zum heimlichen Oberhaupt der Bewegung. Ramakrishna hatte ihr vor seinem Fortgang gesagt: »Sieh her! Willst du nicht auch etwas tun? Muß ich alles allein verrichten?« Als sie protestierte: »Aber was kann ich denn tun? Ich bin doch nur eine Frau!« sagte er: »Nein, nein. Du wirst viel Arbeit zu verrichten haben.« Am Tag seines Verscheidens sagte er zu ihr, auf Narendra und die anderen Jünger hinweisend: »Sie werden für dich sorgen, so wie sie für mich gesorgt haben.« Durch mehrere Erscheinungen nach seinem Tod machte er ihr klar, daß sie keine Witwe sei, daß er nur von einem Zimmer ins andere gegangen sei und die »Bewegung« weiter inspiriere. Sie selber hatte zwar nichts mit der offiziellen Leitung des Ordens zu tun, der unter der Führung Swami Vivekanandas langsam Gestalt annahm, doch ihr Wort galt in vielen Dingen als die Stimme des Meisters selber, als der Schlußstrich unter so manche Diskussion.

Viele fühlten, daß Ramakrishna seine Lehre von der Göttlichen Mutter und seine Würdigung der Frau nicht nur in den von seinen Schülern aufgezeichneten Worten hinterlassen hatte, sondern in Fleisch und Blut: eben in Gestalt seiner Lebensgefährtin. Shakti, die weibliche Form, wird im Hinduismus oft als die »Gnade« Gottes angesehen, sie ist gleichsam sein »Glanz«; und wie Ramakrishna oft betonte, ist die Sonne nicht verschieden von ihrer Ausstrahlungskraft. Verkörperte Vivekananda vor allem die heroische, aktive Seite dieser Energie, so war Sarada Devi die Fleischwerdung der Liebe, des Erbarmens, der Gnade. Menschen jeden Alters und jeder Klasse kamen zu ihr, zur »Mutter«, und niemand wurde abgewiesen. Schon zu Lebzeiten Ramakrishnas hatte sich diese mütterliche Liebe, die sich auf alle ausgoß, oft genug manifestiert und manchmal auch kleinere Konflikte hervorgerufen - Konflikte, die vor allem zeigten, daß Sarada keineswegs nur völlig im Schatten ihres »Herrn« stand, sondern auch ihren eigenen Willen haben konnte. Als sie einmal das Essen zu Ramakrishna trug, sagte eine Frau, die gerade zugegen war, zu ihr: »Mutter, laß mich den Teller tragen.« Sarada erlaubte es ihr, und die Frau setzte das Essen vor Ramakrishna nieder und verließ nach einer tiefen Verbeugung den Raum. Ramakrishna wußte jedoch, daß das Leben dieser Frau moralisch nicht einwandfrei war, und obschon er oft in seinen Gott-trunkenen Zuständen in allen Menschen nur das Göttliche sehen konnte, selbst in einer Prostituierten, war er nun unglücklicherweise nicht ganz so trunken, sondern in einer seiner übersensitiven Stimmungen, in denen er nur das Essen anrühren konnte, das ihm von einem durch und durch reinen Menschen gebracht wurde. Er erklärte Sarada seine prekäre Situation und sagte: »Versprich mir, daß du dieser Frau nie mehr erlaubst, den Teller zu berühren.« Sarada erwiderte darauf: »Ich kann kein solches Versprechen geben, doch ich werde von nun an versuchen, dir das Essen selber zu bringen. Wenn jemand mich *Mutter* nennt und das Essen zu dir tragen will, kann ich unmöglich Nein sagen. Du darfst nicht vergessen, daß du nicht nur mein Herr bist; du bist der Herr *aller* Wesen.« Ramakrishna aß daraufhin.

»Das Gift, das wir nicht zu schlucken vermögen, schieben wir auf sie ab,« schrieb Swami Premananda, einer der direkten Schüler Ramakrishnas, später in einem Brief. »Und die Mutter begrüßt es. Welch' unendliche Kraft! Welch' unermeßliches Erbarmen! Wir sahen nicht einmal den Meister (Ramakrishna) so handeln. Wie sehr prüfte er die Menschen, bevor er sie akzeptierte! Und was finden wir hier? Seltsam, höchst seltsam. Sie bietet jedem und allen ihren Schutz an. Mutter! Oh, Mutter!«[54]

Betrachtet man die manchmal fast überempfindliche Reinheit von Inkarnationen wie Jesus und Ramakrishna, und vergleicht sie mit Jahwe oder Kali, so scheinen sie oft weit besser abzuschneiden als der Gott, den sie anbeten. Sie scheinen nur den hellsten, den reinsten Aspekt der Gottheit zu verkörpern, die sich sowohl im Guten als auch im Übel ausdrückt. Doch in einer Verkörperung wie Sarada Devi verbindet sich diese Reinheit noch mit einer ausgesprochen demokratischen Gleichheit. Sie schluckt alles und nennt alle Menschen ihre Kinder. Man darf den Kontrast natürlich nicht zu stark herausarbeiten, denn auch Jesus und Ramakrishna schluckten das Übel der Welt und setzten sich oft genug über die Schranken hinweg, die ihnen das Judentum bzw. der Hinduismus setzten. Doch sie waren wählerischer, sie sammelten einen »inneren Kreis« um sich und hüteten sich, die Perlen vor die Säue zu werfen. Als Verkörperung des Logos, der die Evolution vorantreibt, muß der Avatar wohl auswählen, während das weibliche Element diese Unterschiede zwar nicht völlig einebnet, aber doch die scharfen Kanten abrundet. Die Mutter liebt die Kreaturen, weil sie ihre Kinder sind. Notwendig sind wohl beide Haltungen und sie müssen sich gegenseitig ergänzen. Gäbe es *nur* das mütterliche Element, so würde eine zu große »Einebnung« wohl allen Fortschritt erschweren, während eine zu einseitige Betonung des männlichen Logos wohl auch im geistigen Bereich nur eine Leistungsgesellschaft hervorbringen würde. Glücklicherweise ist natürlich im Yang immer ein wenig (und manchmal sehr viel) Yin und umgekehrt. Sobald wir das Weibliche und Männliche fein säuberlich getrennt haben, stolpern wir gleich wieder über zahlreiche Details, die unsere Rechnung nicht ganz aufgehen lassen: Ramakrishna zeigt sich dann plötzlich wieder ganz in seinem mütterlichen Element und Sarada Devi wendet ihr Gesicht am Ende ihres Lebens, in ihren letzten Stunden, plötzlich von allen Menschen ab, um sich ganz auf das Ewige zu konzentrieren.

Diese Abwendung vom irdischen Leben hatte sich schon angekündigt, als der Tod Ramakrishnas sie zutiefst erschütterte und sie keinen Sinn mehr in einem Leben ohne ihren Gatten sah. Doch in einer Vision zeigte ihr Ramakrishna ein etwa 10-jähriges Mädchen und sagte: »Halte dich an diesem Mädchen fest und lebe weiter. Denn viele Gottsucher werden zu dir kommen.« Dieses Mädchen, Radhu, die Tochter einer geisteskranken Schwägerin von ihr, band ihren Geist weiter an die relative Welt, und viele Menschen, die sie so völlig in der Sorge um dieses schwer erziehbare Kind und auch um zahlreiche andere Verwandte aufgehen sahen, konnten kaum etwas von ihrer geistigen Tiefe ahnen, die sie unter all dieser »Maya« verbarg. Als jemand sie einmal in der Küche sah und sagte: »Oh Mutter, wie sehr hat dich Maya umstrickt,« erwiderte sie nur: »Ich selbst bin Maya.« Sie konnte sich binden und sich auch wieder befreien. Doch wenn es ihr später auch einmal möglich war, ihren Geist einmal völlig von der Schöpfung abzuwenden, so bleibt doch fraglich, ob sie - und auch der »Herr« - es vermochten, für den Ruf der Kinder längere Zeit ein taubes Ohr zu haben. Sarada sang gern das Lied: »Sieh, der Herr der Demütigen ist zu den Demütigen gekommen!« - und fügte dann hinzu: »Wirklich, meine Kinder sind reine Bettler. Kann der Herr sich ruhig verhalten, wenn sie die Mutter anrufen? Sofort kommt er herab... Es ist immer derselbe Gott. Er kommt wieder und wieder. Es ist derselbe Mond, der jede Nacht am Himmel scheint. Es gibt da kein Entkommen. Er ist in den Klauen seiner Geschöpfe. Sie sind sein eigen. Wer wird sich um sie sorgen, wenn nicht Er? Er sagte: »Wenn immer du mich anrufst, werde ich vor dir erscheinen.«[55]

Selten offenbarte Sarada Devi selber ihre wahre Natur - was das Versteckspiel mit der »Göttlichkeit« anging, so übertraf sie beinahe noch Ramakrishna. Doch manchmal »versprach« auch sie sich. Als sich ein Devotee einmal gerade zum Gehen wandte, sagte die Mutter plötzlich: »Bete zu mir«. Gleich darauf sagte sie: »Ich meine, bete zu Ramakrishna. Das wird dir helfen.« Ihre Nichte Lakshmi, die zugegen war, stellte sie später zur Rede: »Mutter, was willst du damit sagen? Das ist nicht fair. Was sollen die Devotees tun, wenn du sie so an der Nase herumführst?... Erst sagst du: 'Bete zu mir', und dann: 'Bete zu Ramakrishna'!« Sarada Devi erwiderte: »Wenn jemand den Herrn anruft, muß er dann noch sonst etwas tun?« Doch Lakshmi sagte dann zu dem Devotee, die Mutter habe gerade etwas sehr Bedeutsames gesagt und er solle ruhig zu ihr beten.

Eines Nachts sagte ihre Köchin, die sich noch an strenge orthodoxe Reinlichkeitsvorschriften hielt, zu ihr, sie habe einen Hund berührt und müsse deshalb ein Bad nehmen. Die Mutter sagte darauf: »Es ist schon ziemlich spät. Nimm jetzt kein Bad. Wasch dir deine Hände und wechsle deine Kleider.« - »Und was würde das nützen?« fragte die Köchin. »Dann berühre etwas Gangeswasser,« sagte die Mutter. Als auch dies die Köchin noch nicht zufriedenstellte, sagte sie: »Gut, dann berühre mich.«

Ganz einfach zu definieren ist die Beziehung zwischen Ramakrishna und Sarada Devi sicherlich nicht, zumal die Grenzen zwischen Göttlichkeit und Menschlichkeit im Hinduismus - wie wir gesehen haben - oft sehr fließend sind. Kein Dogma belehrt uns darüber, auf welcher Sprosse der Himmelsleiter nun Ramakrishna genau steht und auf welcher Sarada Devi. Obschon Ramakrishna als die eigentliche Inkarnation gilt, sieht man ihre Bilder oft nebeneinander, gleich groß: als das ideale göttliche Paar, und kaum einer der Verehrer ereifert sich darüber, daß etwa nur Ramakrishna Gott sei, Sarada Devi dagegen nur eine »Heilige«. Als die Mutter eines Tages gefragt wurde: »Wenn der Meister der göttliche Herr (Bhagavan) ist, wer bist dann du?« sagte sie ohne Zögern: »Wer sonst soll ich sein als Bhagavati, die Göttliche Mutter des Universums.« Natürlich löst diese Antwort noch nicht das Problem für einen Christen, der sich fragen muß: Gibt es denn zwei verschiedene Götter: Bhagavan, den göttlichen Herrn, und Bhagavati, die Göttliche Mutter? Und warum, wenn die Rollen so genau eingeteilt sind, rief dann Sarada Devi beim Tod Ramakrishnas: »O Mutter Kali, was habe ich getan, daß du von mir gegangen bist und mich allein in der Welt läßt?« Hier ruft die Mutter nach der Mutter, die sie in Ramakrishna verkörpert sah. Doch wenn wir uns auch in recht komplizierten Verhältnissen zu verheddern scheinen, so bleibt es im Grunde doch recht einfach: Gott spielt in seinen Inkarnationen - auch in seinen verkörperten »Shaktis« - seine verschiedenen Aspekte aus, die sich oft gegenseitig durchdringen und sich manchmal auch scheinbar voneinander trennen. Ich gebe zu, daß eine solche »Erweiterung« der Inkarnationslehre schrittweise zu einer All-Inkarnation Gottes führt, das heißt, es gibt nicht das kleinste Staubkörnchen im Universum, das nicht »irgendwie« auch die Fleischwerdung Gottes wäre. Schließlich ist aber in der Inkarnationslehre überhaupt schon immer das Samenkorn einer mehr »pantheistischen« Anschauung verborgen, auch wenn die meisten Theologen bisher alles versucht haben, dieses Samenkorn nicht aufgehen zu lassen. Es muß dann genau dogmatisch festgelegt werden, daß etwa das Thronen der leibhaftig in den Himmel aufgenommenen Mutter und Braut des Herrn neben ihrem Sohn nicht denselben Stellenwert hat wie das Thronen des Sohnes neben dem Vater. Die traditionelle katholische Theologie versucht hier einen abenteuerlichen Balanceakt zwischen den streng monotheistischen Religionen einerseits und dem Hinduismus andererseits, wo es auf eine göttliche Verkörperung mehr oder weniger nicht ankommt. Im Hinduismus ist die Avatar-Lehre mit einer allgemeinen Emanationslehre verbunden, die nicht eine so strenge Trennungslinie zwischen Gott und Mensch zieht, da schließlich alle Lebewesen ihren Ursprung in Gott haben und zu ihm zurückkehren. Die Avataras sind eben nur besondere Manifestationen in dieser allgemeinen Manifestation. Man kann über sie meditieren, man kann ihnen nachfolgen und sich von ihrem Beispiel inspirieren lassen, und wem die ganze Bhakti-Philosophie einmal zu kompliziert und bunt wird, hat im Hinduismus immer die Freiheit, sich in den von allen »Personen« und »Hierarchien« reingefegten Himmel des Advaita zu flüchten, und es ist wahrscheinlich dieser unpersönliche Grund, der es dem Hindu erlaubt, auf der relativen Ebene so »großzügig« zu sein. Wer den persönlichen Gott schon für das Absolute hält, der muß die Reinheit und Andersartigkeit dieses Gottes um jeden

Preis verteidigen und sich vor allen »Vergöttlichungen« hüten. Für wen dagegen die Reinheit und Transzendenz des Göttlichen hauptsächlich durch ein unpersönliches Brahman sichergestellt ist, dem wird es in der Welt der Erscheinungen, in Maya, nur lieb sein, wenn sich dieser Grund so häufig und so intensiv wie möglich durch göttliche Manifestationen ausdrückt. Die Leere des attributlosen Brahman verwandelt sich gleichsam auf dialektische Weise in die *Fülle* der persönlichen Offenbarungen, und es macht dann keinen so großen Unterschied, ob sich das Göttliche durch einen donnernden Jahwe oder durch eine Marienerscheinung kundtut. Der Unterschied zwischen einem Gott, der den Menschen von oben her etwas verkündet, und einem Menschen, der sozusagen nachträglich in den Himmel erhoben wird und von dort Botschaften an die Menschheit richtet, ist in einer solchen Atmosphäre nicht besonders groß, da ja Maria - um bei diesem Beispiel zu bleiben - auch schon von vornherein als eine Manifestation der göttlichen Shakti angesehen wird. Tritt sie nicht heute in ihren Erscheinungen auf wie eine souveräne göttliche Person? Wo ist Jahwe geblieben, wo sind seine göttlichen Offenbarungen? Ist nicht auch im »Himmel« alles im Fluß, wechseln die göttlichen Ausdrucksformen nicht ständig, und ist es nicht fast vermessen, diesen innergöttlichen Reichtum aus unserer Sicht begrenzen und den Fluß einfrieren zu wollen?

Es ist eigenartig: wenn man den Reichtum des Hinduismus nur theoretisch studiert, wird man oft mehr verwirrt als bereichert, doch versucht man in dieser Atmosphäre zu *leben*, lösen sich oft viele scheinbaren Widersprüche von selber auf. Man hat natürlich die Freiheit, diesen Reichtum als unnötig zu bezeichnen, doch dann muß man auch konsequent sein und darf sich nur dem rein negativen Weg widmen, der nur noch aussagt, was Gott *nicht* ist. Wer hier bei einem »protestantischen« bilderfeindlichen und antiweiblichen Vatergott stehenbleibt, hat weder das eine noch das andere: weder den Reichtum noch die Nacktheit des Grundes. Wer dieses positiv ausdrücken will, muß sich bemühen, Gott in *allen* Farben zu sehen, und ich meine, hier lädt das »Spiel« der Inkarnationen zu besonders intensiver Meditation ein.

Was Sarada Devi und Ramakrishna betrifft, so ließe sich zusammenfassend sagen, daß man ihr Verhältnis zueinander auf zweierlei Weise sehen kann. Die erste gleicht ungefähr der Weise, wie ein Katholik Maria und Christus sieht: so wie der Sohn der Vermittler ist zwischen Gott und Mensch, ist Maria wiederum die Vermittlerin zwischen Christus und den Gläubigen. Sie ist die »Gnade« des Sohnes und die Fürsprecherin der Menschen. Ganz ähnlich nimmt auch Sarada Devi als »Zweite« den Platz neben Ramakrishna ein, als seine Gefährtin und Magd, und zugleich als Mutter, die uns zugänglicher ist als der Herr. Gerade ihre Demut und »Niedrigkeit« macht sie vordergründiger, sie steht uns näher, sie steht »vor« dem Herrn und führt die Menschen zu ihm hin, der sich nicht so leicht in Visionen zeigt wie die Mutter, die vielen ihrer Devotees, die zu ihr rufen, erscheint.

Doch wir sprachen auch schon mehrmals von ihrer *Hinter*gründigkeit, die ebenfalls ihrer Demut und Zurückhaltung entspringt. Von diesem Blickwinkel aus gesehen verwandelt sich ihre »Niedrigkeit« in Stärke, ihr Schweigen wird fast eindrucksvoller als das Sprechen des Sohnes, des fleischgewordenen Wortes. Sie wird zum Hintergrund, vor dem sich das Drama des Sohnes in bunten Farben abspielt. Sie ist die eigentliche Gottheit, die das Wort gebiert und es wieder zurücknimmt. Während der Sohn auf der Bühne erscheint und wieder verschwindet, bleibt sie immer dieselbe. Etwas von der Advaita-Philosophie wird plötzlich in diesem Mutter-Konzept sichtbar, und dies wird besonders deutlich in den folgenden Worten Sarada Devis. Sie, die ihr Leben lang Ramakrishna als den göttlichen »Herrn« anbetete, konnte auch hin und wieder etwas von dem Geist eines Shankara oder Meister Eckhart offenbaren, die mit dem Gott nicht zufrieden waren, der »wird und ent-wird«. »Im Laufe der Zeit,« sagte Sarada Devi, »verschwindet Gott und seine Formen. Wenn man die höchste Erkenntnis erlangt hat, sieht man, daß der Meister (Ramakrishna) und andere Formen Gottes Maya sind. Sie kommen und gehen. Einmal sagte Naren zu mir: 'Mutter, ich sehe in diesen Tagen, wie alles vom Absoluten aufgesogen wird und verschwindet.' Ich sagte zu ihm: 'Aber laß *mich* nicht verschwinden!'« Und sie fügte hinzu: »Gott und die Formen Gottes verschwinden nach dem Erlangen der höchsten Erkenntnis. Dann bleibt nur die Mutter übrig. Zuletzt sieht man, daß nur die Mutter existiert, das ganze Universum durchdringend. Alle Unterschiede verschwinden. Dies ist die einfache Wahrheit.«[56]

Natürlich würde in dieser letzten »einfachen Wahrheit« auch die Form der Mutter verschwinden – mußte doch Ramakrishna, als er in das Meer des reinen Absoluten tauchen wollte, das Bild der Göttlichen Mutter gleichsam »entzweihauen«. »Mutter« bedeutet hier die *Wurzel* aller Formen und Personifikationen, die als *Adya-Shakti* zwischen dem reinen Absoluten und dem bereits geformten »Gott« - der als Ishvara, als Herr der Welt, angebetet wird - liegt. Man kann sie als die Dienerin des Herrn bezeichnen, aber auch als dessen Ursache, denn ohne sie wäre Gott nicht »Gott«. Als Wurzel des persönlichen Gottes ist sie noch *hinter* diesem und kann gleichsam gelassen dem Wechsel aller göttlichen Formen zuschauen. Das Verhältnis zwischen ihr und dem »Herrn« hat der Mystiker Jakob Boehme so ausgedrückt: »Denn es ist nichts früher und beides ohne Anfang und je eines eine Ursache des anderen, und ein ewig Band.«[57]

14. Kapitel

DER
INNERE
KREIS

Ramakrishna sprach oft von einem »äußeren« und einem »inneren« Kreis seiner Verehrer, und dies wirft die Frage auf, ob er absichtlich ein Elitebewußtsein in einem kleinen Kreis von »Auserwählten« kultiviert hat. Vertieft man sich in das Leben dieses ekstatischen Gottesnarren, so läßt sich zumindest erst einmal sagen, daß man auf keinerlei Arroganz und keinen spirituellen Snobismus stößt. Es stimmt zwar, daß Ramakrishna manchmal fragte: »Sind keine Fremden da?« - und dann die Tür schließen ließ, doch wenn man weiter nachforscht, welche »esoterischen« Geheimnisse dann in diesem kleinen Kreis von Eingeweihten verkündet wurden, so läßt sich höchstens eine stärkere Betonung der asketischen Haltung feststellen. Sprach Ramakrishna zu einfachen »Weltleuten«, so erklärte er ihnen, wie man das Leben in der Welt mit der Anbetung Gottes verbinden könne. Sprach er dagegen zu seinen Jüngern, so duldete er keinerlei Kompromisse. Er berichtete in diesem engeren Kreis auch über seine zahlreichen Visionen und Offenbarungen - nicht zuletzt diejenigen, die darauf hinwiesen, daß etwas »Besonderes« in ihm war. Doch dies läßt sich alles im »Evangelium« von M. und in den Aufzeichnungen einiger seiner Mönchsschüler nachlesen, und wer dennoch unbedingt nach einer eigentlichen »Geheimlehre« Ramakrishnas graben will, wird zuletzt doch nur auf seine eigene Eitelkeit stoßen, die einfach nicht begreifen will, daß die *Wahrheit* sehr einfach ist, sehr direkt, und daß nur derjenige das Reich Gottes betreten kann, der so einfach, so »einfaltig« wie diese Wahrheit geworden ist - komplizierte gnostische Systeme versperren hier nur die Enge Pforte.

Es läßt sich auch nicht sagen, daß Ramakrishna die Lehre des Advaita als eine Art Geheimwaffe verborgen hielt und nur äußerlich den Bhakta spielte. Vivekananda sagte zwar, sein Meister sei äußerlich ganz Bhakti gewesen und innerlich ganz Jnana - während es bei ihm selber genau umgekehrt sei; doch dies ist nur eine

Warnung an diejenigen, die aus Ramakrishna ausschließlich einen Bhakta machen wollen und seinen Advaita-Hintergrund völlig übersehen (so wie manche wiederum nur die offiziellen Vedanta-Reden Vivekanandas zur Kenntnis nehmen, nicht aber das Herz des Bhakta, das sich vor allem in den privaten Briefen und Gesprächen offenbart). Ramakrishna sprach selber manchmal von den äußeren Zähnen des Elefanten und seinen inneren Zähnen, wobei die Stoßzähne das nach außen sichtbare Leben des Bhakta symbolisieren, und die inneren Zähne den Zustand der völligen Vereinigung mit Gott im Samadhi. Doch es gibt zuviele Beweise dafür, daß Ramakrishna ein wirklicher Vollblut-Bhakta war, als daß wir von einem etwas zwielichtigen Doppelspiel sprechen könnten. Das heißt, Ramakrishna spielte nicht für das »dumme Volk« die Rolle des tanzenden und singenden Bhakta und schloß dann nachher die Türen hinter sich, um sich über das Unverständnis der Leute zu amüsieren und im engen Jüngerkreis nur die Erkenntnis des unpersönlichen Brahman zu lehren. Er nahm zwar Narendra zur Seite und unterrichtete diesen im radikalsten Advaita - zuerst *gegen* dessen Willen, was oft vergessen wird -, doch Narendra, der später als Swami Vivekananda sowohl in Indien als auch im Westen so lautstark ins Horn des Advaita-Vedanta blasen sollte, war hier eigentlich eher eine Ausnahme, wenn auch eine sehr gewichtige; die meisten Jünger, auch die des »inneren« Kreises, neigten mehr zur Bhakti-Seite hin, wenn sie es auch wiederum meisterhaft verstanden, ihre Liebe zum »Herrn« mit einer allgemeinen Advaita-Haltung zu verbinden. Der beste Beweis dafür, daß Ramakrishna seinen inneren Kreis nicht als eine Elite von Nirvana-süchtigen Jüngern verstand, ist sein Wort: »Diejenigen, die zum inneren Kreis gehören, werden *nicht* die letzte Befreiung erlangen.« Warum nicht? Weil sie sich immer wieder mit dem Avatar verkörpern und so das göttliche »Lila« weitertreiben. Das Zusammensein mit dem Bräutigam ist für sie wichtiger als das Verschwinden im endgültigen Nirvana. Swami Brahmananda, den Ramakrishna oft als seinen »geistigen Sohn« bezeichnete und in dem er einen der Hirtenjungen im Vrindavan-Lila des jungen Krishna wiedererkannte, erwiderte einmal auf die Frage, ob er denn Gott gesehen habe: »Was meinst du damit - *gesehen*?! Ich habe mit ihm gesprochen, gegessen, getanzt, geschlafen, gesungen...« Es ist diese fröhliche »Tischgemeinschaft«, die das Ramakrishna-Lila so sehr charakterisiert und die vielleicht der wichtigste Berührungspunkt mit Christus ist.

Viele seiner Jünger hatte Ramakrishna bereits in einer Vision gesehen, bevor sie zu ihm kamen. Vivekananda, so wird erzählt, mußte er von der Sphäre der Sieben Rishis »herunterholen«, wo dieser in einer Lichtregion, die noch die Himmel der Devas transzendierte, tief im Samadhi versunken saß - so wenigstens sah ihn Ramakrishna in einer Vision, die man kennen muß, wenn man Ramakrishnas Verhältnis zu seinem bedeutendsten Schüler verstehen will. Die Region der »Sieben Rishis« ist uns wohl nur als ein platonisches Ideenreich verständlich, mit anderen Worten: der Ur-Vivekananda »saß« dort als ein Archetyp oder die ewige »Idee« eines ganz mit dem Absoluten verschmolzenen Weisen. Wir erwähnten schon, daß nach dem Bericht Ramakrishnas einer seiner Bhaktas einmal kurz in diese »Region« hineinlugte und schaudernd wieder davonlief. Ramakrishna sah in seiner Vision, wie sich ein Teil der Lichtregion zu der Gestalt eines göttlichen Kindes verdichtete, das sich sogleich diesem Rishi näherte, seine Arme um ihn schlang und ihn aus seiner Versenkung zu wecken versuchte. Als der Weise endlich seine Augen öffnete, offenbarte sein freudiger Gesichtsausdruck, daß das göttliche Kind der Schatz seines Herzens sein mußte. Das Kind sagte zu ihm: »Ich gehe hinunter. Auch du mußt mit mir gehen.« Der Weise versank wieder im Samadhi, doch Ramakrishna sah, wie ein Teil von ihm in der Form eines hellen Lichtes zur Erde niederfiel. Als er Narendra zum ersten Mal sah, erkannte er in ihm sofort diesen Rishi wieder. Er wußte, daß es diesen immer wieder zu dieser absoluten Ebene hinziehen würde und bat deshalb die Göttliche Mutter, ein wenig von ihrer Maya über die Augen Narendras zu streichen, damit dieser seine Mission erfüllen könne.

Andere Jünger sah Ramakrishna in seinen Visionen als Gefährten Krishnas, Chaitanyas und auch als Jünger Jesu. Keiner kam »zufällig« in seinen Kreis, und diejenigen, die nur von seinem äußeren Glanz angezogen wurden, verschwanden bald, als sein Körper mehr und mehr von der Krankheit ausgezehrt wurde. Wir erwähnten bereits, daß er die Göttliche Mutter bat, sie möge sich nicht äußerlich manifestieren, sondern nach innen gehen. Seine Hautfarbe wurde fahl, aller äußere Glanz verschwand. »Wißt ihr, warum ich diese Krankheit habe?« sagte er zu den Jüngern. »Diejenigen, hinter deren Verehrung sich ein selbstisches Motiv verbirgt, werden sich beim Anblick meiner Krankheit aus dem Staub machen.«[58]

Etwa ein halbes Dutzend seiner Jünger zählte er zu den »Ishvarakotis«, den »Ewig Freien«. Im ganzen beläuft sich die Zahl seiner Schüler, die später Mönche wurden, auf 16. Zwölf von ihnen gab Ramakrishna noch zu seinen Lebzeiten das orangene Mönchsgewand. Doch neben diesen jungen *Sannyasis* gab es auch mehrere Laienschüler, Frauen und Männer, die zum »inneren Kreis« gehörten - allen voran M. (Mahendranath Gupta), der Autor des »Evangeliums«.

Dieser innere Kreis war, wie wir schon andeuteten, kein Geheimzirkel, in dem sonderbares esoterisches Wissensgut verkündet wurde, sondern er war vor allem ein Ausdrucksfeld der göttlichmenschlichen Liebe. Die Jünger wollten keinen »Lohn« für ihre aufopfernde Liebe, und Ramakrishna verschenkte sich so ohne Rückhalt, daß die Ärzte oft genug einschreiten und ihn zurückhalten mußten.

»Für die Jünger des inneren Kreises genügt es, zwei Dinge zu wissen: wer ich bin, und wer sie sind,« sagte Ramakrishna. Hazra, ein manchmal recht zynischer Verwandter Ramakrishnas, sagte einmal zu Baburam, dem späteren Swami Premananda: »Warum bittet ihr Jungen Ramakrishna nicht um okkulte Kräfte? Er gibt euch Süßigkeiten zu essen, und ihr seid zufrieden. Seid doch keine solchen Narren! Bittet ihn um etwas Besseres.« Als Ramakrishna davon hörte, sagte er zu Hazra: »Was für einen Unsinn lehrst du diese Jungen? Warum sollten sie mich um okkulte Kräfte bitten? Wissen sie denn nicht, daß alles, was ich habe, auch ihnen gehört? Ich bin ihr eigen. Sie kennen ihre Beziehung zu mir. Sie bitten mich nicht um *dieses* oder *jenes*.«

»Warum,« fragte er ein anderes Mal, »liebe ich die Jungen wie Purna und Narendra so sehr? Einmal, in einem hohen ekstatischen Zustand, fühlte ich intensive Liebe zu Jagannath (dem »Herrn des Universums«) - eine Liebe, die eine Frau für ihren Geliebten empfindet. In diesem Zustand war ich gerade dabei, Gott gleichsam in meine Arme zu schließen, als ich niederfiel und mir den Arm brach. Es wurde mir geoffenbart: 'Du hast diesen menschlichen Körper angenommen. Nimm also Beziehungen zu den Menschen auf - die Beziehung eines Freundes, eines Vaters, einer Mutter usw.'«[59]

Wurde eine Heilige wie Theresa von Avila am Anfang ihres eigentlichen mystischen Lebens von der göttlichen Stimme ermahnt: »Ich will, daß du fortan nicht mehr mit Menschen, sondern mit Engeln verkehrst«, so war es bei Ramakrishna fast umgekehrt: er mußte lernen, mit den Menschen zu verkehren. Hatte er sich früher in göttliche Gestalten »vernarrt« - wie etwa Krishna, Rama usw. -, so verströmte er nun seine ganze Liebe im Kreis der Jünger, die noch nicht von »Kama-Kanchana« (Lust und Geld) befleckt waren. Das Zusammenleben war ein fast ständiger ekstatischer Zustand, ein Leben in einem »ewigen Nun«, in der direkten Gegenwart Gottes. »Noch sehe ich euch,« sagte Ramakrishna einmal, halb im Samadhi.« Aber ich habe das Gefühl, als hättet ihr hier immer gesessen. Ich kann mich nicht erinnern, wann ihr gekommen seid oder wo ihr seid.«[60] Keiner dachte an ein »Morgen«, und es gab auch keine Zeit für harte asketische Übungen, solange Ramakrishna unter ihnen weilte. Die Jünger wußten, daß der einfache Dienst, den sie dem Meister anbieten konnten, mehr wog als alle Yoga-Disziplinen. Er lehrte sie natürlich die Kunst des Meditierens, initiierte sie und weckte sie oft mitten in der Nacht, um sie zu intensiver Meditation anzutreiben. (Ramakrishna schlief selber selten mehr als eine Stunde.) Doch die Atmosphäre war trotz dieser geistigen Intensität eigentümlich gelockert - nicht zuletzt wohl dank des Humors Ramakrishnas und seiner großen Schauspielkunst. Die Jünger verfielen mehr und mehr seinem Charme, auch wenn sie anfangs nicht immer genau wußten, wie sie ihren Meister überhaupt »einordnen« sollten. Zu einem Arzt sagte Narendra einmal: »Wir sehen in ihm (Ramakrishna) einen Menschen, der wie Gott ist. Wissen Sie, Herr, wie es sich damit verhält? Es gibt einen Punkt zwischen dem Pflanzen- und dem Tierreich, wo es sehr schwer zu bestimmen ist, ob ein Ding nun eine Pflanze oder ein Tier ist. Und ebenso gibt es auch zwischen der Welt der Menschen und der göttlichen Welt einen Bereich, wo es sich sehr schwer sagen läßt, ob eine bestimmte Person ein Mensch oder Gott ist.« Und etwas später sagte er: »Wir verehren ihn in einer Weise, die an Gottesdienst grenzt.«[61]

Wenden wir uns nun Jesus und seinem »inneren Kreis« zu. Daß Jesus genauso wie Ramakrishna einen inneren von einem äußeren Kreis unterschied, liegt auf der Hand, doch die Meinungen gehen darüber auseinander, wie scharf diese Trennungslinie gezogen wurde. War Jesus der große Demokrat, als den wir ihn heute gern sehen, oder der gnostische Lehrer, der die Masse verachtete und die Wahrheit nur einer sehr kleinen Schar anvertraute? Manches scheint zuerst für das letztere zu sprechen, so insbesondere gewisse harte Stellen im 4. Kapitel des Markusevangeliums. Dort heißt es zum Beispiel: »Als er allein war, fragten ihn die, die mit den Zwölfen um ihn waren, über die Gleichnisse. Da sprach er zu ihnen: 'Euch ist das Geheimnis des Gottesreiches gegeben. Jenen draußen aber wird alles in Gleichnissen zuteil, auf daß sie sehend sehen und doch nicht schauen und hörend hören und doch nicht verstehen, um nicht umzukehren und Vergebung zu finden.« (4, 10 - 12) Hat sich hier die Inkarnation der Liebe wieder in jenen Jahwe verwandelt, der das Herz des Pharao absichtlich verhärtet? Verdummt Jesus absichtlich das einfache Volk, um dann ein paar Auserwählten insgeheim alles zu entschlüsseln? - Vielleicht mildert das Gleichnis vom Sämann, das da zuerst erzählt wird, die Härte etwas ab, denn die Wahrheit dieses Gleichnisses ist wohl offenkundig: die Samenkörner des göttlichen Wortes fallen nicht immer auf fruchtbaren, sondern auch auf steinigen Grund. Und die psychologische Charakterisierung derjenigen, die das Wort zwar hören, es aber doch nicht tief in sich aufnehmen können, stimmt im wesentlichen überein mit Ramakrishnas Schilderung der Menschen des äußeren Kreises, deren Interesse nur oberflächlich ist oder deren kurz aufflammendes religiöses Feuer schnell wieder von den weltlichen Begierden erstickt wird. Wie oft beschwerte sich Ramakrishna bei seiner Göttlichen Mutter, daß sie ihm »alle möglichen Leute« sandte, Gaffer und Neugierige, und wie sehr sehnte er sich nach dem engen Kreis derjenigen, bei denen sein Wort »zahlreiche Frucht« bringen würde!

Man muß die Wahrheit, wie fast immer, wohl irgendwo in der Mitte suchen: Jesus (und dasselbe gilt eigentlich auch für Ramakrishna) war weder ein esoterischer Eigenbrötler noch ein naiver Flower-Power-Heiliger, der wahllos überallhin Blumen verstreute. Bei allen »demokratischen« Tendenzen, die man bei ihm findet, muß man doch immer wieder betonen, daß der Weg zum Heil für Jesus keine breite Straße war, sondern daß er durch die Enge Pforte hindurchführte. Wir haben auch schon darauf hingewiesen, daß die Kräfte einer Inkarnation begrenzt sind: der »Gottessohn« muß vorsichtig und wählerisch sein, wenn er sich nicht sinnlos verausgaben will. Hätten sich Jesus und Ramakrishna nur der Arbeit in der »Öffentlichkeit« gewidmet und sich nicht um die Bildung einer »Elitegruppe« gekümmert, so wäre die Saat wohl bald wieder vom Wind verweht worden.

Doch wenn wir hier von einer *Elite* sprechen, so hat dies nicht das geringste zu tun mit aristokratischem Bildungsdünkel und dergleichen. Weder Ramakrishna noch Jesus erhofften sich viel von gelehrten Pandits und Schriftgelehrten - gepriesen wird von beiden immer wieder das Gemüt von Kindern und einfachen Menschen, die ihr Vertrauen ganz auf Gott setzen und nicht auf ihre Bildung. Eines der Lieblingslieder Ramakrishnas, das er immer wieder sang, lautete: »Mutter, mach' mich verrückt mit Deiner Liebe! Was brauche ich dann noch Logik und Vernunft?« Betrachtet man die Apostel, die Jesus um sich scharte, so hat man auch nicht gerade den Eindruck von gebildeten Gnostikern, die aus den Gleichnissen Jesu tiefsinnige Deutungen herausdestillieren. Im Gegenteil, man ist oft verzweifelt über ihre Begriffsstutzigkeit, die sich mit der des »einfachen Volkes« sehr wohl messen kann. Wäre es Jesus nur darum gegangen, eine Elite von spirituellen »egg-heads« um sich zu scharen, so hätte er sich wohl nicht diese Fischer ausgesucht - »Agrammatoi und Idiotai«, also ungebildete Leute und Laien, wie es in der Apostelgeschichte heißt (4, 13). Nur der Jünger, »den der Herr lieb hatte«, und Paulus waren fähig, so etwas wie eine frühchristliche »Theologie« auf die Beine zu stellen.

Es wird manchmal darauf hingewiesen, daß Ramakrishna mit seinen Schülern etwas mehr Glück hatte: viele von ihnen waren Studenten der Universität und wenn sie auch nicht alle die intellektuelle und rhetorische Brillanz ihres Anführers Vivekananda besaßen, so machen die hinterlassenen Aufzeichnungen und Gespräche doch deutlich, daß sie eine sehr gute Bildung hatten - mit der rühmlichen Ausnahme von Latu, über den Ramakrishna einmal sagte: »Viele von euch haben, um zu Gott zu kommen, die trüben Abwässer des Wissens durchschreiten müssen, doch Latu ist hinübergesprungen wie Hanuman.«

Doch man braucht nicht nur auf Latu zu verweisen, wenn es darum geht, die Tugend »Einfachheit« bei den Schülern Ramakrishnas nachzuweisen. Trotz ihrer Bildung waren sie keine Gelehrtentypen, und was vielleicht anfangs noch an Bildungsdünkel in ihnen war, schmolz sehr schnell in der Gegenwart Ramakrishnas dahin, der nur die Verwirklichung Gottes als wahres Wissen gelten ließ. Glücklicherweise besitzen wir sehr viel authentisches Aufzeichnungsmaterial über die spirituellen Erlebnisse aller Jünger, und man muß sagen, daß die Konzentration eines so großen mystischen Reichtums in einer so kleinen Gruppe wohl beispiellos ist. Es gab keinen unter ihnen, der nicht nur bald die Höhe des Samadhi erreichte, sondern auch fest verwurzelt in diesem Gottesbewußtsein blieb - ohne dadurch daran gehindert zu sein, viel Arbeit im »Weinberg des Herrn« zu leisten.

Für jemanden, der sowohl Christus als auch Ramakrishna als Inkarnationen Gottes verehrt, ist dieses Material über die Jünger Ramakrishnas umso bedeutsamer, als wir wenig Dokumente über die Jünger Jesu haben. Wir erfahren sehr wenig darüber, was sich im Inneren der Apostel abgespielt hat - und eigentlich gilt dies auch für das »Innere« Jesu. Der heutige Leser der christlichen Dokumente weiß oft nicht recht, welche »Frohbotschaft« Jesus und seine Jünger überhaupt verkündeten. Anstatt hier die Lücken einfach mit eigener »Psychologie« zu füllen, die immer recht fragwürdig ist, ist es vielleicht legitimer, in Ramakrishna und seinen Jüngern eine Art mystischen Nach-Kommentar zu den christlichen Evangelien zu sehen. Es hat zwar auch im westlichen Raum genug gnostische Interpretationen gegeben, in denen hier und da tiefere Einsichten zu finden sind, doch im allgemeinen rühren sie nie an die »Wärme« der Evangelien heran; ein gewisser Elite-Komplex wirkt störend, ganz abgesehen von manchen abstrusen Spekulationen, die den Geist bestimmt nicht in den einfaltigen Grund führen. Viele, die sich von der Äußerlichkeit der Kirche, die weitgehend nur das Exoterische gelten ließ, enttäuscht sahen, suchten ihre Zuflucht in diesen gnostischen Geheimbündeleien. Doch dies ist heute keineswegs die einzige Alternative. Was diesen gnostischen Interpretationen weitgehend abgeht - eben die Wärme, Frische und Direktheit der »Frohbotschaft« - finden wir wieder in der Offenbarung Gottes in Ramakrishna und seinen Jüngern, deren äußere Erscheinung - man denke nur an die einfache Bekleidung mit simplen Leintüchern - allein schon die Phantasie dazu anregen, sich diese Männer am See Genezareth vorzustellen.

Dabei geht die Verwandtschaft natürlich weit über biblische »Romantik« hinaus. Zwei seiner Jünger hatte Ramakrishna, wie bereits erwähnt, in einer Vision im Gefolge Jesu gesehen. Der eine, Ramakrishnananda, offenbarte in seinen Vorträgen ein tiefes Verständnis für die Bedeutung des Leidens, wie man es in Indien eigentlich selten antrifft. Nach dem Tod Ramakrishnas betete er zu diesem ständig, er möge sein Ego völlig auslöschen und ihn als reines Instrument benutzen. Er wurde von Vivekananda in den Süden Indiens geschickt, damit er dort ein Zentrum der Ramakrishna-Mission aufbauen sollte. Er war kein so guter Prediger wie Vivekananda und als er eines Tages vor einem völlig leeren Raum stand, hielt er seinen Vortrag trotzdem. »Ich bin nicht hergekommen, um andere zu belehren,« sagte er später erklärend. »Für mich ist dies Gottes*dienst*. Ich muß meine Pflicht erfüllen, egal ob Leute kommen, um mich zu hören, oder nicht.«

Swami Saradananda - dem anderen Jünger, den Ramakrishna im Gefolge Jesu gesehen hatte - verdanken wir das neben M.'s Evangelium wichtigste Dokument über Ramakrishna, das umfangreiche Werk »Sri Sri Ramakrishna Lilaprasanga«, das im Englischen den Titel »Ramakrishna the Great Master« trägt. Er war viele Jahre der erste Sekretär des Ramakrishna-Ordens und ein Genie der Disziplin und des Organisationsgeistes. Als er von einer Amerikareise zurückkehrte und in Rom einen Zwischenaufenthalt machte, um den Vatikan zu besichtigen, belebten sich plötzlich vor seinem geistigen Auge die Statuen der Apostel auf dem Petersplatz und er fühlte sich in die Vergangenheit zurückversetzt.

Dabei sei vielleicht an dieser Stelle auch schon angemerkt - wenn wir auch zeitlich vorauseilen -, daß der Orden eigentlich an einem Weihnachtsabend gegründet wurde, als die jungen zukünftigen Mönche um ein Dhuni-Feuer herumsaßen und feierlich gelobten, auf die Güter dieser Welt zu verzichten und sich ganz der Verwirklichung Gottes und der Verbreitung von Ramakrishnas Botschaft zu widmen. Ramakrishna war schon körperlich von ihnen gegangen, hatte sie aber durch Erscheinungen ermutigt und angespornt. Vivekananda war der Anführer der kleinen Gruppe und er begann an jenem Abend vom Leben Jesu zu erzählen und auch vom Leben der Apostel, so wie es ihnen durch die Bücher zwar schon bekannt war, aber noch nie so lebendig vor Augen getreten war als jetzt, da Vivekananda sich immer mehr in die frühchristliche Atmosphäre hineinversetzte. »Die Füchse haben Höhlen, und die Vögel des Himmels haben Nester; doch der Menschensohn hat nichts, worauf er sein Haupt legen könnte.« War Jesus nicht der ideale *Sannyasi*? Und war diese Inkarnation der Liebe ihnen nicht wieder in ihrem Meister begegnet? Es stellte sich erst später heraus, daß es der Heilige Abend gewesen war, an dem sie gelobten, auf alles zu verzichten und dem Beispiel Jesu und ihres Meisters zu folgen.

Da Ramakrishna Jesus als eine Inkarnation Gottes verehrt hatte, war es nur natürlich, daß seine Jünger später, als sie sich zu einem Orden zusammengeschlossen hatten, das Weihnachtsfest auf ihre eigene »indische« Weise feierten. Während einer dieser Feiern hatte Swami Brahmananda eine Vision Christi, der plötzlich vor ihm stand und zu ihm sprach. Die anderen, die wie gebannt auf das Gesicht Brahmanandas blickten, spürten nur die plötzliche Stille und die geistige Intensität des Augenblicks, erfuhren aber erst später, was den »geistigen Sohn« Ramakrishnas so ergriffen hatte. Hocherfreut und in großer religiöser Begeisterung wollten die Jünger später einigen christlichen Priestern, die gerade vorbeigingen, etwas von dem »Prasad« geben - der Speise, die während dieser Feier vor dem Bild Christi geopfert und dann an alle Anwesenden verteilt wurde -, doch die Priester verstanden die spontane Geste wohl nicht und lehnten ab.

Zu Brahmananda hatte Ramakrishna immer das Verhältnis einer Mutter zu ihrem Kind eingenommen. Rakhal (wie Brahmananda zuerst hieß) war sozusagen der spirituelle Säugling des Meisters, der am liebsten an dessen Brust lag und seinen Kopf in dessen Schoß legte. Er sog die Milch der göttlichen Liebe auf fast körperliche Weise in sich ein. Keiner ahnte zuerst, zu welcher männlichen Statur sich dieses »Baby« entwickeln sollte. »Die Göttliche Mutter hat mir viele Dinge über Rakhal offenbart,« sagte Ramakrishna, »und einige muß ich für mich behalten.« Etwas von seiner Kindlichkeit behielt aber auch der spätere Präsident, der 21 Jahre lang den Orden leitete, und auf dem Sterbebett schien er sich wieder an seine frühere Existenz als einer der Hirtenjungen von Vrindavan zu erinnern, denn trotz großer Schmerzen rief er aus: »Kommt, schmückt meine Fußgelenke mit Ringen - ich will mit Krishna tanzen!«

So verwoben sich die verschiedenen religiösen Traditionen im Leben dieser Jünger und nie hat man auch nur für einen Augenblick den Eindruck, als handelte es sich dabei um einen konstruierten Synkretismus. Der innere religiöse Reichtum Ramakrishnas mußte sich in seinen Schülern auf vielfältige Weise reflektieren. In gewissem Sinne waren sie zwar »Hindus«, doch sie fühlten sich als Träger einer neuen spirituellen Strömung, die an äußere Grenzen nicht mehr gebunden war. Ein Schüler Brahmanandas hörte einmal zufällig die Konversation zweier Männer auf einem überfüllten Bahnhof, die seinen Guru beobachteten. Einer von ihnen sagte, es sei unmöglich, seine Nationalität zu erraten - er schien überhaupt keiner spezifischen indischen Rasse anzugehören. Der andere Mann stimmte dem zu, sagte dann jedoch: »Man kann aber gut sehen, daß er ein Mann Gottes ist.«

Vivekananda hatte einen Teil der »Nachfolge Christi« ins Bengalische übersetzt und dieses Buch war, neben der Gita, das Lieblingsbuch der Jünger in den ersten Sturm-und-Drang-Jahren. Doch wäre Christus nicht einmal dem Namen nach, weder durch Bücher noch durch Erscheinungen, in ihr Leben getreten, so hätte ihr Leben doch von ihm und von seiner Lehre vom Gottesreich Zeugnis abgelegt. Am meisten fällt einem dabei eine ungeheure *Freude* auf, die ihr ganzes Leben durchdrang, auch in den schwierigsten Situationen. Sie zeigten diese Freude nicht immer äußerlich, doch es gab genug Gelegenheiten, wo sie immer wieder auch nach außen durchdrang. Selbst trockene offizielle Sitzungen des »Ausschusses« des neu gegründeten Ordens wurden manchmal von dieser Freude geradezu gesprengt. Als sich die Mönche einmal zu einer solchen Sitzung versammelten, entdeckten sie, daß Swami Premananda fehlte. Er saß im Meditationsraum, sein Geist weit entfernt von finanziellen Problemen. Saradananda, der wie die meisten der Jünger physisch recht kräftig war, schlich sich auf Zehenspitzen in den Schrein, hob mit seinen starken Armen die bewegungslos auf dem Boden sitzende Gestalt auf und trug sie in den Hof, wo die anderen warteten. Als Premananda wieder auf seinen Beinen war, begann er sogleich zu tanzen, und alle Swamis folgten seinem Beispiel. Der ganze Platz vibrierte vor geistiger Energie und Freude. Eine Stunde lang tanzten und sangen sie, und - wie ein Augenzeuge sagte - es sah so aus, als wollten sie die ganze Menschheit bitten, zu ihnen zu kommen, um befreit zu werden und an dieser göttlichen Freude teilzunehmen.

»Der Herr erscheint mit seinen Jüngern als göttliche Inkarnation,« sagte Ramakrishna. »Er nimmt Menschengestalt an und seine Jünger kehren mit ihm zur Göttlichen Mutter zurück. Eine Schar singender Bauls kommt plötzlich in ein Haus. Sie preisen mit

Gesang den Gottesnamen und tanzen vor Freude. Danach verlassen sie sofort das Haus. Sie gehen so unvermittelt wie sie kommen, und wer sie hörte, kannte sie nicht.«[62]

Doch wir sind zeitlich bereits weit vorausgeeilt. Wir müssen wieder zurückkehren zum letzten Lebensjahr Ramakrishnas, in dem dieser innere Kreis der Jünger sich immer enger um den Kranken drängte. Und zugleich müssen wir unseren Blick auf den Hügel richten, auf dem drei Kreuze aufgerichtet waren, von denen eines der Geschichte von fast zweitausend Jahren seinen Stempel aufdrückte.

15. Kapitel

GOLGATHA

Ramakrishnas Leiden war nicht so dramatisch zugespitzt wie das Leiden Jesu, es ließe sich kaum ein Passionsspiel daraus machen, es war keine öffentliche Angelegenheit, sondern eben nur Kehlkopfkrebs und damit verbunden eine Passion, die sich über ein ganzes Jahr hinzog.

Nun leiden natürlich täglich Millionen Menschen in der Welt, oft noch auf weit entsetzlichere Weise, doch nur wenige würden ihre Passion in einem Atemzug mit der Jesu nennen. Der Christ kann zwar seinem Erlöser in der Form der Leidenden, der Nackten und der Hungrigen begegnen; doch er wird den Leidenden selber nicht für Christus halten - zumindest nicht in einem wörtlichen Sinn.

Wenn nun aber eine Persönlichkeit wie Ramakrishna, die bereits in vielen anderen Zügen Christus ähnelt, auch durch eine Periode schweren Leidens hindurchgeht, verdient dies wohl unsere besondere Aufmerksamkeit. Sollten etwa auch hier wieder, wie so oft, Gegensätze zusammenfallen, die sonst als fast unüberbrückbar gelten - etwa der Schmerzensschrei Jesu am Kreuz und das Lächeln Buddhas?

Es wurden zahlreiche Gründe für die Krankheit Ramakrishnas angegeben, teils von anderen, teils von ihm selber: so zum Beispiel zu langes Sprechen und ein zu langes Verharren im Zustand des Samadhi - was die Krankheit allerdings gewiß nicht hervorrief, sondern sie höchstens begünstigte. Ramakrishna sagte auch, wie wir bereits erwähnten, daß seine Krankheit den Sinn habe, die Spreu vom Weizen zu sondern, so daß nur aufrichtige Gläubige bei ihm bleiben würden, bei denen sein Wort auf fruchtbaren Boden gefallen war. Und ein anderes Mal sagte er: »Vielleicht gibt es für das, was meiner Kehle zugestoßen ist, eine tiefere Bedeutung. Dies geschah, damit ich nicht vor allen Menschen leuchte, damit ich nicht überall hingehe und singe und tanze.«[63]

An einer anderen Stelle sagte er: »Die Mutter gab mir diese Krankheit, um die Menschen das Wesen des Geistes zu lehren und ihnen zu zeigen, wie es möglich ist, trotz größter Körperqual im

Gottesbewußtsein zu leben. Wenn der Körper von namenlosen Schmerzen zermartert und vom Hungertod bedroht ist, wenn Heilung durch Menschen nicht mehr kommen kann, selbst dann zeigt die Mutter mir, daß der Geist Herr über den Körper ist. Meine Göttliche Mutter brachte diese Krankheit über diesen Körper, um die Zweifler davon zu überzeugen, daß die Seele göttlich und Gottesbewußtsein eine Wirklichkeit ist und daß, wenn man Vollendung erlangte, alle Knechtschaft ein Ende hat.«[64]

Er konnte bald kaum noch sprechen und nur noch mühsam irgendeine Speise schlucken, aber gerade dies trieb ihn weiter dazu, sich mit dem Göttlichen und zugleich mit allen Geschöpfen zu identifizieren: »Ich rede und esse jetzt mit so vielen Mündern! Ich bin die Seele aller Seelen, ich habe unzählige Münder!«[65] Die äußerste Einschränkung und Begrenzung führte hier zu einer grenzenlosen Ausweitung, und wir befinden uns hier schon ganz in der Nähe des Kreuzes, wo das schmerzhafte Genageltsein auf einen Punkt, die äußerste Unfreiheit und Beschränkung eigenartigerweise zusammenfällt mit einer weit ausholenden Geste, die die ganze Schöpfung umspannt.

Die Meinung vieler Devotees, seine Krankheit habe darin ihren Grund, daß er die Sünden anderer Menschen auf sich genommen habe, bezeichnete Ramakrishna als eine »Vermutung«. Nur seiner Frau scheint er kurz vor seinem Tod definitiv erklärt zu haben: »Ich habe das Leid der Welt auf mich genommen.«[66] Die Devotees sahen zumindest, daß Ramakrishna die volle Verantwortung für den großen Dramendichter und Säufer Girish Gosh übernommen hatte - und dieser war keineswegs der einzige große Sünder, der sich in Ramakrishnas Gegenwart in einen Heiligen verwandelte. Wer hatte dann all dieses böse Karma geschluckt? Ramakrishna selber hatte in einer Vision seinen Körper über und über mit Wunden bedeckt gesehen, wobei die Wunde in seiner Kehle besonders hervorstechend war. Er hatte sich schon früher oft so sehr mit dem Leid identifiziert, daß dies sogar äußere Spuren auf seinem Körper hinterließ: so die Striemen auf dem Rücken eines geschlagenen Mannes, die sich auch bei ihm ins Fleisch eindrückten. Er konnte sich sogar mit der scheinbar »leblosen« Natur so weit identifizieren, daß er etwa zum Gras »wurde« und fühlte, wie jemand auf ihm herumtrampelte.

Was seine eigentliche Krankheit, den Kehlkopfkrebs, betraf,

so sahen wohl einige den uralten indischen Archetyp des blau-kehligen Shiva durch die Wunde hindurchschimmern: Als die Götter und Dämonen sich um den Nektar der Unsterblichkeit stritten und dabei den »Milchozean« quirlten (womit wohl das ursprüngliche Chaos gemeint ist), kam plötzlich blauschwarzes Gift zum Vorschein, das alles zu verderben drohte. In der allgemeinen Hilflosigkeit und Verwirrung wandte man sich zuletzt an Shiva um Hilfe, der das Gift kurzerhand trank. Es gelangte jedoch nur bis zur Kehle, die sich daraufhin dunkelblau färbte.

Die Idee des Opfers, des »Schluckens« des bösen Karma, ist dem Hindu also keineswegs fremd. Auch ist das Opfer in einem allgemeineren Sinn schon in den ältesten Veden mit dem Schöpfungsthema überhaupt verbunden, etwa wenn die Schöpfung als die Zerstückelung des ursprünglichen Purusha dargestellt wird, aus dessen einzelnen Gliedern dann das Universum entsteht. Auch das Kreuz war ja ursprünglich in erster Linie ein Schöpfungssymbol.

Wir müssen in diesem Zusammenhang auch noch einmal die Worte Ramakrishnas zitieren: »Leiden ist unvermeidlich, wenn man einen menschlichen Körper annimmt. Hin und wieder sage ich zu mir selber: 'Möge ich nicht mehr zur Erde kommen müssen!' Doch da ist noch etwas. Wenn man draußen großartige Feste gefeiert hat, schmeckt einem das einfache Essen daheim nicht mehr. - Außerdem ist die Verkörperung zum Heil der Gläubigen.«[67]

Für Ramakrishna war die Schöpfung ein göttliches »Fest«, das jedoch mit dem Leiden bezahlt werden muß - auch von Gott. Um das Fest der Schöpfung draußen feiern zu können, muß Gott die ursprüngliche Einheit aufbrechen, muß sie zerstückeln, muß den bis dahin ruhigen Milchozean aufwühlen, und durch diese Schöpfungsarbeit, die nicht so sehr ein »Machen«, sondern ein Offenbaren von bis dahin schlummernden Gegensätzen ist, kommt nicht nur das Licht, sondern auch die Dunkelheit zum Vorschein - eben das Gift, gegen das Gott immer wieder kämpfen und das er schlucken muß. Gott sühnt also, wenn man die Sache mehr mit indischen Augen ansieht, nicht nur das Böse der Menschen, sondern zugleich seine eigene Schöpfungstat, die das Offenbarwerden der dunklen Seite ja erst ermöglichte.

Ein weiterer Unterschied besteht darin, daß es für den Hindu keinen absoluten Anfang und auch kein absolutes Ende der Schöpfung gibt, sondern nur ein immerwährendes Hervorkommen aus dem Grund und ein Zurückkehren in den Grund; und deshalb kann es für ihn auch keine *einmalige* Erlösungstat geben. Das Erbarmen Gottes wird sich immer wieder manifestieren, und das Geschehen auf Golgatha ist vielleicht auf unserem Planeten und in unserer recht kurzen Menschheitsgeschichte der bisher konzentrierteste Ausdruck dieses göttlichen Erbarmens, der am weitesten sichtbare - doch keineswegs der einzige. Die »kosmische« Bedeutung wird damit der Kreuzigung keineswegs abgesprochen, ja, sie wird eigentlich noch verstärkt, doch durch diesen größeren Rahmen wird ihr auch das *Ein*malige genommen, das nur in einem sehr engen Weltbild seinen Sinn gehabt hat.

Warum uns das Kreuz als Symbol der Totalität, des Zusammenfalls aller Widersprüche, so tief in die Seele gedrückt ist, hat vor allem diesen Grund: in ihm begegnen sich die beiden grundsätzlichen Bewegungen oder auch »Ekstasen«, die eigentlich unser Sein ausmachen. Da ist zuerst einmal die Ekstase Gottes, das Heraustreten Gottes aus sich selber, und im Kreuz ist Gott wohl am weitesten aus sich herausgetreten, hat sich scheinbar am weitesten von sich entfernt, hat sich am tiefsten erniedrigt. Und zugleich drückt das Kreuz die Gegenbewegung aus: die Rückkehr Gottes zu sich selbst, die Ekstase des kreatürlichen Ich, das ja nichts weiter ist als der herausgetretene Gott, der nun seine Kreatürlichkeit gleichsam wieder ausschwitzt in der allergrößten Agonie. Das Kreuz ist ein einziger großer Verzicht: das Sich-los-lassen Gottes, der auf seiner Göttlichkeit nicht beharrt, und das Sich-los-lassen des Menschen, der sein Menschsein abstreift: das Sterben des alten Adam. Es ist ein mystischer Tod, in dem sich Gott und Mensch im *Grund* treffen, nachdem beide nackt geworden sind, aller Größe entkleidet.

Auf eine solche mystische Weise »starb« auch Ramakrishna schon, als er sich von Totapuri in den Advaita einweihen ließ. Es war dies für ihn natürlich weit mehr als nur eine Philosophie-Lektion, sondern wirklich das Sterben des Ego - wenn es ein solches Ego bei Ramakrishna überhaupt noch gab. Äußerlich ging dieses Sterben als eine Mönchsweihe vor sich, während der Ramakrishna auf alles verzichten mußte: alles wurde im Feuer verbrannt, auch die Brahmanenschnur; er mußte »nackt« sein, so nackt wie Jesus am Kreuz. Dann begann die eigentliche Einweihung in die Lehre des Advaita: daß die Wirklichkeit »Nicht-Zwei« ist, daß es im

Grund keinen Unterschied zwischen Gott und Mensch mehr gibt. Und so, wie Ramakrishna vorher einmal das Schwert im Tempel gegen sich gerichtet hatte, um sich zu töten, so richtete er nun das Schwert der Unterscheidung gegen die Göttliche Mutter, damit auch diese »starb« und er ganz mit ihr eins werden konnte im Grund. Die Mutter hatte sich ja vorher damit einverstanden erklärt, als Ramakrishna sie um die Erlaubnis bat, in den Advaita eingeweiht zu werden, was ja soviel wie ihren »Tod« bedeutete - wie auch den Tod des kreatürlichen Ich. Beide mußten sich loslassen und auf ihr Eigen-sein verzichten, damit die höchste Einheit im mystischen Tod offenbar werden konnte. Drei Tage lang (und später noch ganze Monate) blieb Ramakrishna dann in diesem Zustand der höchsten Einheit - die Tätigkeit seines Herzens und seiner Lungen hatte aufgehört, der Körper glich praktisch einem leeren Gehäuse - man hätte ihn für tot halten können.

Ich will damit keineswegs sagen, daß das Sterben Jesu nur »symbolisch« zu verstehen sei, und schon gar nicht, daß es sich um einen Scheintod gehandelt hätte; doch man darf andererseits auch nicht diese mystische Seite vergessen. Denn sonst wird die Kreuzigung nur zu einem äußeren historischen Spektakel, das höchstens für Historiker und die Regisseure von Passionsspielen von Interesse ist - und für Juristen und Mathematiker, für die Golgatha eine Art mathematische Schuld-und-Sühne-Gleichung darstellt. Im Leben einer Inkarnation läßt sich das Äußere vom Inneren zwar nicht trennen, das Mystische spielt sich nicht in irgendeiner einsamen Yogi-Höhle ab, sondern sozusagen auf offener Bühne - selbst im Leben Ramakrishnas. Aber gerade dieses Offenbarwerden nach außen darf nicht zu sehr zur Verhüllung werden, wir müssen immer wieder versuchen, durch die historische Drapierung hindurch in den Grund vorzustoßen, der durch die Totalität des Kreuzes dargestellt wird.

Versucht man, sich das Kreuz zu »gegenwärtigen« und darüber zu meditieren, bietet sich der universale Vorgang des Atmens, der ja bei der Meditation eine so große Rolle spielt, fast von selber zur Deutung an. Das Kreuz ist hier der Punkt zwischen Ausatmen und Wiedereinatmen: negativ gesehen der Nullpunkt, doch zugleich die Fülle des Grundes oder der »Leere«, aus der heraus ein Neubeginn, ein neuer Atemzug möglich ist. Wir haben uns im Ausatmen ganz losgelassen, um dann aus dem Grund wieder neu geboren zu werden. Ohne dieses Versinken im Grund, ohne dieses völlige Sich-los-lassen ist eine Wiedergeburt und Auferstehung nicht möglich.

Es ist auch eigenartig, daß äußerste Konzentration und größte *Ent*spannung in diesem Nullpunkt des Kreuzes zusammenfallen. Das Angenageltsein wird ein Zeichen der Freiheit, das Sich-nicht-mehr-bewegen-können schlägt um in die größte Ausdehnung und die Identifikation mit der gesamten Schöpfung. Nichts ist mehr zu gewinnen und nichts zu verlieren. Dieser Jesus am Kreuz predigt und propagiert nichts mehr, er will nichts mehr erzwingen, er sendet keine Jünger aus, er hat kein Programm, und niemand ruft ihm mehr zu: »Hosanna, dem Sohne Davids!« Er ist so nackt wie der sterbende Franziskus, der die Leitung seines Ordens einem anderen - nicht sehr Würdigen - übergeben hat und alles Gott überläßt. Und er ist so nackt wie Ramakrishna, der am Ende nicht einmal das »Ich« des Lehrers behält und seinen Geist völlig in die Hände der Göttlichen Mutter zurückgibt. Alle Kleider - und damit auch alle »Rollen«, die sie zu spielen hatten - sind abgelegt und verteilt, und was übrig bleibt, ist der Grund selber, der weder Mensch noch Gott ist - oder beides.

Der Grund bedeutet nun aber - positiv gesehen - Einheit, auch und gerade Einheit der göttlichen und menschlichen Natur, doch wenn über die Agonie des Herrn am Kreuz nachgedacht worden ist, so stand im Vordergrund der Diskussion immer das Problem der zwei Naturen, die gerade hier am weitesten voneinander getrennt zu sein scheinen. Jesus hatte, wie Ramakrishna, auf allen äußeren Glanz verzichtet, der Berg Tabor lag weit zurück, kein überirdisches Strahlen erhellte mehr die Haut und das Gewand, Gott manifestierte sich nicht mehr äußerlich, sondern versteckte sich im Inneren - so sehr, daß wirklich nur mehr der Mensch, die nackte Kreatur am Kreuz zu hängen schien. War Jesus dann am Kreuz am weitesten von Gott entfernt oder - paradoxerweise - am innigsten mit ihm vereint? Wir sagten, Gott sei hier am weitesten »draußen«, also fern von sich selber, und zugleich in seinem innersten Grund. Heißt dies, daß Draußen und Drinnen zusammenfielen, oder aber, daß wir es gleichsam mit zwei Wesen zu tun haben: die leidende Kreatur Jesus, die sich von Gott absolut getrennt fühlt und aufschreit: »Mein Gott, mein Gott, warum hast du mich verlassen?« - und Christus, der ewig eins mit dem Vater ist? Manche

Gnostiker waren bekanntlich der Ansicht, daß der Christus-Geist in dieser Stunde der höchsten Not den Menschen Jesus verlassen habe, der nun als bloß kreatürliche Hülle am Kreuz zurückgelassen wurde. In einem apokryphen Text wird der Aufschrei Jesu, das Psalmenzitat, auch angeführt, doch steht dort an Stelle des Wortes »Gott« das Wort »Kraft« (oder auch »Stärke« oder »Macht«). Unwillkürlich denken wir dabei an das Wort »Shakti«, was ja auch soviel wie Kraft, göttliche Energie und Allmacht bedeutet - eine Macht, die Ramakrishna als seine »Mutter« bezeichnete und anbetete. Manchmal identifizierte er sich mit ihr, sprach dann aber auch wieder von zwei Personen, die in ihm seien: die eine sei die Göttliche Mutter und die andere ihr Anbeter, der sich nun den Arm gebrochen habe und krank geworden sei. Hatte etwa auch ihn seine Shakti, seine »Kraft«, von der er sich »besessen« fühlte, verlassen, als er immer mehr von der Krankheit ausgezehrt wurde, fast bis zur Unkenntlichkeit?

Wir stoßen hier also wieder auf das alte Problem des Dualismus, das ich besonders in dem Kapitel »Die Einwohnung Gottes« behandelte, wo ich mich dagegen wehrte, die beiden Naturen zu sehr auseinanderzureißen. Doch wenn wir auch oft genug einen Schimmer der Einheit erhaschen, so ist diese doch recht schwierig zu formulieren. War zum Beispiel Jesus allein und verlassen, weil er sich von Gott weit entfernt fühlte, oder weil Gott sich *in* ihm versteckt hielt? Ich möchte hier noch einmal die folgende Stelle aus dem »Evangelium Ramakrishnas« anführen, weil sie dieses Problem so treffend beleuchtet. Als die Schmerzen Ramakrishnas fast unerträglich wurden, baten ihn seine Jünger, er möge die Göttliche Mutter um Heilung bitten. »Das hängt vom Willen Gottes ab,« sagte Ramakrishna. Narendra erwiderte darauf: »Dein Wille und der Wille Gottes sind eins geworden.« Ramakrishna schwieg eine Weile. Dann sagte er: »Und gar nichts wird geschehen, wenn ich Gott um Heilung bitte. Ich sehe, daß ich und die Göttliche Mutter eins geworden sind.«[68]

Sarada Devi, die die Hoffnung auf Heilung noch nicht aufgegeben hatte, glaubte durch eine längere Periode des Fastens und nächtlichen Wachens im berühmten Shiva-Tempel zu Tarekeswar eine Wendung zum Besseren erzwingen zu können. Nach zwei Tagen sah sie nachts in einem Gesicht einen Haufen von Tontöpfen in tausend Scherben zerspringen. »Was bedeutet mir Gatte und Verwandter?« sagte eine Stimme in ihr. »Für wessen Heil versuche ich hier Selbstmord zu begehen?« Sie fühlte in ihrem Herzen eine große Loslösung von allen Bindungen und überließ alles dem Willen Gottes. Als Ramakrishna sie sah, sagte er: »Nun, hast du etwas erreicht? Alles ist unwirklich - nicht?«

Ein Traum, den sie kurz darauf hatte, bestärkte sie noch in der Überzeugung, daß eine Heilung nicht mehr möglich war. Sie sah den Kopf der Kali-Statue etwas zur Seite verdreht. Als sie die Göttliche Mutter fragte, was dies zu bedeuten habe, antwortete diese: »Weil er diese Wunde in der Kehle hat, bin ich auch krank.« Wer sollte dann Ramakrishna helfen, wenn die Göttliche Mutter selber durch ihn litt?

Nein, Gott hatte sich nicht hinter den Wolken versteckt, als jener Aufschrei - »Mein Gott, mein Gott, warum hast du mich verlassen?« - von den Lippen Jesu kam. Er hatte sich in ihm versteckt, in Jesus selbst. »Und gar nichts wird geschehen,« hatte Ramakrishna gesagt, »wenn ich zu Gott bete. Ich sehe, daß die Göttliche Mutter und ich eins geworden sind.« Die innigste unio mystica wird hier für den, der sich immer an das Du Gottes wenden konnte, zur tiefsten Einsamkeit. Es gibt niemanden im ganzen Universum, den Jesus und Ramakrishna um Hilfe anrufen könnten. Gott ist allein. Und er hängt am Kreuz.

Er ist allein und doch eins mit der Schöpfung. »Ich sehe,« sagte Ramakrishna, »daß Gott selbst es ist, der zum Opferblock, zum Opferpriester und zum Opfertier geworden ist.« Und überwältigt ruft er aus: »Ah, welch ein Gesicht!« Er versinkt im Samadhi. Wieder hervorgekommen sagt er: »Jetzt fühle ich überhaupt keine Schmerzen mehr. Ich bin wieder mein früheres Selbst.«[69]

Die gerade angeführten Zitate könnten zu der Ansicht führen, Gott und Mensch seien hier so sehr zu einem Wesen verschmolzen, daß es fast den Anschein hat, als habe Gott seine Transzendenz völlig aufgegeben und gehe ganz im Leiden auf. Und in gewissem Sinn müssen wir zugeben, daß Gott wirklich an diesem Drama beteiligt ist. Selbst die Unterscheidung zwischen Vater und Sohn (oder Mutter und Sohn) darf hier nicht zu einer Spaltung führen. Denn die Inkarnation vereinigt in sich das Unendliche und das Endliche, Ewigkeit und Zeit. Die manchmal gestellte Frage: »Wie konnte Gott seinen Sohn so völlig preisgeben und seinem Leiden untätig zuschauen?« ist deshalb falsch gestellt. In vielen alten

Opferriten, in denen noch Menschen getötet wurden, wurde der König oft durch den Sohn ersetzt, wobei jedoch klar war, daß der Sohn anstelle des Vaters getötet und in diesem Ritus mehr oder weniger gleichgestellt wurde. Hier kann keine Rede sein von einem Gott, der die Welt so liebt, daß er seinen eingeborenen Sohn hinschlachten läßt. Diese seltsame Mischung aus Liebe und Grausamkeit ist unerträglich und keineswegs deshalb schon »wahr«, nur weil sie für uns heute ein Ärgernis und eine Zumutung ist. Gott schaut nicht einfach zu, er selbst hat die Wunde in seiner Kehle, er gibt sich selber hin im Sohn.

Doch gleichzeitig sieht Gott seinem Menschsein zu - in ein und derselben Person. Das heißt, er geht nicht völlig in seinem Leiden auf. Wäre Gott - oder das Christus-Bewußtsein - am Kreuz wirklich gestorben, so wäre die Schöpfung augenblicklich zusammengebrochen. Denn wie könnte sie bestehen, wen Er, durch den alles geworden ist, nicht mehr wäre - und wäre es auch nur für ein paar Sekunden?

Bei einem vollkommenen Yogi habe sich der Kern von der Schale getrennt, sagte Ramakrishna. »Durchdringt ein Nagel die Schale einer gewöhnlichen Kokosnuß, so verletzt er den Kern der Nuß. Im Falle einer trockenen Nuß jedoch trennt sich der Kern von der Schale; und wird die Schale durchbohrt, wird der Kern nicht berührt. Jesus war wie eine solche trockene Nuß: seine innere Seele war getrennt von der physischen Schale. Das Leiden des Körpers konnte ihm deshalb nichts anhaben. Obschon durch und durch von Nägeln durchbohrt, konnte er gefaßt für das Wohl seiner Feinde beten.«[70]

Als einer der Jünger Ramakrishnas einmal dessen Zimmer betrat und ihn fragte, wie es ihm gehe, stöhnte Ramakrishna und beklagte sich wie ein Kind. Der Schüler, der den Anblick des völlig ausgezehrten Körpers und das Stöhnen bald nicht länger ertragen konnte, rief schließlich aus: »Du magst sagen, was du willst - ich sehe nur einen Ozean reiner göttlicher Seligkeit.« Worauf Ramakrishna halb zu sich selber sagte: »Der Kerl ist mir auf die Schliche gekommen.«

Doketismus? Man könnte fast alle Meinungen der verschiedensten Häretiker und die orthodoxe Lehre obendrein aus Aussprüchen Ramakrishnas herauslesen, und es würde doch nur wieder Papier rascheln. Die Inkarnation ist nun einmal ein einziges

Paradox. »Ein Spiel des Unendlichen im Endlichen,« nannte Ramakrishna sie, doch er sagte auch: »Niemand kennt die Unermeßlichkeit des Opfers, das Gott bringt, wenn er Mensch wird.«[71] Hier haben wir die ganze Spannweite der Inkarnation, und keine Analyse kann die verschiedenen Aspekte je ganz erschöpfen.

»Es ist schwer zu verstehen,« sagte Ramakrishna zu dem Arzt Dr. Sarkar, der ihn behandelte, »daß Gott ein endliches menschliches Wesen sein kann und zugleich die alles-durchdringende Seele des Universums. Das Absolute und das Relative sind seine beiden Aspekte.«[72] Öffnen wir den Mund, um die Sache zu erklären, so müssen wir, ob wir wollen oder nicht, einmal mehr die absolute und dann wieder mehr die relative Seite betonen. Das Gesamtbild, in dem die scheinbaren Gegensätze zu einer Einheit zusammengefaßt sind, läßt sich dann kaum noch mit Hilfe unserer dualistischen Sprache ausdrücken.

Statt zu analysieren, überläßt man sich dann der Stimme Ramakrishnas, die schwächer und schwächer wird, bis schließlich auch das Flüstern in wortlose Gesten übergeht. »Ich habe soviel gelitten, weil ich euch nicht weinen sehen möchte. Doch wenn ihr alle sagt: 'Oh, wie schwer das Leiden ist! Laß den Körper sterben,' dann fühle ich mich frei, den Körper aufzugeben.« -

»Wißt ihr, was ich gerade sehe? Ich sehe, daß Gott es selbst ist, der zu allem geworden ist. Es erscheint mir so, daß die Menschen und alle anderen Lebewesen aus Leder gemacht sind und daß es Gott selbst ist, der im Innern dieser Lederhüllen wohnt und die Hände, Füße und Köpfe bewegt. Ich hatte früher eine ganz ähnliche Vision: ich sah die Häuser, Gärten, Straßen, Menschen, Tiere - alles aus einer Substanz gemacht; es war mir, als bestünde alles aus Wachs.«

»Ich sehe, daß Gott selbst zum Opferblock, zum Opferpriester und zum Opfertier geworden ist.«

Er blickt auf Latu, einen seiner Jünger: »Da sitzt Loto. Er neigt seinen Kopf und stützt ihn mit seiner Hand. Ich sehe, daß es Gott selbst ist, der seinen Kopf mit der Hand stützt.«

Nachdem er liebevoll die Gesichter von Rakhal und Narendra berührt hat, sagt er: »Wenn der Körper noch ein wenig länger erhalten bleiben könnte, würde der Geist von vielen Menschen noch erweckt werden. - Aber dies ist nicht der Wille Gottes. Diesmal wird der Körper nicht länger am Leben erhalten, damit die

Leute keinen Vorteil aus mir ziehen, der ich arglos und töricht bin, und damit ich nicht alles weggebe. In diesem Kaliyuga halten die Leute nichts von Meditation und dem Wiederholen des Gottesnamens.«

Nach seinem Ausruf, daß die Göttliche Mutter und er eins geworden seien, trennt er sich gleichsam wieder von ihr und sagt: »Hier sind zwei Personen. Die eine ist die Göttliche Mutter, und die andere ist ihr Anbeter. Es ist die letztere, die sich den Arm brach und jetzt krank ist. Versteht ihr? - Doch zu wem sage ich das alles? Wer wird mich verstehen? - Gott wird Mensch, ein Avatar, und kommt zur Erde mit seinen Devotees...« Etwas später deutet er mit der Hand auf sein Herz und versucht etwas zu sagen. Das Sprechen wird ihm immer schwerer. »Ich sehe, daß alle Dinge - alles, was existiert - hier seinen Ursprung hat.« Und er fragt Narendra: »Was hast du verstanden?« Narendra sagt: »Alle geschaffenen Dinge sind von dir gekommen.« Ramakrishnas Gesicht strahlt vor Freude. Zu Rakhal sagt er: »Hast du gehört, was er gesagt hat?«[73]

An einem der nächsten Tage hatten die Jünger Blumen mitgebracht und sie vor ihm niedergelegt. Er nimmt eine der Blumen und berührt damit seinen Kopf, seine Kehle, sein Herz und den Nabel - die verschiedenen Zentren der Kundalini. Er sieht aus wie ein Kind, das mit Blumen spielt. Sein Gesicht strahlt, trotz der Schmerzen. »Ich sehe, daß mein Körper nichts weiter ist als ein Gerüst aus Bambusstreifen, das mit einem Stück Tuch bedeckt ist. Das Gerüst bewegt sich - und es bewegt sich, weil jemand im Inneren wohnt. Und wieder sehe ich, daß der Leib einem ausgehöhlten Kürbis gleicht. Im Inneren des Leibes gibt es keine Spur von Leidenschaft oder weltlicher Sucht. Es ist alles sehr rein im Inneren, und ich sehe... das unteilbare Sat-Chit-Ananda, sowohl innen wie außen. Es hat nur diese Hülle angenommen, um eine Stütze zu haben, und ist sowohl drinnen wie draußen. Ich kann es deutlich sehen.«[74]

Das Ende dieser »Hülle« kam am frühen Morgen des 16. August 1886, etwa eine Stunde nach Mitternacht. Dreimal rief Ramakrishna mit lauter klarer Stimme, deren ihn niemand mehr für fähig gehalten hatte, den Namen Kalis, seiner geliebten Göttlichen Mutter. Bald durchlief ein Zittern den ganzen Körper, seine Haare richteten sich auf, die Augen waren auf die Nasenspitze fixiert und ein Lächeln erhellte das Gesicht. Es war Mahasamadhi, die Endekstase.

Doch das Leiden einer Inkarnation ist nicht an eine Biographie gebunden, es endet nicht an einem bestimmten Tag. Findet eine Mutter Teresa ihren Christus nicht wieder in den Straßen Kalkuttas, wenn sie die Sterbenden aufliest? »In der Messe begegnen wir Christus in der Erscheinung der Hostie und in den Straßen berühren wir ihn in der Erscheinung von Fleisch und Blut,« sagte sie.

Sarada Devi hätte diese Sprache wohl verstanden. »Ich bin durch all dieses Leiden gegangen,« hatte Ramakrishna kurz vor seinem Tod zu ihr gesagt. »Du bist verschont geblieben. Ich habe das Leid der Welt auf mich genommen.«[75] Jahre danach sagte sie zu einem Devotee: »Wer ist es, der leidet? Ist es der Meister (Ramakrishna) oder die Kreatur? Es ist der Meister, der leidet. Das ist es, worüber ich nachgedacht habe. Ich sehe, daß es kein Ende dieses Leidens gibt... Weißt du, was ich hin und wieder sehe? Es ist der Meister, der zu allem geworden ist. Wohin ich auch immer blicke, ich sehe nur ihn. Er ist der Blinde, er ist der Krüppel. Es gibt nichts außer ihm. Deshalb muß ich jeden, der weinend zu mir kommt, befreien. Ich gebe ihnen, was in Wirklichkeit nur ihm gehört... - Eine Ameise lief über den Boden, und Radhu wollte sie töten. Weißt du, was ich sah? Ich sah, daß es keine Ameise war, sondern der Meister; ich sah in ihr seine Hände, seine Füße, sein Gesicht, seine Augen. Ich hinderte Radhu daran, die Ameise zu töten. Ich dachte: der Meister ist zu allen Geschöpfen geworden. Es wäre recht, wenn ich für alle sorgen könnte.«[76]

16. Kapitel

DIE AUFERSTEHUNG

Sieht man in Jesus Christus hauptsächlich den *Menschen* Jesus, so ist die Auferstehung das große Wunder. Sieht man in ihm dagegen vor allem den Christus, den ewigen Logos, so ist die Fleischwerdung das eigentliche Wunder: daß der unendliche Gott sich in eine endliche Form hineinpreßt und zum Kind in der Krippe wird. Welch ein Wunder, welche Maya bestaunen die Hirten und Weisen aus dem Morgenland! Die zum Grab eilenden Frauen und Apostel sehen dagegen nur die Rückkehr des Göttlichen zu sich selbst. Ist es ein Wunder, daß Gott Zeit und Raum überwindet? Wunder gibt es nur draußen, in Maya; je näher wir dem göttlichen Grund kommen, desto weniger gibt es zu staunen.

Während der Westen immer fest an die Existenz der Welt glaubte und die Existenz Gottes immer wieder *beweisen* mußte, scheint für die indischen Weisen die Existenz des göttlichen Bewußtseins das Selbstverständliche gewesen zu sein, während ihnen die Existenz der Welt Kopfzerbrechen verursachte. Nicht daß der Mensch seine göttliche Natur verwirklichen konnte, erschien ihnen als das große Wunder, sondern daß das Unendliche jemals endlich werden konnte. Daß in einem solchen geistigen Klima die Botschaft von der Auferstehung Christi kein so großes Aufsehen erregte, ist nur zu verstehen. Warum hätte Christus denn nicht auferstehen und den Jüngern erscheinen sollen, wenn er ein großer Yogi und Wundertäter und gar ein Sohn Gottes ist?

Aber, wird ein Christ vielleicht entgegnen, das ist es ja gerade: die Auferstehung *beweist* uns ja erst, daß er der Sohn Gottes ist. Ohne diese Auferstehung gäbe es keine Lehre von der göttlichen Inkarnation und überhaupt kein Christentum. Wir würden in einer Welt leben, in der der Tod das letzte Wort hätte: mit ihm wäre alles aus. Die Auferstehung Christi ist also ungeheuer wichtig, wie Paulus schon hervorhob. Man muß an sie glauben. Und man muß um diesen Glauben ringen.

Solche Worte, die man auch heute noch zu Ostern manchmal hören kann, können einen Menschen, der in der indischen Tradition aufgewachsen ist, wohl kaum beeindrucken. Zuerst einmal ist die Auferstehung Christi für ihn keineswegs die *Vorbedingung* für ein Leben nach dem Tode, Christus ist für ihn keineswegs der *Erste* der Entschlafenen, die nach dem Tode wirklich *leben* - in der göttlichen Fülle, und deshalb kann für ihn auch keine Rede davon sein, daß Christus erst die Pforten des Himmels geöffnet habe. Die Auferstehung mag eine gewisse sprengende Wirkung haben in einer Tradition, die vorher kaum über die Vorstellung eines Schattenreiches hinausgekommen war - doch nicht in einer Religion, für die die Vorstellung von Himmel und Hölle, von einem Leben nach dem Tode und von der Möglichkeit einer Erscheinung nach dem Tode etwas Selbstverständliches war - nicht einmal die letzte, sondern nur die vorletzte Wahrheit. Lange vor der Auferstehung Christi hallte die indische Religion schon wider von den Jubelrufen der Erleuchteten, die ihre wahre ewige Natur verwirklicht hatten. Kaum jemand kam mehr auf den Einfall, daß der Mensch nur Staub sei, der zum Staub zurückkehre - oder bestenfalls nach dem Tod ein Schatten, der vor sich hinvegetiert.

Nun gibt man zwar heute schon zu, daß der Gedanke an ein ewiges Leben auch schon vor Christus weit verbreitet war - eigenartigerweise nur sehr wenig in dem Volk, das Gott sich auserwählt hatte -, daß die Welt also auch ohne Auferstehung keineswegs völlig trostlos und eine Beute des Todes war. Aber, so wird hinzugefügt, die Auferstehung Christi habe doch etwas Einmaliges dadurch, daß es sich nicht nur um ein seelisches Weiterleben handelte, sondern auch um eine *leibliche* Auferstehung. Wo gibt es die in irgendeiner anderen Religion? Stand Buddha etwa leiblich von den Toten auf? (Für einen Buddhisten wohl eine seltsame Vorstellung.) Oder - um gleich auf die Erscheinungen Ramakrishnas nach dessen Tod zu sprechen zu kommen - handelte es sich hier um eine wirkliche *Auferstehung* oder nicht vielmehr um die Erscheinungen eines Heiligen, wie wir sie auch im Christentum sehr oft finden, ohne daß wir im Falle dieser Heiligen von einer »Auferstehung« sprechen würden, die eben ein leeres Grab voraussetzt?

Selbstverständlich weiß der heutige Christ, daß die Schilderungen der Auferstehung Christi nicht ganz ohne Widersprüche sind. Nicht nur die Gräber von vielen Heiligen tun sich da auf, sondern auch viele Schwierigkeiten. Glauben wir heute noch an diese »Gespenster«, die in Jerusalem herumgewandelt sein sollen? Wenn ja, dann war die Auferstehung Christi so einmalig nicht; wenn nein, dann muß man auch vieles andere bezweifeln. Warum erkannten Maria Magdalena und die Emmaus-Jünger, denen er in einer »anderen Gestalt« erschien, nicht zugleich den Herrn? Und die Jünger am See von Tiberias? Selbst wenn es sich hier nicht um »Legenden« handelte, so bliebe doch die »zwielichtige«, fast traumhafte Atmosphäre. Und, was für uns sehr wichtig ist, warum ist für die Urkirche das leere Grab überhaupt noch nicht so entscheidend, warum findet es in den Paulus-Briefen, den frühesten Zeugnissen, keine Erwähnung, warum geht es diesem Heidenapostel hauptsächlich um die Tatsache, daß Christus *lebt*, daß er vielen Jüngern erschienen ist - zuletzt auch ihm? Warum zögert Paulus nicht, diese doch eher mystische Vision den anderen Erscheinungen anzufügen? Sah er in den Erscheinungen des Auferstandenen und denen des längst im Himmel thronenden kosmischen Christus keinen Unterschied?

Bevor wir auf einen Vergleich der Erscheinungen Christi und denen Ramakrishnas näher eingehen, müssen wir kurz einige der Ramakrishna-Erscheinungen schildern:

Der Leichnam Ramakrishnas wurde nach indischer Sitte den Flammen übergeben - obschon es im Falle von Heiligen auch des öfteren Brauch ist, den Leichnam zu beerdigen -, und die Asche wurde in einer Urne gesammelt. Die Jünger, die die Urne trugen, waren sicherlich alles andere als fröhlich gestimmt, doch sie verstreuten sich auch nicht entsetzt in alle vier Winde, sondern nahmen ihren ganzen Mut zusammen und riefen: *Jai Sri Ramakrishna! Heil Ramakrishna!*

Nach der Verbrennungszeremonie wollte Sarada Devi ihren Schmuck ablegen, wie es für eine Hinduwitwe üblich ist. Als sie gerade dabei war, ihre Armbänder zu entfernen, erschien Ramakrishna vor ihr, faßte sie bei der Hand und sagte: »Bin ich tot, daß du dich wie eine Witwe benimmst? Ich bin nur von einem Zimmer ins andere gegangen.« Sarada Devi behielt daraufhin ihren Schmuck und trug ihn, solange sie lebte. Sie trug auch nie einfache weiße Kleider, wie es für eine Witwe normalerweise vorgeschrieben ist, sondern behielt immer einen dünnen roten Streifen an ihrem Sari, zum Zeichen dafür, daß sie sich noch als verheiratet betrachtete.

Als sie eines Abends in Benares der Abendandacht im Visvanath-Tempel beiwohnte, geriet sie in einen Zustand freudiger Ekstase und war sich kaum der Außenwelt bewußt, als sie vom Tempel zurückkehrte. Später sagte sie: »Es war der Meister, der mich an der Hand hielt und mich nach Hause führte.« Als sie wieder einmal über ihre Trennung weinte, erschien Ramakrishna wieder vor ihr und sagte: »Warum weinst du soviel? Hier bin ich. Bin ich denn fortgegangen? Es war nur ein Wechsel von einem Zimmer ins andere.«

Am wenigsten »wundergläubig« von allen war wohl Narendra, der eine recht moderne westliche Erziehung genossen hatte und dem es schon große Mühe bereitet hatte, Ramakrishna als eine göttliche Inkarnation zu akzeptieren. Etwa eine Woche nach dem Tod Ramakrishnas stand Narendra und ein anderer Devotee namens Harish im Garten des Cossipore Hauses. Es war etwa acht Uhr abends. Plötzlich sah Narendra eine strahlende Gestalt, die sich vom Gartentor näherte. Er fragte sich, ob dies der Meister sein könne, sagte jedoch nichts zu Harish, weil er fürchtete, es könne sich um eine Halluzination handeln. Doch auch Harish flüsterte, etwas ängstlich und heiser: »Was ist das?« Naren machte sich Mut und rief: »Wer ist da?« Auf sein Rufen hin kamen andere Jünger aus dem Haus. Doch die Gestalt verschwand in der Nähe eines Jasminbusches, etwa zehn Meter von ihnen entfernt.

Als sich Narendra später einmal einem anderen Yogi anvertrauen und von diesem in gewisse Geheimnisse des Hatha-Yoga eingeweiht werden wollte, um von einer Krankheit geheilt zu werden, die ihn gerade plagte, erschien Ramakrishna vor ihm und schaute ihn lange an, ohne etwas zu sagen. Als sich diese Erscheinung in den folgenden zwei Nächten wiederholte, gab Narendra sein Vorhaben auf.

Ähnliche Erlebnisse hatten auch die anderen Jünger. Als es einmal zu einem Streit zwischen Swami Premananda und Swami Brahmananda kam, wollte der erstere kurzerhand das Belur Math-Kloster, das zu ihrem Hauptquartier geworden war, verlassen. Doch er hatte kaum das Tor erreicht, als jemand plötzlich von hinten sein Handtuch, das er über der Schulter trug, fortnahm und es um seinen Hals band. Als er sich umdrehte, stand die Gestalt Ramakrishnas vor ihm. »Wohin gehst du, mein Kind?« fragte er. »Wie kannst du fortgehen und mich hier zurücklassen?«

Diesen wenigen Beispielen ließen sich auch noch zahlreiche Visionen und »Träume« hinzufügen. Vivekananda hörte in Amerika sehr oft die Stimme seines Meisters, der ihm manchmal ganze

Reden »einsagte«. Einige der Jünger hatten, besonders in ihren letzten Lebensjahren, eine fast ununterbrochene Vision ihres Meisters. So sagte Swami Brahmananda: »Ich sehe Sri Ramakrishna jeden Tag und spreche mit ihm.« Einen Unterschied zwischen einer »Auferstehung« und einer »Himmelfahrt« gab es hier natürlich nicht. Ob die Erscheinungen nun einen subjektiven oder objektiven Charakter hatten - sie zeigten vor allem, daß das Häuflein der Zurückgebliebenen immer wieder von Ramakrishna versichert wurde, daß er noch *gegenwärtig* war - nur daß er nun im Unterschied zu früher von einer anderen Ebene aus wirkte. Man hat jedoch keineswegs den Eindruck, daß sich die Jünger an diese Erscheinungen *klammerten*. Wir wiesen schon darauf hin, daß ihre Reaktion auf den Tod ihres Meisters sehr verschieden war von der Reaktion der Jünger Jesu, die wirklich zu glauben schienen, mit dem Tod sei alles aus. Ohne die Erscheinungen Christi hätte es wirklich kein Christentum gegeben, die ganze Bewegung wäre wohl im Sande verlaufen. Wäre Ramakrishna dagegen seinen Jüngern nicht erschienen, so wären sie dennoch überzeugt gewesen, daß er in einem Geist-Körper weiterleben und sie auf indirekte Weise auch weiter inspirieren würde. Die Existenz des später gegründeten Ordens und überhaupt der ganzen »Bewegung« hing nicht von diesen Erscheinungen ab. Erwähnte Vivekananda auch nur ein einziges Mal solche Erscheinungen in seinen öffentlichen Vorträgen? Man muß schon lange suchen, um Berichte darüber in privaten Briefen und Gesprächen zu finden. Die Botschaft und der Orden der Ramakrishna-Jünger war mehr auf allgemeinen geistigen Prinzipien aufgebaut als auf privaten Offenbarungen und Erscheinungen.

Natürlich sollte man diese auch nicht völlig übergehen, denn sie stellten sicherlich eine große Ermutigung dar - ganz abgesehen von der Freude, die das plötzliche Erscheinen des geliebten Gesichtes in den Herzen der Zurückgebliebenen auslösen mußte. Auch hätte das bloße Wissen um das Weiterexistieren der Seele, das für jeden Hindu etwas Selbstverständliches ist, Sarada Devi wahrscheinlich nicht bewogen, die Kleidung und den Schmuck einer verheirateten Frau anzubehalten. Schließlich glaubt jede Hindufrau, ihr verstorbener Gatte werde weiterleben, doch dies hindert sie nicht daran, sich als verlassene Witwe zu fühlen. Ramakrishna machte durch seine Erscheinungen deutlich, daß er nicht nur

»irgendwie« weiterexistierte, sondern daß er ihnen ganz nah war; daß er nicht nur irgendein menschliches Individuum auf der langen Seelenwanderschaft war, sondern eine göttliche Kraft, die am Fortgang der Geschichte interessiert war und die Jünger weiter inspirierte.

Dennoch muß man sagen, daß die Erscheinungen Ramakrishnas in keinem Vergleich zu den Erscheinungen Christi stehen, *was die Bedeutung für die Jünger betrifft*. Man könnte vielleicht überspitzt sagen, daß die Ostergeschehnisse nicht so sehr die Größe Christi, sondern die Kleingläubigkeit seiner Gefolgschaft - und vielleicht auch des ganzen Westens, der seine Hand in die Wundmale des Auferstandenen legen mußte - beleuchten. Alles ist viel körperlicher, dramatischer, in grelleren Farben gemalt. Damit soll keineswegs gesagt werden, daß man nicht mit ehrlichem Herzen in den Auferstehungsjubel mit einstimmen solle. Ja, Christus ist *wahrhaft* auferstanden! Kein indischer Avatar hat dem Ostergeschehnis, wie es uns in den Evangelien berichtet wird, etwas im dramatischen Sinn Gleichwertiges entgegenzusetzen. Aber dies gibt dem Christentum noch keine Vormachtstellung, es sagt nichts über die eigentliche *Tiefe* der Religion aus.

Vergleicht man die Erscheinungen Christi mit denen von Ramakrishna, so fallen wohl vor allem zwei Unterschiede auf. Erstens erschien Christus, den Berichten zufolge, nicht nur Einzelnen, sondern manchmal allen Aposteln gleichzeitig, und zweitens erschien er ihnen *leiblicher*, wenn auch klargemacht wird, daß es sich dabei um einen völlig neuen, verklärten Leib handelte, der an die üblichen materiellen Gesetze nicht mehr gebunden war.

Der erste Punkt wird oft als ein Beweis dafür angeführt, daß es sich um keine bloßen subjektiven Visionen von Einzelnen gehandelt habe. Doch diese angebliche »Objektivität« wird oft so sehr herausgestrichen, daß man den Eindruck erhält, Christus hätte nach der Auferstehung noch in fast gleicher Weise unter seinen Jüngern gelebt wie vor seinem Tod. Man muß sich deshalb immer vor Augen halten, daß es sich immer um plötzliche *Erscheinungen* handelte, um Einbrüche in die materielle Welt aus einer anderen Dimension - oder einem »anderen Zimmer«, wie Ramakrishna sagte. Es waren immer nur die Jünger und die »Frauen«, die mit solchen Erscheinungen beglückt wurden. Der Glaube an Jesus war also erforderlich, und damit wird die Grenze zwischen Subjektivität und Objektivität bereits recht schwimmend. Auf keinen Fall können wir im Falle Ramakrishnas von bloßen subjektiven Visionen der Devotees, im Falle Jesu aber von objektiven Erscheinungen sprechen. Man kann höchstens sagen, daß die Erscheinungen im letzteren Fall, den keineswegs widerspruchslosen Berichten zufolge, häufiger waren, und daß Christus manchmal auch allen Jüngern gleichzeitig erschien, während sich Ramakrishna nur einmal zweien zur selben Zeit zeigte. Diese Häufigkeit hat sicherlich mit der psychologischen Notwendigkeit der Erscheinungen im Falle der Jesus-Jünger zu tun, und es wäre wohl recht sinnlos, hier quantitativ zu messen und die Größe einer Inkarnation nach der Häufigkeit seiner Erscheinungen zu beurteilen. Wo der Glaube an ein Leben nach dem Tod beinahe erst geschaffen werden muß, müssen die Erscheinungen wohl sehr viel massiver sein als in einer religiösen Atmosphäre, in der der Tod das Ablegen der körperlichen Hülle bedeutet - vergleichbar dem Ablegen von alten Kleidern.

Damit sind wir schon beim zweiten Punkt, und hier scheint der Unterschied weit gravierender zu sein als beim ersten Punkt. Auf der einen Seite haben wir die Berichte über das leere Grab, auf der anderen den Bericht über die Verbrennung eines Leichnams, dessen Asche noch heute in einer Urne aufgehoben wird.

Es geht mir im weiteren nun nicht so sehr darum, an der Tatsache des leeren Grabes zu rütteln, sondern an seiner Wichtigkeit. Es gibt natürlich heute nicht nur aufgeklärte Wissenschaftler, sondern auch schon viele Theologen, die die »Legende« vom leeren Grab für eine spätere Entwicklung halten, von der zum Beispiel Paulus noch nichts wußte. Wird das leere Grab auch von vielen Gläubigen noch vehement verteidigt, so kann man andererseits auch schon von manchem katholischen Pfarrer hören, »man« sei eigentlich davon schon längst abgekommen. Was mich betrifft, so halte ich das leere Grab zumindest für möglich, doch ich muß mich auch fragen, ob es wirklich etwas so Welterschütterndes darstellt. Viele Christen verknüpfen die Erscheinungen so sehr mit dem leeren Grab, daß sie der Meinung sind: ohne leeres Grab keine Erscheinungen, ohne diese kein Christentum. Daß auch ein Franziskus nach seinem Tod vielen erschien, ohne daß er jemals »leiblich« auferstanden wäre, müßte da doch zu denken geben. Man müßte sich auch fragen: Wäre es Jesus unmöglich gewesen, seinen Jüngern zu erscheinen, wenn es in Israel zufällig Brauch gewesen wäre, den Leichnam zu verbrennen, und ihn nicht zu begraben? War Christus, der Sohn Gottes, von einer solchen Zufälligkeit abhängig?

Es ist natürlich sehr gut möglich, daß Christus durch das leere Grab ein dramatisches »Zeichen« setzen wollte; doch man kann es unmöglich als eine notwendige Voraussetzung für die Erscheinungen ansehen. Die Jünger Jesu hatten, als typische Juden ihrer Zeit, recht »materialistische« Vorstellungen und waren noch kaum von einem platonischen Leib-Seele-Dualismus angehaucht. Für die meisten heutigen Christen ist es selbstverständlich, an eine Trennung der Seele vom Leib nach dem Tod und an ein individuelles Gericht zu glauben, und der Glaube an ein Wiederzusammenkommen von Leib und Seele an einem Jüngsten Tag erscheint uns eher als ein Zugeständnis an urchristliche, von Persien beeinflußte Vorstellungen, die noch ganz naiv davon ausgingen, daß die Toten in ihren Gräbern ruhten und beim Schall der Posaunen auferstehen würden. Warum etwa mußten sich in der Nacht vor Ostern die Gräber vieler Heiliger auftun – warum konnten diese Heiligen nicht auch so erscheinen, wie ein späterer Katholik es sich vorstellen würde – ohne daß die Gebeine wieder lebendig wurden? Der Grund dafür ist natürlich der, daß man sich Erscheinungen damals kaum anders als leibliche Auferstehungen vorstellen konnte.

Wir können selbstverständlich heute nicht mehr herausfinden, ob die Erzählung vom leeren Grab eine spätere Reaktion der Jünger auf die Erscheinungen war, oder ob Jesus sich sozusagen ihren Vorstellungen anpaßte und auch leiblich aus dem Grab auferstand. Es liegt natürlich nahe, daß Jesus bei solchen Vorstellungen das Abreißen und den Wiederaufbau des Tempels, d.h. seines Leibes, recht wörtlich nehmen mußte: dem leiblichen Tod mußte auch ein Auferstehungssieg in leiblicher Gestalt folgen. Für die Jünger hatte Jesus ja seinen *Geist* aufgegeben – und nicht seinen Körper, wie man in Indien gesagt hätte. Sie mußten einen leibhaftigen Christus wiederhaben, den man auch anfassen konnte – und nicht ein »Gespenst«, das sie nicht über den im Grab zurückgebliebenen geschundenen Leib des Herrn hinweggetröstet hätte. Die schmachvolle Todesart Jesu spielte hierbei gewiß auch noch eine bedeutsame Rolle, denn diese Schmach konnte in den Augen der Jünger wohl nur durch einen vollständigen Sieg überwunden werden – einen Sieg, der auch den Leib mit einbezog. Eine weitere wichtige Rolle spielte wohl auch die Bestattungsart, denn ein Leichnam im Grab ist immer noch mit der Vorstellung einer »Person« verbunden - viel mehr jedenfalls als ein Häuflein Asche in einer Urne. Wäre Christus den Jüngern ohne leibliche Auferstehung erschienen, hätten sie wohl immer noch an das »Double« im Grab denken müssen, während ein Jünger Ramakrishnas bestimmt nicht an die Asche in der Urne dachte, wenn der Meister plötzlich vor ihm erschien.

Doch wenn wir auch zugeben, daß eine leibliche Auferstehung Christi möglich - und vielleicht sogar, aus den soeben angegebenen Gründen, nötig - war, so bedeutet dies noch keineswegs, daß sich die Erscheinungen Christi grundsätzlich von anderen Erscheinungen, etwa denen Ramakrishnas, unterscheiden. In beiden Fällen handelt es sich um Erscheinungen des »subtilen« Körpers, der durch geschlossene Türen gehen kann und auch sonst an keine irdischen Gesetze gebunden ist. In einem solchen Geist-Körper konnte Ramakrishna anderen Menschen bereits zu Lebzeiten erscheinen. So erschien er Vijay, der später zu ihm sagte: »Ich habe die Gestalt genauso berührt, wie ich dich jetzt berühre.«[77] Eine gewisse »Körperlichkeit« scheint dieser Geist-Leib also auch zu haben, ob er nun zu Lebzeiten, oder nach dem Tode jemandem erscheint. Nach indischem Glauben ist er schon immer vorhanden, er wird nicht erst nach dem Tode »geschaffen«, auch wird der materielle Leib nicht in ihn »verwandelt«. Christus *schuf* keine neue Dimension, er wechselte nur die Hüllen, drückte sich nicht mehr durch die grobphysische, sondern durch eine feinere Hülle aus, einen transparenteren Maya-Schleier. Dieser war nicht mehr so festgelegt wie der materielle, er konnte auch einmal in »anderer Gestalt« erscheinen, so daß man ihn nicht gleich erkannte. Ist der göttliche Logos an irgendwelche Ausdrucksformen gebunden?

Man kann die »leibliche« Auferstehung Jesu natürlich auch in einem mehr philosophischen Sinn verstehen. So wie etwa durch das Dogma der leiblichen Aufnahme Marias in den Himmel das Weiblich-Mütterliche gleichsam vom Fluch der Sünde freigesprochen und in verklärter Form endlich Eintritt in den höchsten Himmel erhielt, so nahm Christus durch seine Auferstehung die Materie, die er schon vorher durch seine Fleischwerdung angenommen und bis zu einem gewissen Grad auch »geheiligt« hatte, mit in das neue Leben, wenn auch natürlich in einer transformierten Form. Doch eine solche Betonung der leiblichen Auferstehung ist wohl nur dort notwendig, wo die Materie und alles Leibliche als außer-göttlich angesehen wird. Wo dagegen die Schöpfung schon im göttlichen Grund gesehen wird, braucht sie nicht erst durch ein gewisses Ereignis geheiligt und verklärt zu werden. Das Christentum ist vor allem eine Religion, in der immer etwas »geschieht« - eine Serie von Sündenfällen und Heilsereignissen, von sichtbar gesetzten Zeichen. Der Hinduismus ist vor allem eine mystische Religion, eine Religion des *Sehens* und *Erkennens* - und zwar des Erkennens von *Grund*wahrheiten, die sich nicht ständig verändern. Ramakrishna *sah,* daß im Grunde alles Gott war, er sah die ganze Schöpfung in dem Licht, das alles scheinbar Nur-materielle als göttliche Energie und als göttliches Bewußtsein offenbart. Die Trägheit oder die Transparenz der Materie hängt hier nicht von irgendwelchen göttlichen Taten ab, sondern von dem Auge, das sie betrachtet. Sehen wir einmal von gewissen Experimenten Sri Aurobindos ab, so liegt dem Inder normalerweise nichts daran, das Irdisch-Materielle in eine andere göttlichere Dimension hinüberzuretten. Wozu auch? Es gibt viele Wohnungen im Hause Gottes, viele Schwingungsgrade der göttlichen Energie, gröbere und feinere. Wenn hinter der materiellen Ebene zahlreiche andere Ebenen liegen, durch die sich das Göttliche ebenfalls ausdrückt, so ist nicht einsichtig, warum das Grobstoffliche unbedingt verfeinert werden sollte.

Wahrscheinlich weiß dies auch ein Katholik, der an die leibliche Auferstehung und auch an die leibliche Himmelfahrt Jesu und Marias glaubt. Dieser Glaube wird ihn nicht dazu verleiten, sich einen Himmel vorzustellen, in dem nur Christus und Maria - und vielleicht noch Elias - »leiblich« sitzen, während alle anderen Heiligen als völlig gestaltlose Seelen herumirren und noch auf den Jüngsten Tag warten müssen, damit sie wieder eine Gestalt bekommen. Der verklärte Leib Marias wird um nichts »materieller« sein als der Geist-Leib der Hl. Theresa. Wenn aber hier kein Unterschied besteht, so ist das Hinüberretten des Leiblichen in das »andere Zimmer« eigentlich nicht notwendig.

17. Kapitel

GEHET HIN
IN ALLE WELT

Es besteht kein Zweifel daran, daß Ramakrishna sich nicht als der Gründer einer neuen Religion fühlte. Doch dies bedeutet natürlich noch nicht, daß er sich nicht einer gewissen »Sendung« bewußt gewesen wäre. Wenn ihm die Göttliche Mutter auftrug, auf der Schwelle vom Relativen zum Absoluten zu bleiben und nicht für immer in den Tiefen des Nirvikalpa-Samadhi zu versinken, so hatte das seine ganz bestimmte Bedeutung. Und es war wiederum von Bedeutung, wenn Ramakrishna seinerseits seinen bedeutendsten Schüler, Vivekananda, schalt, weil dieser für immer in der Seligkeit des Samadhi verharren wollte. »Schande!« sagte Ramakrishna, »von dir hätte ich Besseres erwartet.« Er wollte in seinem Jünger einen mächtigen Baumstamm sehen, der zahlreiche Menschen über das Wasser tragen konnte. »Große Dinge wirst du in der Welt verrichten: den Menschen wirst du das Bewußtsein des Göttlichen vermitteln und das Elend der Armen und Niedrigen lindern.«[78] Und einige Tage vor seinem Tod rief er Narendra zu sich und bat die anderen, man möge diesen mit ihm allein lassen. Im Samadhi übertrug Ramakrishna seine geistige Energie auf seinen Schüler. Als Narendra das Bewußtsein der Außenwelt wieder gewann, sah er, wie sein Meister weinte. »Nun habe ich dir alles gegeben,« sagte dieser zu ihm, »und ich bin ein armer Fakir geworden, ich habe nichts mehr. Durch diese Macht wirst du der Welt große Wohltaten erweisen; erst dann wirst du wieder zurückkehren... «[79] Während seines ganzen weiteren Lebens fühlte sich Vivekananda, der sich oft gern ganz zurückgezogen hätte, um nur noch zu meditieren, von dieser Kraft besessen. »Für mich gibt es keine Ruhe,« sagte er. »Das, was Ramakrishna Kali zu nennen pflegte, hat von meinem Leib und meiner Seele Besitz ergriffen, drei oder vier Tage bevor jener die Erde verließ. Und unter dem Zwang dieser mystischen Kraft muß ich arbeiten, arbeiten... und darf nie an meine persönlichen Bedürfnisse denken.«[80]

»Sieh doch die Leute von Kalkutta,« sagte Ramakrishna einmal zu Sarada Devi. »Sie gleichen Würmern, die sich in der Dunkelheit winden. Du mußt Licht zu ihnen bringen.«[81]

Doch dieses Licht-bringen war nicht immer so einfach, weder für Ramakrishna noch für Sarada noch für die Jünger. Manchmal drückte Ramakrishna seine Ungeduld selber drastisch aus und beklagte sich bei seiner Göttlichen Mutter: »Warum schleppst du mir all diese Leute her, die wie fünffach verwässerte Milch sind? Meine Augen sind fast verbrannt, weil ich so oft ins Feuer hauchen muß, damit soviel Wasser verdunste! Meine Gesundheit ist hin. Ich kann nicht mehr. Tu' es doch selbst, wenn du Lust hast! Mein Körper ist nur noch eine zerlöcherte Trommel. Wenn du sie Tag und Nacht bearbeitest, wie lange kann sie das aushalten?«[82]

Später, nach dem Tod Ramakrishnas, sollten sich dann einige Jünger manchmal in ganz ähnlicher Weise bei ihrem Meister beklagen, der in ihren Augen mit der Göttlichen Mutter eins geworden war und der sie nun als Werkzeuge gebrauchte. Selbst der so starke und dynamische Vivekananda wünschte sich manchmal, daß der Geist seines Meisters und der Mutter nie in ihn gefahren wäre. Und Ramakrishnananda, der in den Süden Indiens, nach Madras, geschickt worden war, stand nicht selten vor dem Bild seines Herrn im Schrein (das für ihn ein *lebendes* Bild war) und beklagte sich: »So, du hast mich hierhergeschleppt, alter Mann, und mich in diese hilflose Situation gebracht. Willst du meine Geduld und meine Ausdauer prüfen?«

Doch solche Ausbrüche waren eher Zeugnisse der Intimität als der Verzweiflung. Sie wußten, daß sie nie im Stich gelassen würden. Und bestand ihr Leben nicht in erster Linie in Aufopferung? Ramakrishna selber hatte es so ausgedrückt: »Mag ich doch dazu verdammt sein, wieder und wieder geboren zu werden, selbst in Gestalt eines Hundes, wenn ich so nur wenigstens einer Seele Hilfe bringen kann!« Von Vivekananda sind ganz ähnliche Worte überliefert, und Sarada Devi sagte einmal: »Die Leute sagen zu mir, ich solle meinen Schlaf genießen. Doch wie kann ich schlafen? Es scheint mir, daß die Zeit, die ich verschlafen könnte, dem Gebet gewidmet sein sollte. Manchmal sage ich zu mir: Hätte ich statt dieses kleinen und schwachen Körpers einen viel größeren Leib, wieviel mehr Gutes könnte ich für die anderen tun!«[83]

Doch immer wurde solche »Hilfe« - ob sie nun im Gebet, in

der Predigt oder in sozialer, erzieherischer und ärztlicher Tätigkeit bestand - als *Dienst* aufgefaßt, genauer als Gottesdienst. »Wer bist du,« rief Ramakrishna einmal aus, »daß du von Hilfe sprichst? Wie kannst du, elender Wurm, der Welt helfen? Nein, es kann nicht Hilfe sein, sondern Dienen. Diene allen Menschen, indem du Gott in ihnen siehst.«

Als einen solchen Dienst verstanden die Jünger auch ihre »Missions«-Tätigkeit, die sie nicht nur in alle Ecken und Enden des indischen Subkontinents, sondern auch nach Europa und besonders nach Amerika führte. Nie wurde der Mensch als »Bekehrungsmaterial« betrachtet, sondern als der schlummernde Gott, dessen Göttlichkeit geweckt werden mußte.

Doch hatten sie überhaupt, mag man fragen, einen Sendungs*auftrag* von Ramakrishna? Wir zitierten zwar bereits Aussprüche, die deutlich zeigen, daß Ramakrishna von seinen Schülern - insbesondere von Vivekananda - mehr erwartete als nur geistige Nabelbeschau. Er gab einem Dutzend von ihnen auch das orangene Mönchsgewand und kann so - wenn auch mehr indirekt als direkt - als »Gründer« des Ramakrishna-Ordens bezeichnet werden, der dann später von Vivekananda organisiert wurde. Doch hatte Ramakrishna sie irgendwann aufgefordert, in die Welt hinauszugehen und systematisch seine Person und seine Lehre zu propagieren?

Gewiß nicht seine Person. Und auch von »Systematik« kann kaum die Rede sein. In den ersten Jahren nach Ramakrishnas Tod bestand kein Plan, auf organisierte Weise aktiv zu werden. Sie führten nur ein intensives geistiges Leben, teils in einer kleinen Gemeinschaft, teils als umherwandernde Bettelmönche. Erst als Vivekananda 1893 nach Amerika fuhr, dort großes Aufsehen erregte und nach vier Jahren zurückkehrte und im Triumph durch ganz Indien zog, begannen sich die Dinge zu ändern - und keineswegs sogleich mit der Zustimmung aller seiner Mitbrüder.

War dann alles nur die Sache eines Mannes - Vivekanandas? Und welche Rolle spielte dann Ramakrishna in diesem plötzlichen Wirbel? War Vivekananda nur sein verlängerter Arm, sein Instrument, oder drückte dieser leidenschaftliche Schüler der Bewegung seinen eigenen Stempel auf und verfälschte so in gewissem Sinne die Grundabsichten Ramakrishnas?

Man sieht, wir stehen hier eigentlich wieder vor dem alten

Jesus-Paulus-Problem, und unsere Reaktion darauf hängt wohl davon ab, ob wir in einer göttlichen Inkarnation nur den lokalen Avatar mit all seinen provinziellen - jüdischen oder bengalischen - Begrenzungen sehen, oder aber eine göttliche Energie, die sich mehr und mehr ausweitet und sich durch verschiedene Kanäle ausdrückt.

Vivekananda nahm gewiß den zweiten Standpunkt ein - so eng die Verbindung zwischen ihm und der *Person* Ramakrishnas auch gewesen sein mochte und es noch immer war. Er verwahrte sich dagegen, daß man um seinen Meister nur einen bengalischen Kapellenkult organisieren würde. »Sri Ramakrishna ist eine Kraft,« schrieb er. »Du sollst nicht denken, daß seine Lehre nur dies oder jenes sei. Er ist eine Energie, eine Macht, die auch jetzt noch in seinen Schülern lebt und in der Welt wirkt. Ich sah ihn wachsen in seinen Ideen. Und er wächst noch immer... «[84]

Einige von Ramakrishnas Schülern waren von der Aktivität Vivekanandas kaum weniger irritiert als die judenchristliche Urgemeinde in Jerusalem von den »hellenistischen« Extravaganzen des Heidenapostels Paulus. Wieder und wieder mußte sich Vivekananda rechtfertigen und ging dabei immer gleich von der Verteidigung zum Angriff über: »War Ramakrishna nur der Erlöser Indiens? Es ist dieses engstirnige Denken, das für den Niedergang Indiens verantwortlich ist, und das Land kann unmöglich gesunden, bevor dieses Übel ausgerottet ist... « In seiner Begeisterung sieht Vivekananda ein Satya-Yuga, ein neues »Goldenes Zeitalter« heraufkommen, das von Ramakrishna eingeleitet wurde. »Der Unterschied zwischen Mann und Frau, zwischen reich und arm, zwischen Gebildeten und Ungebildeten, zwischen Brahmanen und Chandalas - er (Ramakrishna) lebte, um all diese Unterschiede auszurotten. Er war der Friedensbote: die Trennung zwischen Hindus und Moslems, zwischen Hindus und Christen - all dies gehört nun der Vergangenheit an. In diesem Satya-Yuga hat die Sturmflut der Liebe Sri Ramakrishnas alle vereinigt.«[85] Dies ist nicht weit vom Geist des Paulus entfernt, wenn dieser im Galaterbrief schreibt: »Da gibt es nicht mehr Juden und Griechen, Sklaven und Freie, Mann und Weib. Denn ihr alle seid einer in Christus Jesus.« (3, 28)

Nun darf man den Widerstand gegen Vivekananda natürlich nicht überschätzen. Kein einziger der Jünger zweifelte daran, daß Ramakrishna in seinem großen Schüler weiterlebte, und die meisten schlossen sich nach anfänglichem Zögern seinem Missionsprogramm auch an. Wenn einige, wie Latu, sich etwas zurückzogen, so war das ihre Privatangelegenheit. Vivekananda war weit davon entfernt zu glauben, nur er selber verkörpere den Ramakrishna-Geist; dieser spiegelte sich in jedem der Jünger auf verschiedene Weise wider, und gerade dies machte den inneren Reichtum der Bewegung aus. Aber deshalb lehnte Vivekananda auch wiederum jede enge Eingrenzung, etwa auf eine persönliche Privatfrömmigkeit, ab. Ramakrishna hatte zwar immer die innere religiöse Verwirklichung betont und nie »moderne, westliche« Aktivitäten - wie den Bau von Hospitälern, Schulen etc. - in den Vordergrund gerückt. Doch wenn Ramakrishna in seinem persönlichen Erdenleben mehr der religiöse Lehrer und der »Bräutigam« war, der mit seinen Bhaktas sang und tanzte, und nicht ein bloß humanistischer Reformer, so bedeutete dies keineswegs, daß die Ramakrishna-Energie in ihrer historischen Auswirkung nicht auch breitere Ringe zog, die auch die Ideen und Methoden des Westens mit einbezogen. An einen Mitbruder, der diese Methoden anfangs beargwöhnte, schrieb Vivekananda: »Solange ich auf der Erde weile, arbeitet Ramakrishna durch mich. Solange du davon überzeugt bist, kann kein Übel dich befallen.«[86] Und bezüglich seiner »westlichen« Ideen sagte er: »Woher wißt ihr, daß sie nicht mit seinen Ideen übereinstimmen? Wollt ihr Sri Ramakrishna, die Verkörperung unendlicher Ideen, in eure engen Grenzen einschließen? Ich werde diese Grenzen aufbrechen und seine Ideen über die ganze Welt verbreiten... Wieder und wieder habe ich in diesem Leben Beweise seiner Gnade erhalten. Er selbst steht hinter mir und veranlaßt mich, auf diese Weise zu wirken. Durch den Willen des Herrn folgt mir der Sieg überall... Die Sache ist die: Sri Ramakrishna ist viel größer, als seine Schüler denken. Selbst wenn man eine Grenze der Brahman-Erkenntnis finden sollte, so kann man doch nicht die unergründlichen Tiefen des Geistes unseres Meisters kennen. Ein gnädiger Blick seiner Augen kann Hunderttausende Vivekanandas in einem Augenblick hervorbringen! Wenn er es nun für gut findet, durch mich zu arbeiten, indem er mich zu seinem Instrument macht, so kann ich mich nur seinem Willen beugen.«[87]

Vivekananda kommt dem »Heidenapostel« Paulus besonders nahe, wenn er in einem Brief schreibt: »Wir müssen zu jedem in seiner eigenen Sprache sprechen. Glaubst du, die Leute in diesem

Land (Amerika) würden sich angezogen fühlen, wenn ich von 'Hinduismus' rede? Die Engstirnigkeit der Ideen wird sie abschrecken! Es zählt nur *die* Religion, wie sie von Sri Ramakrishna gelehrt wurde; laß die Hindus sie Hinduismus nennen und laß andere sie auf ihre Art benennen.«[88] Dies schrieb einer, der sich in Indien oft zumindest dem Schein nach den orthodoxen Gesetzen beugte, und dem es doch sehr leicht fiel, alle diese Fesseln in einem »demokratischen« Land wie den USA wieder abzuschütteln. Man denkt an die berühmten Paulusworte: »Obgleich ich nämlich unabhängig von allen Menschen war, habe ich mich doch zum Knecht aller gemacht, um die Mehrzahl zu gewinnen. So bin ich den Juden wie ein Jude geworden, um Juden zu gewinnen, den Gesetzesleuten bin ich ein Gesetzesmann geworden, obschon ich gar kein Gesetzesmann bin, um die Gesetzesleute zu gewinnen; den Gesetzlosen ward ich wie ein Gesetzloser, obschon ich vor Gott kein Gesetzloser bin, um die Gesetzlosen zu gewinnen. Allen bin ich alles geworden, um auf jeden Fall etliche zu retten. Alles tue ich um des Evangeliums willen, auf daß ich Mitteilhaber an ihm werde.« (1. Kor. 9, 19-23)

Allerdings: wo sich die Geister sehr nahe kommen, brechen oft auch die Gegensätze umso schärfer hervor. Die Parallelen sind zwar auf den ersten Blick verblüffend. Hier wie dort versucht ein Jünger, die Botschaft seines Herrn aus der engen Umklammerung einer Volksreligion mit all ihren sozialen Vorurteilen und Verkrustungen zu befreien und sie weltweit zu propagieren. Beide Völker und Religionen stehen unter Fremdherrschaft: das Judentum seufzt unter dem Joch Roms, Indien wird von den Briten regiert. Und was für Paulus das römische Weltreich und die griechische Sprache bedeuten zur Verbreitung seiner Lehre, das ist für Vivekananda die englische Sprache und das »Reich« der Angelsachsen: das britische Empire und Amerika. Und auch der Unterschied, der einem vielleicht zuerst einfällt, nämlich daß Vivekananda seinen Meister persönlich kannte, während Paulus den »Menschen« Jesus von Nazareth nie zu Gesicht bekommen hat, ist so groß eigentlich nicht, denn er macht zugleich auf eine Gemeinsamkeit aufmerksam, die wir schon hervorhoben: daß beide in ihrem jeweiligen Meister weit mehr als nur eine Person, sondern eine kosmische Kraft sahen, die fast unabhängig von dem Jesus oder Ramakrishna »im Fleische« war.

Aber: Vivekananda hätte wohl nie geschrieben: »um auf jeden

Fall etliche zu retten«. Er trat mit keinem absoluten Anspruch auf, mit keinem Entweder-Oder. Er, der seinen Meister sehr persönlich gekannt hatte und von diesem oft »zur Seite« genommen worden war, machte weit weniger Aufhebens von seinem »Herrn« als Paulus. Man findet in den offiziellen Reden Vivekanandas Ramakrishna nur sehr selten erwähnt. Obschon er ihn im privaten Kreis manchmal als den »größten« Avatar pries, der die Aspekte aller anderen in sich vereinigte, war seine Predigt weit weniger persongebunden als die des Paulus. Dieser propagierte vor allem ein *Ereignis:* daß Christus Mensch wurde, daß er für uns starb und wieder von den Toten auferstanden ist. Um dieses Opfer und die daraus folgende Rechtfertigung dreht sich bei ihm alles. Vivekananda stellt dagegen die *ewigen* Prinzipien des Vedanta in den Mittelpunkt seiner Lehre. Er konnte sogar sagen: »Wo habe ich jemals auf Ramakrishnas Namen gebaut? Es ist nur die reine Religion der Upanishaden, die ich in der Welt gepredigt habe.«[89] Seine Liebe zum Meister drückte er in Briefen und privaten Gesprächen aus, doch in seinen öffentlichen Vorträgen stand der *Atman* im Vordergrund, das göttliche Selbst eines jeden Menschen. Dieser - und nicht etwa die Person Ramakrishnas - war der »unbekannte Gott«, den er auf dem Areopag von Chicago und anderen westlichen Städten predigte. Er forderte seine Zuhörer nicht auf, vor einem neuen Gott niederzuknien, sondern sich endlich von den Knien zu erheben und aufrecht den Gott zu ehren, der in allen von ihnen schlummerte.

Daß sich trotzdem so etwas wie ein Ramakrishna-»Kult« entwickelte, das konnte und wollte Vivekananda natürlich nicht verhindern. Er wußte, daß der Bhakti-Aspekt nicht auszurotten war, nicht einmal aus seinem eigenen Herzen. Es gibt ergreifende Szenen zwischen ihm und seinen Mitbrüdern, von denen einige ihm vorwarfen, er predige fast nur *Jnana* und *Karma*-Yoga, aber nicht die persönliche Liebe zum Meister. Doch bei seinem Rechtfertigungsversuch wurde gerade diese - *seine* persönliche Liebe zu Ramakrishna - auf so erschütternde Weise offenbar, daß niemand ihn mehr kritisierte.

In Belur Math, dem Hauptquartier des neu gegründeten Ordens, konnte sich diese Verehrung für den Meister frei entfalten und auch kultische Ausmaße annehmen. Vivekananda schrieb selber einen Teil der Texte und komponierte die Hymnen, die dort jeden Abend zu Ehren Ramakrishnas gesungen wurden. Doch zugleich tat er alles, um den Advaita-Hintergrund zu stärken, *vor* dem Ramakrishna thronte. Die Anbetung des »Sohnes« sollte Hand in Hand gehen mit der Verwirklichung des reinen Geistes, der in jedem Menschen wohnt und durch keinen Bilderkult mehr ausgedrückt werden kann. Besonders den von ihm gegründeten Advaita-Ashram in den Himalayas wollte er reinhalten von aller »dualistischer« Anbetung, und man provozierte einen Zornausbruch, als man trotzdem in seiner Abwesenheit einen Raum in diesem Ashram der Anbetung Ramakrishnas widmete.

Warum Vivekananda vor allem im Westen den Advaita predigte, liegt auf der Hand: wenn es hier noch einen »unbekannten Gott« gab, so war es gewiß nicht der persönliche Gott, der ja für die Christen bereits das Absolute und die letzte Wirklichkeit war, sondern der *Atman,* das wahre Selbst des Menschen, das zwar bei einigen Mystikern wie Meister Eckhart schon kurz aufleuchtete, aber nie zur offiziellen Lehre erhoben wurde. Universal konnte die Botschaft Vivekanandas nur sein, wenn er dem westlichen Auditorium die gereinigte Lehre des Vedanta darbot – und nicht irgendwelche exotischen Kulte, die nur in Indien verständlich waren. Auch ein vordergründiger Ramakrishna-Kult wäre hier nur hinderlich gewesen, solange die Prinzipien des *Sanatana Dharma,* der »Ewigen Religion«, die auch Ramakrishna verkörpert hatte, nicht klar waren. Es stand einem jeden frei, diese allgemeine Botschaft später noch durch eine persönliche Liebe zum Guru Vivekanandas zu ergänzen – oder auch durch die Liebe zu Christus oder Krishna –, aber nicht dieses Ja zu einer Person stand im Vordergrund, sondern das Ja zum Atman, zur göttlichen Natur eines *jeden* Menschen, die es zu manifestieren galt. Die Verunglimpfung seines Meisters konnte Vivekananda nicht so sehr in Rage versetzen wie die Verleugnung des Atman: *dies* war in seinen Augen die eigentliche Sünde wider den Geist.

Doch nicht nur der Westen, sondern auch Indien brauchte den Advaita, denn obschon diese Lehre auf indischem Boden gewachsen war, war sie hier eigentlich selten *praktiziert* worden, wie Vivekananda immer wieder betonte. Vieles in diesem Land verhöhnte die Lehre von der *Einheit,* und deshalb kam es dem Swami so sehr darauf an, diese »Lehre« aus den Himalaya-Verstecken herauszubringen und sie mit der Praxis des Karma-Yoga zu verbinden, damit die Lehre auch im einfachen Volk vielfache Frucht bringen konnte.

Daß auch hier ein übertriebener Personenkult nicht weiterhalf, lag auf der Hand. Besonders die Bengalen waren immer in Gefahr, ins Sentimentale abzugleiten und sich in einem »Herr, Herr!« zu erschöpfen. »Ihr seid sentimentale Tröpfe,« sagte Vivekananda einmal. »Was versteht ihr von Religion? Ihr könnt nur mit gefalteten Händen beten: 'O Herr! Wie schön ist deine Nase! Wie entzückend deine Augen!' Und schon glaubt ihr damit euer Seelenheil gesichert und seht, wie Sri Ramakrishna in euerem letzten Stündlein euch bei der Hand nehmen wird, um euch in den höchsten Himmel zu geleiten... « Doch später, nach all dem Spott, fügte er hinzu: »Wenn man Bhakti erzielt hat, werden die Nerven und das Herz so zart und empfindlich, daß sie nicht einmal mehr die Berührung einer Blüte ertragen. Beim bloßen Gedanken an Ramakrishna werde ich ganz erschüttert. Darum bemühe ich mich, das Sieden der Bhakti in mir niederzuhalten. Unablässig strebe ich danach, mich mit den eisernen Ketten der Jnana zu fesseln. Denn mein Werk für mein Mutterland ist noch nicht vollbracht und meine Botschaft an die Welt noch nicht gänzlich verkündet... Ich habe ein Werk zu vollbringen! Ich bin Ramakrishnas Sklave, der mir sein Werk zu tun hinterließ und der mir keine Ruhe gönnen will, bevor ich es vollendet habe... «[90]

Man fragt sich manchmal, was für Vivekananda eigentlich wichtiger war: die Botschaft des Vedanta in den Westen zu bringen, oder aber seinem »Mutterland« zu helfen. Geht man der Sache nach, so entdeckt man bald, daß beide Anliegen für ihn auf eigenartige Weise verknüpft waren. Als er sich nach Amerika einschiffte, war er ein König und ein Bettler zugleich: ein königlicher Weiser, dem man seinen Stolz auf seine Religion und Philosophie ansehen konnte und der sich dem Westen in dieser Hinsicht überlegen fühlte; aber eben auch ein Bettler, der zugeben mußte, daß sein Land völlig am Boden lag, und dies nicht etwa nur durch die Schuld der englischen »Besatzung«. So wollte er den Westen um materielle Hilfe bitten und mit der Weisheit des Ostens »zahlen«. Natürlich stellt dies die Sache etwas zu nüchtern dar, aber man muß sich immer vor Augen halten, daß es Vivekananda zuerst primär um diese materielle Hilfe ging: er hatte beim Durchwandern Indiens erkannt, daß diesem Land allein mit Metaphysik nicht zu helfen war, sondern daß man zuerst einmal eine gesunde materielle Basis schaffen mußte, auf der echter Yoga und geistige Verwirklichung gedeihen konnten. Er zitierte gern den Satz seines Meisters: »Religion ist nichts für hungrige Mägen.« Die Pläne für dieses Hilfswerk waren im Jahr 1893 gewiß noch vage, er dachte wohl an eine größere »Kollekte«, und überhaupt wollte er den Stein durch seine Reise in den Westen erst einmal ins Rollen bringen. Auf keinen Fall war der junge Mann, der sich - noch keine 30 Jahre alt - in Bombay einschiffte, ein Missionar, dem es nur darum ging, den ganzen Westen zu »bekehren« und gar Seelen zu retten. Er hatte lange genug gezögert. Erst als Ramakrishna ihm im Traum erschien und ihn aufforderte, ihm übers Meer zu folgen, und als er auch die Zustimmung Sarada Devis hatte, fühlte er, daß dies eine wirkliche Sendung war und nichts mit persönlichem Ehrgeiz zu tun hatte.

So vage seine Pläne zu dieser Zeit waren, was die organisierte Hilfe für Indien betraf, so vage waren wohl zuerst auch seine Vorstellungen, wie die Botschaft Ramakrishnas im Westen am besten zu präsentieren sei. Erst nach etwa einem Jahr konzentrierte er sich ganz auf das Wort »Vedanta«, weil dieser Ausdruck am besten das zu bezeichnen schien, was die Grundlage aller verschiedenen indischen Sekten und - in den Augen Vivekanandas - darüberhinaus aller Religionen überhaupt ausmachte. Er wollte den westlichen Zuhörer nicht mit dem belasten, was sonst noch in der Bezeichnung »Hinduismus« mitschwingt: das Kastenwesen, die Verehrung der Kuh, die vielen Götternamen usw. Wie sehr auch Ramakrishna dabei im Hintergrund blieb, haben wir schon genügend betont. Wenn Vivekananda in einem - bereits zitierten - Brief schrieb, nicht der Hinduismus oder irgendein anderer Ismus sei wichtig, sondern die von Ramakrishna gelehrte Religion, so lag die Betonung nicht so sehr auf der Person Ramakrishnas, sondern auf: *der* Religion, die gleichsam als eine universale religiöse Haltung alle »Religionen« und Sekten transzendierte und die Vivekananda beispielhaft in seinem Meister verkörpert sah. Und gerade deshalb, *weil* Ramakrishna diese »Universalreligion« so vollkommen ausdrückte, war es für Vivekananda und die anderen Jünger unmöglich, den Meister nur wieder zum Haupt einer neuen großen Sekte zu machen und alle anderen zu bekämpfen. Als Vivekananda von *der* Religion sprach, wollte er gleichzeitig sagen: mit dem Erscheinen der Ramakrishna-Inkarnation hat das »Gründen« von neuen Religionen sein Ende gefunden und seinen Sinn verloren. Ramakrishna hatte nicht *eine* Religion proklamiert, sondern die Religion, der alle angehören, die sich aufrichtig nach der Verwirklichung Gottes sehnen. Die spirituelle Intensität war dabei wichtig - und nicht so sehr das äußere Kleid, in die sich diese Spiritualität hüllte. Deshalb sahen Vivekananda und die anderen Jünger in ihrem Meister vor allem eine Energie, die überall neue Anstöße gab und eine neue Atmosphäre schaffte, und dies keineswegs nur im engen Bezirk des Hinduismus. Ihre *Treue* zu ihrem Meister sahen sie nicht dadurch ausgedrückt, daß sie mit einer Fahne durch die Welt liefen, auf der nur der Name Ramakrishna stand, sondern dadurch, daß sie die Offenheit und wahre Katholizität ihres Guru praktizierten. »Wenn unser Herr eine Abneigung hatte,« schrieb Swami Premananda, »dann war es gegen Einseitigkeit, gegen jegliche Form von Sektentum oder Eifersucht. Schande über uns, wenn wir versuchen sollten, eine eigene Sekte zu gründen. Siehst du nicht, daß unser Herr das Haupt aller Sekten ist, das Haupt aller abertausend Sekten, die in der Welt existieren?«

Eine welch' seltsame Ehe gehen hier Stolz und Liberalität ein! Daß sich dahinter mehr als nur leere Rhetorik verbarg, zeigt folgende Begebenheit, die die Wahrheit dieser Sätze auf eigentümliche Weise illustriert. Swami Premananda hörte eines Tages in Puri einen christlichen Missionar eine Predigt halten, in der die Hindu-Religion nicht gerade gelobt wurde - und dies ausgerechnet vor dem berühmten Jagannath-Tempel. Obschon von Natur eher sanftmütig und zurückhaltend, geriet der Swami bei dieser Gelegenheit in Zorn und begann laut »Hari bol, Hari bol!« zu singen: »Sing den Namen Haris!« Die Menge, die dem Missionar bisher schweigend zugehört hatte, fiel sogleich begeistert ein, und der arme Missionar konnte sich bald nicht mehr verständlich machen. Als er verschwunden war, kamen die Tempelpriester zu Swami Premananda und bedankten sich für sein »Eingreifen« - sie selber hatten sich nicht getraut, irgendetwas zu unternehmen. Doch der Swami war nicht besonders stolz auf seine Heldentat. Schweigend und nachdenklich ging er nach Hause. In der Nacht hatte er einen Traum. Ramakrishna erschien ihm und sagte: »Warum hast du diese Versammlung gestört? Auch dieser Missionar verbreitet meinen Namen und meine Lehre. Suche ihn morgen sofort auf und entschuldige dich bei ihm.« Am anderen Morgen machte sich Premananda sofort auf die Suche und fand den Missionar schließlich nach beträchtlichen Schwierigkeiten. Wie dieser auf die Entschuldigung reagierte, ist uns leider nicht überliefert - und auch nicht, ob er sich fortan etwas freundlicher über den Hinduismus äußerte.

Wenden wir uns nun kurz dem christlichen »Sendungsbewußtsein« zu. Es ist schwer zu sagen, wie sehr der frühere Absolutheitsanspruch der Kirche heute schon relativiert worden ist - fast so schwer wie herauszubekommen, welche »Sendungsworte« Jesu nun wirklich *seine* Worte und welche spätere Gemeindebildungen sind. Die meisten Christen sind wohl auch heute noch der Meinung, daß ihre Religion im Vollbesitz der Wahrheit ist, und daß die anderen Religionen besser daran täten, sich ihr so bald wie möglich anzuschließen. Es wird zwar zugegeben, daß der Hl. Geist auch in diesen anderen Religionen gewirkt hat, doch eben nur als Vorbereitung, die ihre Krönung und Erfüllung in der vollen Offenbarung Jesu Christi findet. Wer dem Christen Arroganz und Fanatismus vorwirft, dem wird zu bedenken gegeben, daß sie ja von ihrem Gründer den Auftrag bekommen haben, in alle Welt zu gehen und alle Völker zu lehren und zu taufen.

Man darf nun im weiteren keine Abhandlung von mir darüber erwarten, wie »echt« solche und ähnliche Aufforderungen nun wirklich sind. Sicher ist, daß Jesus kein einsamer Yogi war, der sich mit seinem eigenen Seelenheil begnügte, sondern ein Prophet und mehr als ein Prophet, der eine radikale Veränderung der Menschen im Auge hatte. Vielleicht glaubte er sich zuerst wirklich nur zu den verlorenen Schafen Israels gerufen, doch die Kreise weiteten sich doch bald aus, und die Wellen der geistigen Energie, die von ihm ausgingen, schwappten bald über die Grenzen. Es ist zwar sehr unwahrscheinlich, daß sich der historische Jesus als Gründer einer »Kirche« betrachtete, denn er schien - wie die ganze Urkirche - das baldige Ende der Welt zu erwarten, und in einer solchen Atmosphäre denkt man nicht daran, auf irgendeinem Felsen etwas »aufzubauen«, was dann Jahrtausende bestehen kann; doch wenn wir andererseits die Worte Vivekanandas über Ramakrishna - »Ich sah ihn wachsen in seinen Ideen und er wächst noch immer« - auch für Jesus gelten lassen, dann können wir dem »größeren Christus« schlecht vorschreiben, welche Wege er zu gehen hat. Zumindest darf man nicht alles dem vielgeschmähten Paulus in die Schuhe schieben - auch wenn dieser wirklich vieles zu einseitig sah und vor lauter Opfertod und Rechtfertigungslehre den wunderbaren »galiläischen Frühling« des Jesus von Nazareth ganz aus dem Auge verlor; man muß wohl annehmen, daß dieser leidenschaftliche Apostel wirklich vom Geist Christi gelenkt wurde, so wie auch Vivekananda vom Geist Ramakrishnas angetrieben wurde, ohne daß sich dessen Lehre immer genau mit dem Bild deckt, das wir von dem historischen Ramakrishna haben.

Allerdings: gerade diese »Lenkung« macht auch wieder nachdenklich. Zweimal wird Paulus vom Geist Jesu abgehalten, das Wort Gottes zu verkünden - einmal in »Asia« und einmal in Bithynien (Apg 16, 6 ff). »Asia« ist hier zwar nur eine kleine Provinz in Kleinasien, doch liest man weiter, so scheint diese Provinz doch fast stellvertretend für ganz Asien zu stehen. Denn Paulus hat kurz darauf den Traum von dem Mazedonier, der ihn herüberruft. Anders ausgedrückt: alle Manöver des Hl. Geistes hatten nur dies zum Ziel, Paulus westwärts zu lenken, nach Griechenland und Rom.

Daß Thomas der Legende nach bis nach Indien gelangt sein soll, hat hier nicht viel zu bedeuten, denn auch Boten des buddhistischen Glaubens sollen bis nach Athen und Alexandrien vorgedrungen sein, ohne aber einen großen Einfluß zu haben. Ich will damit nicht sagen, daß der Christus-Geist seine Wirkung von vornherein auf den Westen beschränken wollte, aber gewiß sah er hier seinen Schwerpunkt. Wenn Jesus seine Jünger zu »allen Völkern« senden wollte, so bedeutete dies doch vor allem den Mittelmeerraum, der für die damaligen Juden sozusagen die »ganze Welt« war. Wenn es zum Beispiel in der Apostelgeschichte heißt, beim Pfingstfest seien in Jerusalem »Männer aus jedem Volk unter dem Himmel« versammelt gewesen, so bedeutet dies keineswegs, daß auch Inder und Chinesen dort waren. Auch ist der optimistische Eifer des Paulus, der schnell noch vor dem Wiederkommen des Herrn durch die Länder hastet, um allen Völkern die Frohbotschaft zu bringen, nur verständlich, wenn man weiß, wie eng sein Weltbild noch war.

Man könnte natürlich so argumentieren, daß Christus sich zuerst im »Abendland« eine feste Basis habe schaffen wollen, um dann später von hier aus die ganze Welt zu erobern. Doch wieviele Seelen sind bis dahin schon verloren gegangen oder haben zumindest von der Frohbotschaft nichts gehört! Und die anderen »Hochreligionen«, insbesondere der Buddhismus und der Hinduismus, von denen die Apostel noch nicht das Geringste wußten, haben sich bis dahin so gefestigt, daß eine solche »Eroberung« wohl recht schwierig sein dürfte. Darüberhinaus bringen diese Religionen noch religiöse Gestalten hervor, wie etwa Ramakrishna, die den Christus-Geist auf so konzentrierte Weise ausdrücken, daß unser Herz wieder brennt wie bei den Emmaus-Jüngern, auch wenn uns der Herr in etwas »anderer« Gestalt erscheint. Würde ein christlicher Missionar nicht ein Land vorziehen, daß keine solche Gestalten vorzuweisen hat, sondern so sehr in geistiger Dunkelheit liegt, daß eine Bekehrung zum christlichen Glauben einen Sinn hat? Warum sättigt Gott aber ein Land wie Indien so sehr mit Spiritualität - bei allen Fehlern, die dieses Land hat -, daß ein Wechsel zu einer anderen Religion kaum nötig erscheint?

Natürlich tauchen auch auf der anderen, sozusagen »indischen« Seite sehr viele Fragen auf. Dem Absolutheitsanspruch steht hier ein »Universalitätsanspruch« gegenüber, der manchmal auch seine unlogischen Aspekte hat. Wenn etwa Swami Premananda Ramakrishna als das »Haupt aller Sekten« preist, so versucht er eigentlich zweierlei: er möchte auf der einen Seite den Gloria-Ruf anstimmen: »Tu solus Dominus, Tu solus Altissimus!« - »Du allein bist der Herr, Du allein der Höchste!«, und gleichzeitig möchte er sich von allem Fanatismus distanzieren, der oft in einer solchen Verherrlichung mitschwingt. Zu beachten ist dabei immer, daß die Größe der Inkarnation in den Augen eines Hindu nicht so sehr in ihrer Ausschließlichkeit, sondern in ihrer *Ein*schließlichkeit besteht. So ist für einen Jünger Ramakrishnas die Katholizität seines Meisters nur die Wiederholung jener souveränen Geste, mit der schon Krishna in der Gita alles an sich zieht: mögen manche Menschen scheinbar auch andere Götter verehren, so beten sie doch im Grunde nur IHN an, da er die einzige Wirklichkeit ist.

Natürlich wird es nie ganz ohne - scheinbare oder wirkliche - Widersprüche abgehen, wenn wir Religion nicht zu einer schematischen, am Reißbrett entworfenen Sache entarten lassen wollen. Ramakrishna wollte immer beides: Universalität und zugleich religiöses *Feuer*. Ein solches Feuer konnte sich ruhig an eine Person binden, doch sollte dieses Feuer alle anderen mit einschließen - und nicht, wie es beim Fanatismus der Fall ist, alle anderen ausschließen. Ramakrishna hatte sicherlich nichts dagegen, daß ein glühender Verehrer wie Premananda ihn zum »Haupt aller Sekten« erhob, um auf seine Katholizität hinzuweisen; doch er hätte sich wohl mehr als unwohl gefühlt, hätte man ihn zum *Herrscher* über andere machen wollen.

Der Christ wird dagegen auf alle Vorstellungen von »Herrschaft« nicht so leicht verzichten können. Ist Christus nicht REX, König und Richter über Lebende und Tote? Ist es wirklich gut, alles zu verharmlosen - müssen wir nicht wieder lernen, etwas von dem Schauder zu spüren, der noch im gewaltigen *REX* in Mozarts Requiem so stark nachzittert?

Man kann einwenden, daß diese übermenschliche Richtergestalt so wenig mit Jesus von Nazareth zu tun hat, daß es eigentlich gleichgültig ist, welchen Namen man ihr gibt: Jahwe, Krishna oder Christus. Ist etwa die »Geheime Offenbarung« *wahrer* als das 11. Kapitel der Bhagavad-Gita, nur weil der überkosmische Gott in einem Fall Christus, im anderen aber Krishna genannt wird? Man hat zwar vollstes Verständnis dafür, daß der Gläubige sich nicht mit einem farblosen »Logos« zufriedengibt. Doch wenn es einem Anhänger Ramakrishnas möglich ist, diesen ins Unermeßliche wachsen zu lassen, und gleichzeitig die Offenbarung Gottes in anderen Gestalten wie Christus und Krishna für möglich und für gleichwertig zu halten, warum sollte dies nicht auch für einen Christen in Bezug auf Christus möglich sein? Daß die Grenzen dabei etwas zerfließen, wird dem Göttlichen sicherlich keinen Schaden antun. Christus ist glücklicherweise so groß, daß er jedes enge Netz des Fanatismus sprengt, und wenn es Ramakrishna möglich war, auch durch einen christlichen Missionar seine Lehre zu verkünden, so wird es Christus gewiß möglich sein, durch einen Swami der Ramakrishna-Mission seine Lehre von der Harmonie oder besser noch »Ergänzungsfähigkeit« aller Religionen zu verbreiten.

Vielleicht könnte man sich im wesentlichen darauf einigen: daß sich der Sendungsauftrag, den eine Inkarnation ihren Jüngern gibt, sich nicht so sehr auf ihre Person oder eine bestimmte Lehre bezieht, sondern auf das Entfachen des religiösen Feuers in den Herzen der Menschen. Ob die Jünger glauben, daß die Welt bald untergeht und ihr »Herr« auf den Wolken des Himmels daherkommen wird, oder aber daß die Schöpfung ein ewiger Prozeß ist, das ewige Spiel Gottes, und ihr »Herr« eine von vielen Offenbarungen Gottes in diesem kosmischen Spiel, ist zwar nicht völlig nebensächlich, aber verglichen mit dem *Feuer,* das wir in beiden Fällen so intensiv spüren, doch letztlich sekundär. Wichtig ist die *Freude,* die *Froh*botschaft, die direkt aus dem Herzen der göttlichen Inkarnation kommt und schwer in Begriffe zu fassen ist, so schwer wie das Feuer des Geistes, wie der Wind, der weht wo er will.

18. Kapitel

DER RAMAKRISHNA - KULT

Bevor wir jedoch endgültig zu diesem Geist-Feuer kommen, müssen wir noch etwas näher auf den Ramakrishna-»Kult« eingehen.

Ein Verehrer Ramakrishnas wird von einem Christen, der dieses oder jenes Buch über den Hindu-Heiligen gelesen hat - meistens nur eine Sammlung von Aussprüchen oder einen Essay über ihn oder eine kurze Biographie - oft genug folgendes hören: »Ramakrishna war sicherlich ein großer Weiser, vielleicht sogar - in seinem Hindu-Rahmen - ein Heiliger wie unser Franz von Assisi oder auch ein leidenschaftlicher Mystiker wie Johannes vom Kreuz, aber deshalb kann man ihn noch nicht mit Christus vergleichen. Denn Christus... nun, er ist einfach etwas völlig *Anderes*. Er ist Gott, und man kann Gott mit nichts und niemandem vergleichen, denn sonst würde man ihm untreu!«

Woher, müssen wir uns fragen, kommt nun dieses »Gefühl«, diese anscheinend durch nichts zu erschütternde Gewißheit? Sie ist sicherlich nie die Frucht einer objektiven Analyse des »Phänomens«, mit anderen Worten: wir haben es nie mit einem »Unbeteiligten« zu tun, der sich trotz seiner allgemeinen skeptischen Haltung für das Phänomen Religion interessiert und vielleicht je zwei oder drei Studien über einen gewissen Jesus von Nazareth und einen gewissen Gadadhar Chattopadhyaya, genannt Ramakrishna, gelesen hat, sondern mit jemandem, der einerseits von einem 2000 Jahre alten Christus-Kult durchtränkt ist, der aber andererseits Ramakrishna nur durch eine kurze »Biographie« oder einen Aufsatz »kennt«. Natürlich ist der letztere - Ramakrishna - durch Welten getrennt von dem Christus, der sich in Brot und Wein manifestiert und zu dem die Gemeinde betet: »Deinen Tod, o Herr, verkünden wir, und deine Auferstehung preisen wir, bis du kommst in Herrlichkeit!« Schon allein der sprachliche Rhythmus ist ohne Zweifel mitreißend, ganz abgesehen von dem bedeutsamen Umstand, daß man diese Worte nicht allein, sondern als Mitglied der *Gemeinde,* ja, einer weltweiten Kirche spricht. Da hilft es nicht viel zu sagen, auch Ramakrishna sei geboren worden, sei gestorben, sei den Jüngern wieder erschienen und habe gesagt, er werde noch einmal wiederkommen. Das alles hat nicht dieselbe *Wucht,* wenn es nicht im Rahmen einer Kulthandlung gesagt wird. So sehr seine Jünger und auch späteren Anhänger Ramakrishna auch als göttliche Inkarnation ansahen - immer wurde sein Leben und Sterben und sein Erscheinen nach dem Tode nur *berichtet,* nie aber »verkündet« oder gar »gepriesen«. Auch stellte man sich sein Wiederkommen wohl kaum auf den Wolken des Himmels vor.

Der Einwand, dieser Unterschied sei wahrscheinlich nur eine Frage der Zeit, ist nicht haltbar, denn die christliche Erlösungstheologie ist ja nicht erst ein paar Jahrhunderte nach dem Tod Jesu entstanden, sondern sie tritt uns schon sehr bald in den Paulusbriefen konzentriert und nicht mehr überbietbar entgegen. Die ersten historischen Zeugnisse, die wir in der Hand haben, sind über *Christus,* und nicht über den historischen Jesus. Die äußeren Lebensstationen Jesu und Ramakrishnas, wie sie uns geschildert werden, sind zwar nicht so unterschiedlich: »übernatürliche« Geburtslegende, frühes Sich-klar-werden über ihre besondere göttliche Natur, der ausgiebige Gebrauch von Parabeln, das Leiden, die Erscheinungen nach dem Tod... Doch die Reaktion auf diese »Daten« ist sehr unterschiedlich, wie wir es schon festgestellt hatten, als wir Vivekananda und Paulus miteinander verglichen. Beiden war nur gemeinsam, daß der »biographische« *Mensch* Jesus bzw. Ramakrishna für sie stark zurücktrat, um der *Verkündigung* Platz zu machen. Was aber wurde verkündigt? In einem Fall ein Mysteriendrama, in dem alles auf recht stilisierte Weise »gemäß der Schrift« geschah, im anderen Fall die Prinzipien des »Sanatana Dharma«, der »Ewigen Religion«, die von Ramakrishna natürlich nicht gegründet, sondern nur wieder bekräftigt worden waren und nun von seinem Schüler in den Westen gebracht wurden. In beiden Fällen ging es um die Verkündigung des »Heils« für alle Menschen und um die Rechtfertigung - aber mit welchem Unterschied! Im einen Fall wurde verkündigt, daß die Menschen - allesamt Sünder, die nichts aus sich selbst tun können - durch ihren Glauben an den Sühnetod Jesu Christi gerechtfertigt sind; im anderen Fall wurde den Menschen gesagt, sie seien durch ihre »eigentliche« Natur gerechtfertigt und sie hätten - wie auch schon Ramakrishna immer wieder betont hatte - das Recht, von Gott die Erkenntnis dieser wahren Natur zu verlangen. Im ersten Fall bezog sich die Frohe Botschaft auf ein Heils*ereignis,* im zweiten Fall auf eine Heils*tatsache,* an die die Menschen nur immer wieder erinnert werden müssen. Der Tenor aller Vivekananda-Predigten war dieser: Ihr seid Söhne Gottes, Kinder der Unsterblichkeit, ihr seid im Grunde eins mit Brahman! Steht auf, schüttelt allen negativen Aberglauben ab und manifestiert diese göttliche Natur. Kurz: werdet endlich, was ihr schon ewig *seid.*

Eine etwas paradoxe Gemeinsamkeit besteht nur darin: Paulus hält allein den starken Glauben an die Erlösungstat für so transformierend, daß keinerlei »Werke« notwendig sind, während Vivekananda der Meinung zu sein scheint, es genüge schon, die Menschen an die Tatsache zu *erinnern,* daß sie in Wahrheit Brahman sind, um ihnen einen kräftigen Ruck zu geben in Richtung »Verwirklichung«. Beide verlassen natürlich den festen Boden der Ethik nicht und sind gegen jegliche Schwärmerei; doch sie scheinen sich darin einig zu sein, daß man sich den Zustand des Heils letztlich nicht »erarbeiten« kann. Auf zwei kurze Formeln gebracht: 1. Gott hat mich entweder erlöst oder er hat mich nicht erlöst; *ich* kann da überhaupt nichts tun. Und 2.: Ich bin entweder die ewige Brahman-Natur oder ich bin es nicht; nie kann ich aber Brahman »werden«. Schon der Vedanta-Philosoph Shankara wurde nie müde, immer wieder zu betonen, daß man nur durch die Erkenntnis der Wahrheit das Heil verwirklichen könne - nicht aber durch Karma, durch Riten, Gebete, Opfer, gute Werke etc. Vivekananda gab zwar dem Karma-Yoga wieder einen positiveren Sinn, aber auch er ließ keinen Zweifel daran, daß unsere wahre Natur etwas »Gegebenes« und nicht von uns »Geschaffenes« ist.

Doch diese »Gemeinsamkeit« offenbart wohl nur wieder die scharfen Gegensätze, die sich hier in der Beurteilung der menschlichen Natur zeigen. Irgendwann muß man sich wohl für diese oder jene Möglichkeit entscheiden, auch wenn bei einer solchen Entscheidung einiges von der »anderen« Seite herübergerettet werden kann. Wer zum Beispiel die Grundprinzipien des Vedanta akzeptiert, kann sehr wohl versuchen, auf seine Weise in das Golgatha-Geheimnis einzudringen. Er wird gewiß den Tod und die Auferstehung Christi nicht als die »Schaffung« unseres wahren erlösten Zustandes ansehen, aber das wird ihn nicht hindern, im Kreuz - über das stellvertretende Leiden hinaus, das hier keineswegs ausgeschlossen werden muß - den Ausdruck des göttlichen Grundes zu sehen und vor allem einen deutlichen Fingerzeig darauf, wie dieser Grund zu verwirklichen ist.

Was den Unterschied zwischen Hinduismus und Christentum betrifft, so ließe sich dieser vielleicht auch so ausdrücken: für den Christen - und hier wieder insbesondere für den Protestanten - fällt die Erlösungstat Gottes auf Golgatha, so wie er sie versteht, völlig aus dem Rahmen dessen heraus, was man gewöhnlich »Religion« nennt und wofür der Hinduismus gerade ein Musterbeispiel zu sein scheint. Selbst das Streben nach höchster Erkenntnis, das für alle in Indien entstandenen Religionen so typisch ist und das eigentlich gerade alles »Religiöse« und alle Werkfrömmigkeit zu transzendieren scheint, ist für den protestantischen Christen letztlich doch auch noch ein »Werk«, wenn auch gnostischer Natur. Bei dieser Polemik gegen alle »Religion« und gegen alle »Werke« wird vor allem dies betont: daß man Gott nicht zum *Schuldner* machen kann, daß Gott völlig frei ist, daß alles bloße Gesetzes-Denken hier zuschanden wird. Gott will nicht gezwungen sein zur Liebe, er will sich frei verschenken können, ohne daß ihn irgendein Werk dazu verpflichtet, zu lieben.

Diese Betonung der Freiheit Gottes, die an sich sehr gut ist, wirft jedoch einen kräftigen Schatten: die göttliche Freiheit wird erkauft durch die menschliche Unfreiheit. Gott darf sich nicht als Schuldner fühlen müssen, aber dem Menschen lädt der *Mensch* (!) hier die größten Schuldenlasten auf, so daß sich hier überhaupt keine spontane Liebe entfalten kann, weil der Mensch von vornherein als Schuldner auftritt, der eigentlich die ewige Verdammnis verdient hätte. Wenn das Schuldner-Bewußtsein Gott an seiner wahren Liebe hindert - warum nicht auch den Menschen? Wenn dem Menschen alles Gute, das er »tut«, nicht angerechnet wird - warum treibt man dann einen solchen Kult mit einem »Werk« Gottes?

Vielleicht kann hier das hinduistische Verständnis der göttlichen Inkarnation helfen, eine gewisse Entkrampfung herbeizuführen und es dem Menschen möglich machen, spontan zu lieben, ohne »Schuldner« zu sein. Nachdem die göttlichen Rechte so stark verteidigt worden sind, müssen auch die Menschenrechte wieder verteidigt werden. Vivekananda tat dies auf seine eigene aggressive Weise, die keinen Kompromiß duldete. Das Schaffen eines neuen

Mysteriendramas wäre hier nur ein Hindernis gewesen, weshalb Ramakrishna in dieser Atmosphäre nie zu einem spektakulären »Bombentrichter« theologisch hochstilisiert werden konnte, da ein solcher die Menschen kaum aus dem Klima von »Furcht und Zittern« befreit hätte.

Wenn Ramakrishna aber auch nicht zum Hauptgegenstand eines Mysteriendramas gemacht worden ist, so hat sich dennoch, wie wir schon andeuteten, so etwas wie ein Kult um ihn gebildet - mit einer »Gemeinde« und einer ganz spezifischen religiösen »Atmosphäre«. Dieser Kult deckt sich natürlich nicht ganz mit der allgemeinen Ramakrishna-»Mission« oder »Bewegung«, die hauptsächlich durch Vivekananda geprägt ist und die Ideale des praktischen Karma-Yoga mit Meditationsübungen und dem Studium der Vedanta-Philosophie verbindet. Es gibt natürlich Überschneidungen des inneren Kultes mit der allgemeinen Bewegung, aber der Unterschied drückt sich schon darin aus, daß ein von den Idealen Vivekanandas inspirierter Inder oder ein westlicher »Vedantin« Ramakrishna nicht unbedingt als göttliche Inkarnation anerkennen muß und vielleicht von der Existenz Sarada Devis kaum etwas weiß. Während im Christentum das Innere, Persönliche, Intime gleichsam nach außen gestülpt und zur Staatsreligion gemacht wurde, bemüht man sich im Ramakrishna-Umkreis eher, die persönliche Verehrung des Meisters im inneren Bezirk zu lassen. Dies hat nichts mit Geheimnistuerei oder Elitedünkel zu tun, sondern eher mit dem Hindu-Konzept der »Wahlgottheit«: jeder soll selber denjenigen Aspekt Gottes wählen, der ihm zusagt; man verspricht sich nichts davon, daß man Menschen zu einem bestimmten Glauben zwingt.

Ich kann im weiteren nun leider nicht umhin, aus meiner sehr persönlichen Erfahrung heraus zu schreiben, denn in einem Kapitel, das besonders die Verehrung und den Kult Ramakrishnas zum Inhalt hat, läßt sich dieser subjektive Faktor noch weniger vermeiden als im übrigen Buch.

Wie sehr ich eigentlich noch als »Christ« dachte und fühlte, obschon ich mich längst als ein »Devotee« Ramakrishnas betrachtete, merkte ich immer wieder, wenn ich den indischen Swami eines westlichen Ramakrishna-Centres begleitete und ihn immer wieder anstoßen wollte, die Gestalt Ramakrishnas doch etwas kräftiger in den Vordergrund zu schieben. Die vornehme Zurückhaltung des

Swami brachte mich zur Verzweiflung. Alle missionarischen Instinkte, die ich noch aus meiner christlichen Internatszeit herübergerettet hatte, loderten wieder auf. Während der Swami Ramakrishna genauso präsentierte, wie man es erwartete: als einen sympathischen Heiligen, der alle Menschen liebte und sehr weise Dinge gesagt hat, kochte innerlich der »Theologe« in mir: ich wollte lieber kleine Bomben werfen, ich wollte Ramakrishna zur Abwechslung auch einmal als Paradox, ja, als »Ärgernis« präsentieren, das die Selbstsicherheit vieler Christen mindestens so stören würde wie die Reden des Paulus die Selbstsicherheit vieler Juden und Griechen.

Nun, daß Ramakrishna ein Paradox und in vielerlei Hinsicht auch eine Herausforderung ist, glaube ich auch heute noch, aber die Hitzigkeit des theologischen »Ego« hat sich glücklicherweise etwas abgekühlt, wenn auch die Glut keineswegs ganz erloschen ist. Die Erkenntnis, die ich aus diesen Jahren des »Engagements« - das eigentlich bis heute nicht aufgehört hat - mitgenommen habe, ist diese: daß man auch in die »kultische« Sphäre tief eindringen muß, um dem Wesen Ramakrishnas näherzukommen. Wir alle wissen, wie sehr beim Vergleich großer religiöser Gestalten auch unterschwellige Emotionen eine große Rolle spielen. Es ist deshalb nur die Pflicht intellektueller Sauberkeit, daß wir uns immer ganz klar darüber sind, wen und was wir miteinander vergleichen. Wir können zum Beispiel nicht den Ramakrishna, der gerade nach seiner Mutter schreit oder fröhlich aus der Kutsche ein paar lärmenden Betrunkenen zuwinkt, mit dem kerygmatischen *Herrn* der christlichen Gemeinde vergleichen. Der Unterschied zwischen dem Verkündiger und dem Verkündigten - ob es sich nun um Jesus oder Ramakrishna handelt - ist zwar wohl nicht so groß wie manche Theologen glauben, die hier nur eine unüberwindliche Kluft sehen; doch es führt nur zu Mißverständnissen, wenn wir bei dem Vergleich zweier Gestalten diese verschiedenen Ebenen nicht sauber auseinanderhalten.

Man könnte nun sagen: will jemand wirklich »fair« sein, ist er fast gezwungen, sich einmal unter die »Gemeinde« zu mischen, die die jeweilige religiöse Gestalt als Gott anbetet. Wird ein gläubiger Christ, der nur seine Gemeinde kennt, bei einem Gespräch mit einem Nichtchristen nicht immer wieder denken: »*Weiß* dieser Mensch überhaupt, worüber er spricht? Er mag mit noch so klugen Formulierungen jonglieren - nie wird er begreifen können, was

Christus in seinem innersten Wesen eigentlich ist und was mir dieser Christus *bedeutet*.« Obschon er aber genau weiß, wie wichtig dieser tägliche Umgang mit Christus ist, dieses tiefe Eintauchen in die Christus-Atmosphäre, dieses ständige Hineinwachsen in Christus, für das ein einziges Menschenleben kaum ausreicht, so wird er sich dennoch kaum scheuen, über ein Phänomen wie Ramakrishna schon nach der Lektüre eines Buches sein endgültiges Urteil zu fällen.

Natürlich kann nicht jeder Christ einige Jahre in einem Ramakrishna-Ashram verbringen, nur um sein Gewissen zu beruhigen, daß er auch ja ein faires Urteil fällt. Doch sollte man sich bei allen Beurteilungen und Einstufungen dieser Problematik in höchstem Maße bewußt sein. Man kann den Unterschied zwischen einer bloßen Lektüre und dem täglichen Leben in einer religiösen Gemeinschaft gar nicht genug betonen. Dieser Unterschied existiert auch, wenn die Lektüre den Leser schon in Begeisterung versetzt und ihn davon überzeugt hat, daß es sich hier um eine wirkliche göttliche Offenbarung handelt. Denn entscheidend ist hier das Eintreten in die Gemeinde, und sei diese auch noch so klein. »Wo zwei oder drei in meinem Namen versammelt sind... « - diese Worte Jesu gelten auch, wenn der Name Ramakrishna heißt.

Als ich zum ersten Mal in einem Ramakrishna-Schrein saß und den gedehnten Sanskrit-Gesängen lauschte, den Duft der Blumen und der Räucherstäbchen in mich einsog, die flackernden Kerzen, das dargebrachte Essen und vor allem das große Bild Ramakrishnas betrachtete, fühlte ich mich einerseits in katholische Kapellen zurückversetzt, andererseits aber auch in einer ausgesprochenen »Katakomben«-Stimmung. Das letztere mag mit den teilweise etwas schwermütigen Hymnen etwas zu tun gehabt haben, aber auch sicherlich mit dem Bewußtsein, daß hier eine kleine »Minderheit« saß - zwar nicht von irgendwelchen Kaisern verfolgt, aber doch beargwöhnt und ein wenig im Geruch des Lächerlichen. Ein moderner Plinius hätte wohl geschrieben: Sie verehren einen gewissen Ramakrishna und singen Hymnen zu ihm wie zu einem Gott. Eine katholische Schwester, die den Schrein einmal besuchte, fragte mich nachher, warum wir kein allgemeines Symbol aufstellen oder hinhängen würden - warum um jeden Preis diesen halbnackten Mann? Ich wies darauf hin, daß wir auch einen allgemeinen Versammlungsraum hätten und dies hier eben unser privater

Schrein sei, in dem Ramakrishna wohne. Weiter fragte ich sie, ob das Bild Ramakrishnas wirklich ärgerniserregender sei als ein nackter Körper an einem Kreuz. Die Schwester hatte sich an das »Ärgerliche« dieser Darstellung wohl genauso gewöhnt wie ein bengalischer Kali-Anbeter an sein furchterregendes Kali-Bild.

Ich muß hinzufügen, daß sich zuerst in das »Angeheimeltsein« von dieser Ramakrishna-Atmosphäre noch ein wenig Mißtrauen mischte, denn es war ja nicht so sehr der Hang nach einem »Kult«, der mich in diesen Ashram getrieben hatte, sondern zuerst einmal die Vedanta-Lehre und vor allem die schmetternden Trompetenstöße Vivekanandas, die die Morgenröte eines neuen Zeitalters des *Geistes* ankündigten, in dem der Personenkult kaum noch eine Rolle spielte. Ich war mir daneben aber auch immer bewußt gewesen, wie stark meine Bhakti-Seite war, die dem Charme Ramakrishnas längst verfallen war und nun an seinem Amida-Lächeln hing, das diesen ganzen Weihrauchzauber akzeptierte und ihn doch nicht ganz ernst nahm.

In der Praxis löste sich dieser theoretische Gegensatz von Advaita und Ramakrishna-Kult sehr bald auf - man löst solche Gegensätze wohl, indem man sie lebt, und nicht am Schreibtisch. Um es dennoch ein wenig »theoretisch« auszudrücken: einerseits war klar, daß sich um die Gestalt Ramakrishnas nie eine weltweite organisierte Kirche bilden würde - dies war keineswegs nur eine Frage der Zeit. Alle Anzeichen deuteten darauf hin, daß sich das »Zeitalter des Sohnes« langsam dem Ende zuneigte, um dem freien Wirken des Geistes Platz zu machen. Auch wenn man nicht viel von astrologischen Spekulationen hielt, so wurde man doch, ob man wollte oder nicht, von dem »New Age«-Denken angesteckt, insbesondere im London der späten Sechziger Jahre, und in diesem neuen Denken spielte selbstverständlich das neue Wassermann-Zeitalter eine große Rolle, das nun das Zeitalter des Fisches ablöste. In diesem neuen Zeitalter des Aquarius lautete die Tendenz: Abbau der hierarchischen Stufen, immer größere Demokratisierung, auch im Bereich des Religiösen. Nun, Ramakrishna war im Zeichen des Wassermann geboren, und in seinem Zeichen galt es nun, die alten Schranken niederzureißen - und nicht wieder neue aufzubauen.

Aber Ramakrishna war nicht einfach schon ein Denkmal der neuen Zeit. Sein Lächeln hatte vielmehr in dieser geschichtlichen

Situation die Funktion, den Übergang von einem »Zeitalter« ins andere zu erleichtern. Er verkörperte schon zu sehr den Geist des Advaita, als daß man in die Versuchung gekommen wäre, noch einmal alle Vorzüge und vor allem Fehler einer Kirchen-Hierarchie zu wiederholen. Doch es blieb doch noch genügend von der »Sohnschaft«, daß sich ein Bhakta in seiner Atmosphäre äußerst wohl fühlen konnte. Man hatte keinerlei Gewissensbisse, wenn man ihn als »Herrn« anredete, wenn man seinen Namen im Gebet ständig wiederholte, wenn man ihn im Haus allgegenwärtig fühlte - und nicht nur im Haus, wenn man ihm etwas »darbrachte« und später davon aß, wenn man ihn um dieses oder jenes inständig bat - am besten nicht um »dieses oder jenes«, sondern um vollkommene Erkenntnis und Liebe, - wenn man mit ihm schimpfte oder beim Abspülen Lieder zu seinen Ehren sang. Runzelte jemand seine Stirn über das Bild im Schrein, so wurde er meistens darauf hingewiesen, daß dieses Bild oder diese dargestellte Person keineswegs die Endstation sei, sondern daß sich dahinter die Unendlichkeit des Advaita ausdehne, die sich natürlich nicht fotografieren lasse. Insgeheim aber fragte man sich, warum der Besucher nicht sehen konnte, daß Ramakrishna das fotografierte Unendliche war.

Wir wiesen schon einmal darauf hin, daß sich Ramakrishna selber vor diesem Bild verbeugt hatte und es genauso verehrte wie die Bilder anderer Avataras. Ein späteres Sichherumwälzen im Grab oder im Himmel angesichts des plötzlich aufkommenden Personenkultes kann es in seinem Fall also nicht gegeben haben. Ramakrishna hatte keine Zweifel darüber, wer er war. Er sah auch in einer Vision deutlich, daß sein Bild bald in vielen Häusern verehrt werden würde - auch in Ländern, deren Sprache er nicht kannte.

Wir mögen hier nochmals fragen: Wie ist eine solche - wenn auch noch so zurückhaltende - Selbstanbetung möglich bei einem Menschen, der ansonsten als ein Ausbund der Bescheidenheit gilt? Kritiker wie Otto Wolff haben behauptet, daß ein Ramakrishna-Kult ein Widerspruch in sich selbst sei und nur auf den Enthusiasmus seiner Jünger zurückzuführen sei, denn Ramakrishna habe sich nie mit IHM identifiziert, der in ihm gewohnt habe. Ich glaube, wir haben bisher genügend Beweise erbracht, daß ein solcher krasser Dualismus nicht aufrecht erhalten werden kann. Doch zumindest ein Hauch von Dualismus dürfte dafür verantwortlich sein, daß Ramakrishna sich nicht genierte, sich vor seinem Bild zu verbeugen. Denn in dieses Verbeugen vor sich selber mischt sich ein eigentümliches Gefühl der *Distanz.* Aber: es ist hier eigentlich nicht der »Herr« als das innere Subjekt, der sich hier von seinem Werkzeug trennt (oder umgekehrt), sondern die äußere Hülle trennt sich von Ramakrishna, verselbständigt sich und wird - auch für ihn - zum sichtbaren Ausdruck der göttlichen Natur. Zu Girish Ghosh sagte Ramakrishna einmal, er sehe im Samadhi oft die »geistigen Formen« Gottes. »Zahlreich und mannigfaltig sind diese Formen! Unter ihnen sehe ich auch diese Form hier (seine eigene), in der sich ebenfalls Gott offenbart.«[91]

Natürlich wird es hier etwas gespenstisch, wohl auch für Wolff: wenn Ramakrishna nicht mit dem Gott identisch sein soll, der in ihm ist, und auch nicht mit seiner »Gestalt«, durch die sich Gott offenbart, bleibt wirklich von »Ramakrishna« nicht viel übrig. Man verzichtet dann schnell wieder auf alle Trennungen und konzentriert sich auf das Lächeln, das wie ein Koan alles dualistische Denken zum Scheitern bringt.

Was die äußeren Kultformen angeht, so brachte das Erscheinen Ramakrishnas innerhalb des Hinduismus keinerlei Änderungen. Man könnte höchstens sagen, daß sowohl Ramakrishna als auch seine Jünger einen Hang zum Vereinfachen aller Riten hatten. Wir wiesen bereits darauf hin, wie spontan der junge Ramakrishna als angestellter Tempelpriester die übliche Routine der Zeremonien durchbrach und die in Jahrtausenden gewachsene rituelle Sprache des Hinduismus dazu benutzte, seine persönlichsten Gefühle gegenüber seiner »Mutter« und anderen Aspekten der Gottheit auszudrücken. Hierbei muß man bedenken, daß die Natur des Hinduismus trotz mancher Erstarrungen recht »amorph« ist und deshalb immer wieder spontane Improvisationen ermöglicht.

Daß zwischen dem rituellen Reichtum des Hinduismus und der religiösen Atmosphäre des traditionellen Katholizismus eine große Verwandtschaft besteht, ist kaum zu leugnen. In beiden Religionen geht es darum, immer wieder eine religiöse und sakrale Atmosphäre zu schaffen. Der gläubige Protestant mag sich damit begnügen, einmal ganz zu erfassen, was der Tod Christi für ihn bedeutet - und ansonsten höchstens die ethischen Gebote zu beobachten. Er will keine »Religion«, die ihn mit hunderten von Hilfsmitteln - Weihwasser, Rosenkränzen, Bildern usw. - an das Göttliche immer wieder »erinnern« soll. Er glaubt, er brauche keine sakralen »Schwingungen«. Er nimmt es in Kauf, daß durch eine solche puristische Haltung die Welt »entgöttlicht« wird, und dem Säkularismus Tür und Tor offenstehen. Lieber eine entgöttlichte Welt, als ein Gott, den man in Prozessionen durch Straßen und über Felder tragen kann und der so die Erde segnen soll.

Wir können hier natürlich nicht auf die ganze Problematik eingehen, die der Gegensatz dieser beiden Haltungen schafft. Wenn man Ramakrishna einordnen will, so war er sicherlich, zumindest vordergründig, mehr auf der »katholischen« Seite, auch wenn er es kaum nötig hatte, an die göttliche Gegenwart erinnert zu werden. Gewiß: er war manchmal in Stimmungen, in denen er alle religiösen Bilder aus seinem Zimmer entfernte oder keine geweihte Speise (Prasad) essen konnte, aber dies waren keine prophetisch-protestantischen Zornesanwandlungen gegen alles »Religiöse«, sondern eben seine *Advaita*-Stimmungen. Diese Advaita-Haltung, die nur noch das eine Brahman sieht und mit dualistischen Anbetungsformen - auch protestantischen! - nicht mehr viel anfangen kann, ist nicht eine prophetische Anti-Position, sondern ein radikales Darüberhinaus. In dieser Advaita-Sicht wird die Welt vom Brahman-Bewußtsein aufgesogen, und eine Unterscheidung zwischen »Heilig« und »Nicht-Heilig« oder zwischen »Rein« und »Unrein«, von der alle *Religion* ja eigentlich lebt, wird sinnlos. Das Darüber-hinaus betrifft dabei *alles:* nicht nur das katholische *Bild,* sondern auch das protestantische *Wort.* Der Protestant geht nicht über die Bibel, der Advaitin jedoch über die Vedas hinaus. Denn auch die »Schrift« ist für ihn letztlich noch Religion. Selbst das geoffenbarte Urwort OM gilt hier nicht als das Letzte, sondern der lautlose Aspekt des OM, das Schweigen. Ramakrishna sagte, er müsse immer einige Stufen von der höchsten Ebene herunterkommen, um OM überhaupt aussprechen zu können. Wir können sagen: auf dieser höchsten Ebene trifft sich der indische Advaita mit dem Zen und der Mystik Meister Eckharts - aber man wird wohl kaum Luther oder Karl Barth auf diesem Plateau der Nicht-Zweiheit finden. Denn während der Advaitin das geoffenbarte Wort letztlich auch noch für Religion hält und hier nicht stehenbleiben will, sieht die prophetisch-protestantische oder reformierte Haltung auch in der Mystik wieder nur »Religion«, nur Menschenwerk.

Im Leben Ramakrishnas schlossen sich religiöses Brauchtum und mystische Höhenflüge natürlich nicht aus, auch wenn er hin und wieder radikale Advaita-Anwandlungen hatte. Ja, auch sein Advaita konnte sich »zeremoniell« ausdrücken. Er hielt keinen philosophischen Vortrag darüber, daß die Göttliche Mutter allgegenwärtig und deshalb zum Beispiel auch in einer Katze sei, sondern gab einer Katze das Essen, das eigentlich Kali dargebracht werden sollte. Er sah, daß alles vom göttlichen Bewußtsein erfüllt war und verstreute überallhin Blumen. Das heißt, sein Advaita hatte nichts Kaltes, auch in ihm konnte man die Bhakti-Schwingungen noch spüren, zumal er seinem Advaita oft das Gewand eines »Alles bist Du«-Monismus gab.

Etwas von dieser eigentümlichen Mischung aus Advaita-Philosophie und Bhakti-Mentalität findet man auch heute in fast allen Ramakrishna-Zentren. Es gibt wohl kaum einen Ramakrishna-Anhänger, der den Advaita ablehnen würde, und auf der anderen Seite wohl nur sehr wenige, die überhaupt keine Ader für den Bhakti-Kult haben. Dieser Kult hat jedoch, soweit er sich auf Ramakrishna bezieht, nichts von dem umfassenden Charakter des allgemeinen Hindu-Ritus oder der katholischen Riten, die praktisch das Leben des Gläubigen von der Geburt bis zum Tod begleiten. In Indien merkt man dies kaum, da hier der Ramakrishna-Devotee fast immer ein geborener Hindu ist, der den Hinduismus auch weiterhin als eine Art Überbau akzeptiert und bis zu seinem Tod darin eingebettet ist - auch wenn er sich als Anhänger Ramakrishnas und Vivekanandas über viele Engstirnigkeiten des orthodoxen Hinduismus hinwegsetzen mag. Bei aller »Neuheit« der Ramakrishna-Bewegung, die zuerst viel Opposition hervorrief, hat sich diese Bewegung doch nie vom Hinduismus getrennt wie etwa das Christentum vom Judentum oder vorher der Buddhismus von der brahmanischen Religion. Hatte das frühe Christentum bald einen sehr eigenen Kult ausgearbeitet, so brauchte ein Hindu-Anhänger Ramakrishnas nur einige der Hindu-Riten stärker auf die neue Gestalt im großen Hindu-Pantheon beziehen und hatte ansonsten dieselben *Annaprasana*-Feiern für das Kleinkind und dieselben *Shraddha*-Zeremonien für die Verstorbenen wie jeder andere Hindu auch.

Etwas anders verlief die Sache natürlich im Westen, als Vivekananda und seine Mitbrüder und Nachfolger begannen, hier die ersten Vedanta-Zentren zu gründen. Es hing meistens von der Persönlichkeit des jeweiligen Swami ab, ob sich die Aktivität dieser Zentren nur in Vorträgen über die Vedanta-Philosophie erschöpfte oder ob auch dem Ramakrishna-Kult ein gewisser Raum gegeben wurde. Dieser beschränkt sich jedoch meistens auf *Pujas* (Gottesdienstfeiern), die in vielen Fällen nicht so elaboriert sind wie in Indien, und auf eine Privatfrömmigkeit wie die Praxis des *Japa,* des Wiederholens eines heiligen Namens mit Hilfe des indischen Rosenkranzes - und nicht jedes Mantra, das ein Swami der Ramakrishna-Mission bei der Initiation gibt, muß sich unbedingt auf Ramakrishna beziehen.

Die meisten, die sich dieser Bewegung anschlossen, hatten sich irgendwie den organisierten christlichen Kirchen entfremdet und wollten andererseits aber auch keine »Hindus« werden. So etwas wie eine »Taufe« gab und gibt es nicht, wie auch überhaupt der Begriff *Konversion* verpönt ist. Vielen ist es wahrscheinlich sowieso recht, einer Art losen, freischwebenden Gemeinde anzugehören, und Vivekananda hatte ja auch immer wieder betont, er wolle keine neue Sekte gründen - schon gar nicht eine, in der ein Persönlichkeitskult im Mittelpunkt stehen würde.

Doch manchmal, wenn auch wirklich *sehr* selten, hat Vivekananda auch die andere Seite gesehen: daß sich vielleicht manche, die nun weder einer Kirche angehörten, noch Hindus waren, ein wenig entwurzelt und heimatlos fühlen mochten. Ein Brief Vivekanandas, der fast immer übersehen wird, offenbart die Problematik in ein paar wenigen Sätzen. Im Oktober 1895 schrieb er - in England - an seinen Freund Mr. Sturdy: »Soeben verabschiedeten sich zwei junge Männer... Der eine ist ein Ingenieur und der andere ist im Getreidehandel tätig. Sie haben ziemlich viel über moderne Philosophie und Wissenschaft gelesen und waren verblüfft über die Ähnlichkeit, die viele ihrer Ergebnisse mit der alten Hindu-Philosophie haben. Sie sind feine, intelligente und gebildete Männer. Der eine ist aus der Kirche ausgetreten, der andere fragte mich, ob er es auch tun sollte oder nicht. Nun, zwei Dinge bewegten mich nach diesem Gespräch. Erstens müssen wir das Buch (wahrscheinlich »Raja-Yoga«) schnell fertigstellen. Wir werden damit eine Gruppe von Menschen ansprechen, die auf philosophische Weise religiös sind ohne jegliches Interesse für das 'Mysteriöse'. Zweitens wollen beide die Riten meines Glaubens kennenlernen! Das hat mir die Augen geöffnet. Die Welt braucht im allgemeinen irgendeine 'Form'. Tatsächlich ist Religion im gewöhnlichen Sinn Philosophie, die durch Riten und Symbole konkretisiert ist. - Es ist absolut notwendig, einige Riten zu formen und eine Kirche zu haben. Das heißt, wir müssen einige Riten festsetzen, so schnell wir können. Wenn Sie am Samstag morgen oder noch früher kommen können, werden wir zur Bibliothek der Asiatischen Gesellschaft gehen, oder Sie können mir ein Buch mit dem Titel 'Hemadri Kosha' besorgen, von dem wir bekommen können, was wir wollen - und bringen Sie auch bitte die Upanishaden mit. Wir werden etwas Großartiges aufstellen, von der Geburt bis zum Tod eines Menschen. Ein bloßes loses Philosophie-System wird von der Menschheit nicht Besitz ergreifen können.«[92]

Die große Hast hat fast etwas unfreiwillig Komisches, und der Gedankenblitz trug keine weiteren Früchte - jedenfalls verschwindet dieses Thema wieder spurlos aus der weiteren Korrespondenz. Es lag wohl auch nicht in der Natur des Swamis, lange an einem Ort zu verweilen und sich mit praktischen Gemeinde-Problemen herumzuschlagen. Er war ein brennender Dornbusch, der seine Botschaft versprühte und überall Samen aussäte. Nur hin und wieder - wie etwa in diesem Brief - schienen ihm Bedenken zu kommen, ob es genüge, nur herumzuziehen und hier und da geistigen Staub aufzuwirbeln. Die späteren Swamis mußten sich dann konkret mit diesem Problem auseinandersetzen, und es wäre alles andere als fair, ihnen daraus Vorwürfe zu machen - noch dazu im Namen Vivekanandas -, daß sie die »Reinheit« des Vedanta durch Riten etwas »konkretisierten«.

Doch bis heute wurde in dieser Hinsicht noch keine einheitliche Linie gefunden - und man will es auch wohl nicht. Wir haben es nicht mit einer geschlossenen Ramakrishna-Gemeinde zu tun, für deren Mitglieder von der Geburt bis zum Tod ein allgemein verbindlicher Rahmen von Riten bereitstünde. Dies liegt zum Teil auch daran, daß die Mönche der Ramakrishna-Mission keine eigentlichen »Priester« sind und deshalb wenig mit Hochzeiten oder Shraddha-Feiern zu tun haben wollen. Allerdings steht es jedem Swami frei, zu improvisieren - je nachdem, ob ihn ein westlicher Devotee um eine rituelle »Geste« bittet oder ob ein Hindu das Ramakrishna-Centre in London oder irgendwo in Amerika anläuft, um für den verstorbenen Vater zu beten oder dem Kleinkind etwas Reis in den Mund zu stecken.

Es gibt natürlich auch einige Swamis, die komplizierte Riten lieben, doch der Anklang beim westlichen »Publikum« ist wohl nicht besonders groß. Den reinen Jnanis genügt sowieso die Philosophie und Meditation, und die Bhaktas ziehen wohl einfache Kultformen vor: das Singen der schönen Sanskrit-Hymnen, das stille Wiederholen des Mantra, das Essen der Prasad-Speise usw. Mich persönlich bewegte auch, wenn eine brennende Öllampe während der Puja durch die Reihen getragen wurde und ein jeder die Hände über die Flamme hielt und sich dann mit den erwärmten Händen über den Kopf strich. Doch wenn ein Pujari plötzlich begann, heftig mit den Fingern zu schnalzen, um böse Geister zu vertreiben, wurde selbst der Katholik in mir etwas unruhig.

Daß ein Vedantin kaum soviel Wert auf »Sakramente« legt wie ein Christ, liegt wohl hauptsächlich daran, daß er die göttliche Immanenz viel mehr betont. Im Vedanta gilt der Mensch »an sich« schon als göttlich - mögen auch die Vielzahl der Hindu-Riten in Indien diese Wahrheit fast Lügen strafen -, er hat die ganze göttliche Natur schon *in* sich, er muß sie nur entdecken und verwirklichen. Deshalb finden wir auch schon eine starke Advaita-Note in vielen Hindu-Riten, so wenn etwa der Pujari die Gottheit um Entschuldigung bittet, daß er sie nun in einem Bild anbetet. Er bittet sie, kurze Zeit sein Herz - wo sie *eigentlich* wohnt - zu verlassen und sich in dem Bild oder der Statue zu manifestieren, um dann später wieder ins Herz zurückzukehren. Nichts braucht von außen in den Menschen hineinzukommen, alles ist schon drinnen, während der Mensch in den Augen des Christen eher ein Wesen zu sein scheint, das »an sich« leer und unbedeutend ist - es sei denn, daß selbst dem noch ungetauften Neugeborenen schon eine negative Wichtigkeit zugestanden wird, nämlich ein großer Sünder zu sein. Erst muß durch die Taufe der Hl. Geist in diese Hülle einkehren, und diese »Einkehr« muß eigentlich immer wiederholt werden, denn auch die längst Getauften und Gefirmten singen auch im hohen Alter noch: »Komm, Schöpfer Geist, kehr bei uns ein... « Ebensowenig ist Christus *im* Menschen, er muß auch immer wieder in der Form der Hostie in sein Inneres dringen und ihn »füllen« - so oft wie möglich, denn die »Wirkung« scheint sich sehr bald wieder zu verlieren.

Man fragt sich natürlich, ob der Unterschied in der Praxis wirklich so groß ist, wenn ein Christ die Hostie ißt und ein Hindu die geweihte Prasad-Speise und oft auch geweihtes Wasser andächtig hinunterschluckt. Natürlich glaubt ein Hindu nicht, daß er die Gottheit im wörtlichen Sinne »ißt« - die dargebrachte Speise wird von der Gottheit, nachdem sie davon geistig etwas genommen hat, an die Gläubigen zurückgegeben -, aber die Gefühle dürften doch sehr ähnlich sein, und im Grunde geht es ja in beiden Fällen um dasselbe: um Gnade und Partizipation.

Doch zurück zu Ramakrishna. Von Christus sagen wir, er habe uns dieses oder jenes »hinterlassen«, er habe diese oder jene Sakramente »eingesetzt« - auch wenn sich die Theologen und Kritiker hier wieder streiten, was *wirklich* auf Jesus zurückgeht. Was hat uns, so könnte man fragen, Ramakrishna hinterlassen? Ein Bhakta würde vor allem sagen: sein Bild, seinen Namen, seine Worte. Sein Bild kann man zum Gegenstand der Meditation machen, seinen Namen kann man ständig im Herzen wiederholen, so wie man sich auch seine zahlreichen Worte »zu Herzen« nehmen kann. Im Grunde ist das ganze Leben eines Avatars ein einziger großer Meditationsgegenstand.

Daß man Ramakrishna nicht »essen« kann, wird den Bhakta nicht unbedingt stören. Denn die Hostie ist sicherlich nicht die einzige Form, Gott in sich aufzunehmen. Alle »magischen« Vorstellungen sind hier wohl schädlich. Man kann sich auch mit dem Wesen Christi oder Ramakrishnas »füllen«, indem man ihren Namen wiederholt, der dann dem Senfkorn gleicht, das wächst und wächst... Ich habe das Wesen Ramakrishnas immer mit dem Sanskrit-Wort *Purna* in Zusammenhang gebracht, was soviel bedeutet wie *Fülle,* und mit *Ananda,* Glückseligkeit. Mit dem Namen dieser Gottesverkörperung in sich kann sich der Bhakta »voll« fühlen, manchmal ein wenig betrunken, manchmal fast wie eine schwangere Frau, die aber seltsamerweise trotz ihrer Schwere sich ganz leicht fühlt und zum Tanzen aufgelegt ist.

Obschon Ramakrishna keine »Sakramente« einsetzte, fühlte ich mich in seiner Gegenwart doch in einer »sakramentalen« Atmosphäre. Immer wieder tauchten bei seinem Anblick spontan »christliche« Sätze in meinem Geist auf wie: »Sieh das Lamm Gottes, das hinwegnimmt die Sünden der Welt.« War es seine Nacktheit, seine Wehrlosigkeit? Ich hätte solche Sätze nie auf Propheten wie Moses oder Mohammed, Weise wie Lao-tse oder Konfuzius, oder auch große Heilige wie Franz von Assisi beziehen können, so sehr ich einige von ihnen auch verehren mochte. Nein, ich stellte da nicht einfach ein paar »große« Gestalten der Menschheit nebeneinander, ich wollte - trotz aller Offenheit - nicht eigentlich in die Breite, sondern in die Tiefe, und ich wußte: Hier ist etwas Besonderes, das ich *so* nur in Christus gespürt und vielleicht noch in Krishna und Buddha erahnt hatte. Ich war mir der Subjektivität dieser Gefühle mehr als bewußt, aber dieses Bewußtsein konnte meine Gewißheit bis auf den heutigen Tag nicht vermindern.

Was mir auch besonders auffiel: Ramakrishna konnte unendlich viel geben und offenbaren, aber ihm schien ganz besonders die Rolle des »Empfangenden« große Freude zu machen. Deshalb fühlte man sich nie als Schuldner. Man konnte ihn beschenken, und er freute sich über alles wie ein Kind.

Ich denke hierbei auch an eine kleine Begebenheit im Leben Vivekanandas, der sich zwar des öfteren als »Sklave« Ramakrishnas bezeichnete, aber ansonsten kein Hehl daraus machte, daß er sich seiner Brahman-Natur voll bewußt war und nicht im geringsten daran dachte, vor irgendeinem Gott oder einer Inkarnation im Staube zu kriechen. Man könnte Vivekananda einen erleuchteten Jnani nennen, der es sich leisten konnte, auch als Bhakta aufzutreten. Als er einmal die Funktion des Pujari übernahm, saß er zuerst lange Zeit mit seinen Mitbrüdern in tiefe Meditation versunken vor dem Bild Ramakrishnas. Die Mitbrüder hörten dann plötzlich leise Schritte: Vivekananda war aufgestanden und ging zu einem jeden von ihnen, um jeweils eine der Blumen, die eigentlich für Ramakrishna bestimmt waren, auf ihren Köpfen niederzulegen. Die übrig gebliebenen Blumen brachte er dann Ramakrishna dar. Als die Zeit für die Darbringung der Opferspeise gekommen war, verließen alle den Schrein, um den Pujari allein mit dem »Meister« zu lassen. Nach einer Weile hörten sie jedoch Vivekanandas Stimme: »Da... iß, Freund.« Und als der Swami den Schrein verließ, waren seine Augen gerötet.

Wir befinden uns hier in jener eigenartigen Übergangszone zwischen dem »Reich des Sohnes« und dem »Reich des Geistes«: der Herr ist sozusagen primus inter pares, und aus Knechten sind längst Freunde geworden. Der Abbau einer strengen Hierarchie wurde durch das humorvolle Wesen Ramakrishnas noch beschleunigt, und man empfindet es kaum als Respektlosigkeit, wenn man liest, wie der junge Vivekananda schon kurz nach dem Tod Ramakrishnas die Ekstasen des Meisters unter dem großen Jubel seiner Mitbrüder imitierte: er steckte sich ein Bonbon in den Mund und stand unbeweglich da, als sei er im tiefsten Samadhi. Seine Augen blinzelten nicht. Ein Verehrer trat vor, um ihn angeblich zu stützen und vor einem Fall zu bewahren. Vivekananda schloß die Augen, um sie dann nach einigen Minuten wieder zu öffnen. Das Bonbon noch immer im Mund, sagte er langsam: »Es - geht - mir - sehr - gut!« - und alle beklatschten den Spaß, der ihnen die Gegenwart des Meisters wieder ganz nahe gerückt hatte, wenn auch auf etwas unkonventionelle Art.

Was will ich mit diesen recht persönlichen Randbemerkungen sagen? Daß man nicht in das Herz einer Inkarnation blicken kann, wenn man nicht auch in das Herz der Verehrer blickt. So wie man - nach Ramakrishnas Worten - das absolute Brahman nicht von seiner Shakti trennen kann, so kann man auch hier die Gestalt eines religiösen Führers nicht von seiner Wirkung, von seiner Brennkraft trennen: wir sehen seine Größe widergespiegelt in den Augen und Herzen derer, die in ihm den Herrn erkannt haben. Wir wissen zwar, wie schwer solche subjektiven Empfindungen zu werten sind, doch wir können sie in einer Darstellung nicht einfach ausschließen. Eine göttliche Inkarnation ist ein Phänomen in Maya, eine Offenbarung Gottes für den Menschen - sie schwebt nicht als Selbstzweck in einem luftleeren Raum und hat keine »objektive« Größe, die gleichsam mathematisch meßbar und von aller »Gläubigkeit« unabhängig wäre. Wahrscheinlich sehen die Augen des Glaubens wirklich tiefer als gewöhnliche Augen, doch es sind eben immer noch Augen des Glaubens und nicht kühle Zuschaueraugen, die feststellen: das ist ER.

Dem Leser von kurzen Biographien und Wortsammlungen sei damit nur gesagt, daß er wirklich nur den Zipfel des Gewandes berührt hat - wenn natürlich auch jedem zugestanden werden muß, sich mit diesem Zipfel zu begnügen. Das »Echo« der Inkarnation in denen, die ihr nachfolgen und anhangen, überzeugt uns oft mehr als die höchsten *Selbst*aussagen, etwa die langen theologischen Erklärungen des Jesus des Johannesevangeliums. Wir sehen Christus durch die Augen der Apostel, durch die Augen Maria Magdalenas, die ihren auferstandenen Herrn plötzlich erkennt, als sie *angerufen* wird und daraufhin Rabbi sagt, Meister, und wir sehen ihn durch die Augen eines Franziskus, einer Theresa oder eines

Charles de Foucauld.

Swami Shivananda, ein direkter Schüler Ramakrishnas, sagte einmal: »Wir trafen Sri Ramakrishna, lebten mit ihm und empfingen seine Gnade. Und doch zwang er uns, durch ein hartes spirituelles Training hindurchzugehen. Auch wir verstanden zuerst nicht, daß er Gott selbst war, daß er zur Erlösung der Welt geboren war. Erst langsam wurde diese Erkenntnis durch die geistigen Disziplinen in uns geweckt und festigte sich. Natürlich, nichts kann ohne die göttliche Gnade erlangt werden. Daß der Meister Gott selber ist, das höchste Wesen, der Herr des Universums - das haben wir langsam immer mehr erkannt. Er selbst hat uns gnädig offenbart, wer er wirklich ist.«[93]

Vielleicht wußte auch der einfache Gärtner, der Ramakrishna immer nur »Vater« nannte, mehr als wir über ihn. Er hatte Ramakrishna gebeten, er möge doch in seiner Sterbestunde bei ihm sein, und auf dem Sterbebett rief der Gärtner dann wirklich: »Da, Vater ist gekommen... Seht ihr es denn nicht? Vater ist da!«

Für diese Menschen, ob nun die Jünger oder einfache Laienanhänger, war Ramakrishna alles: Gott, Vater, Mutter, Freund, Bruder, Kind. Einerseits war er sicherlich die *Energie,* von der Vivekananda oft sprach: die göttliche Kraft, die in den Jüngern fortlebte und auch unabhängig von ihnen überall die geistige Atmosphäre beeinflußte - und als solche kaum noch von der dynamischen Kraft des »größeren Christus« und dem Wirken des Geistes zu trennen ist. Dennoch können wir das Personenbild nicht einfach auflösen; Ramakrishna blieb auch als Person, als das »Bild«, vor dem er sich selber verbeugt hatte, weiter inspirierend, vor allem für seine Bhaktas.

19. Kapitel

VOM SOHN ZUM GEIST

Wir haben schon des öfteren in diesem Buch die Lehre von den »drei Zeitaltern« - dem Zeitalter des Vaters, des Sohnes und des Geistes - anklingen lassen und wir müssen nun am Ende noch einmal näher auf sie eingehen. Die Ursprünge dieser Lehre, die im *Geist* die Vollendung aller bisherigen Entwicklung sieht, finden wir bereits im Montanismus, doch der Name, der mit dieser Lehre meist verbunden wird, ist Joachim von Fiore (um 1132 - 1202), der Abt und Gründer des Klosters von S. Giovanni in Fiore, der überzeugt war, daß die Heilszeit des Hl. Geistes bald anbrechen würde und der damit das Denken vieler mit der Kirche Unzufriedener radikalisierte.

Im Zeitalter des Vaters, das sich nach dem Verständnis Joachims hauptsächlich mit dem Alten Bund deckt, lebten die Menschen unter dem Gesetz als »Sklaven«. Der Neue Bund, die Weltordnung des Sohnes, brachte schon viele Verbesserungen, der Mensch lebte nun bereits unter der Gnade, aber dieses zweite Zeitalter ist nur die Morgenröte, die das helle Tageslicht erst ankündigt. Zu sehr ist der göttliche Geist in diesem Zeitalter des Sohnes noch in Bilder, Symbole und Sakramente eingehüllt, das Schwert fortwährendes Streites - über Dogmen etc. - charakterisiert es fast mehr als die Liebe, und vor allem: zwischen Gott und Mensch schiebt sich noch eine komplizierte Kirchenhierarchie, die die göttliche Wahrheit oft mehr verdunkelt als daß sie sie »vermittelt«. Hier hatte die Lehre Joachims natürlich revolutionäre Sprengkraft, denn es ging ihm ja um weit mehr als bloße Reformen, er wollte die Kirche nicht hier und da ein wenig ausbessern, sondern glaubte, daß alle Mittel und Vermittlungen im nahenden Reich des Geistes völlig unnötig werden würden, da sich der göttliche Geist von nun an »unmittelbar« offenbaren würde. Selbst die Heilige Schrift wird vom Feuer dieser direkten göttlichen Erkenntnis »verzehrt«, denn der Buchstabe ist noch zu irdisch und kann von Gott nur in irdischer Sprache reden.

Man sieht hier: auch »mystisches«, johanneisches Christentum kann revolutionär wirken, »Spiritualisierung« muß nicht unbedingt zum Duckmäusertum führen, sie ist für jede etablierte Macht gefährlich, weil zumindest erst einmal geistig kräftig an ihrer Autorität gerüttelt wird. Der Hinweis auf die Relativität der Schrift macht auch klar, daß es sich hier nicht so sehr um einen protestantischen Vorläufer handelt, sondern eher um einen radikalen Pneumatiker, der sich wohl eher im Advaita als in Luthers Landeskirche wohl gefühlt hätte.

Ein Blick nach Indien zeigt uns auch, daß Elemente dieser Lehre dort keineswegs fehlen, wenn sie natürlich auch nie in dieser christlichen Form dargestellt wurde. Ein Anklang findet sich bereits in dem Wort *Vedanta,* das wörtlich »Ende der Veden« heißt, wobei in dem Wort *Ende* auch Bedeutungen wie »Erfüllung« oder »Höhepunkt« mitschwingen. So wie sich für den Christen das Alte Testament im Neuen Testament »erfüllt«, so erfüllt sich auch die vedische Welt für den Vedantin in den Upanishaden, d.h. im Vedanta. Das Alte reicht dabei einerseits organisch hinüber ins Neue, so daß wir viel Vedisches noch in den Upanishaden finden. Doch man stößt auch auf Polemisches, auf ungeduldiges Abschütteln des Althergebrachten, das sich zäh behaupten will.

Nun läßt sich das zeitliche Schema der Joachimschen Lehre natürlich nicht einfach auf die indische Welt übertragen - die sowieso nicht so »geschichtlich« denkt wie der prophetische Abt von Fiore und alle seine Vorgänger und Nachfolger im christlichen Abendland. Man könnte fast sagen: Indien hat das Zeitalter des Sohnes, der göttlichen Inkarnation, zuerst einmal übersprungen und unübersehbar das Denkmal des *Atman* aufgestellt: nicht mehr das Denkmal eines Gottes, ob im Himmel oder auf Erden, sondern des *unsichtbaren* göttlichen Selbst in jedem Menschen, das nun keinen »Gott« mehr über sich weiß. Die Kühnheit dieser Atman-Verwirklichung entfaltete schon ein Jahrtausend vor Christus das Banner des »Zeitalter des Geistes« in Indien, hier wehte schon der *unmittelbare* Geist, als Israel noch ganz im Banne des Vaters stand. Deshalb ist jede Kühnheit in Indien, jeder radikale Gedanke fast immer nur eine Rückbesinnung auf den Geist der Upanishaden, der glücklicherweise vom späteren »Hinduismus« nie ganz überwuchert werden konnte.

Dies bedeutet natürlich nicht, daß das »Nachhinken« der

Bhakti-Religionen und der Inkarnationslehre völlig unnötig gewesen wäre. Der Hinduismus wäre um vieles ärmer ohne diesen Schatz, in dem sich uns das Göttliche durch seine wunderbare Maya offenbart: durch das »Lila« Ramas, Krishnas, Chaitanyas, Ramakrishnas. Es gibt auch genügend Hindus, die diese Religion der Liebe, die sich in den HERRN vernarrt, als die höchste ansehen: nicht die Verwirklichung des Atman und die Einswerdung mit dem unpersönlichen Absoluten gilt ihnen als die Erfüllung allen Strebens, sondern für ewig der Diener Krishnas zu sein. Wenn die Atman-Verwirklichung bei diesen Vaishnavas überhaupt anerkannt wird, so gilt sie höchstens als Vorbereitung oder Durchgangsstufe - so wie umgekehrt die Anbetung eines persönlichen Gottes für viele Jnanis eine Durchgangsstufe darstellt.

Im Umkreis Ramakrishnas geben sich nun alle möglichen Schattierungen und Kombinationen beider Haltungen ein fröhliches Stelldichein, und der Meister sitzt in der Mitte, lächelt und scheint allen Recht zu geben. Glaubt man einmal irgendwo eine eindeutige Tendenz festgestellt zu haben, etwa in Richtung Atman-Verwirklichung, so wird im nächsten Augenblick wieder das Gegenteil gepriesen: nein, dem Bhakta gebührt die Krone. Glücklicherweise hatten die Jünger jedoch meistens Wichtigeres zu tun, als sich in Rangstreitigkeiten zu erschöpfen, zumal für die meisten überhaupt keine Widersprüche existierten.

So sagte etwa Swami Shivananda während seiner letzten Krankheit: »Sri Ramakrishna offenbart mir in seiner Gnade die Wirklichkeit jenseits von Körper, Verstand und höchster Vernunft... Er läßt mich das verwirklichen, was in den Schriften geschrieben steht. Ich bin nicht der Körper, ich bin das ewige höchste Sein - immer rein, vollkommen und frei. Der Meister hat mir diese Erkenntnis im vollsten Maße gewährt.«[94]

Hier ist schon der göttliche Geist in seiner ganzen Reinheit verwirklicht, und doch führt dies zu keiner Loslösung vom »Herrn«. Shivananda konnte sogar einmal auf seinen Hund deuten und sagen: »Der Herr dieses Burschen da ist hier,« wobei er auf sich selber zeigte. Dann deutete er mit einem Finger auf sich selbst und mit einem anderen zum Schrein, wo sich das Bild Ramakrishnas befand, und fügte hinzu: »Und der Herr dieses Burschen hier ist dort. Ich bin sein Hund.«[95]

Es wäre aber wohl etwas zuviel gesagt, wenn man behaupten würde, daß überhaupt keiner der Swamis je so etwas wie einen Konflikt in sich gespürt hätte. Zumindest der Geist Vivekanandas entflammte sich hin und wieder für ein radikal gesäubertes Reich des Geistes, in dem das übliche »Sowohl-Als auch« dem Schwert der Unterscheidung *(Viveka)* zum Opfer fiel. Wohl der radikalste Vortrag, den er überhaupt je hielt, lautete: »Ist Vedanta die Religion der Zukunft?« Er wurde im Jahr 1900 in San Francisco gehalten, und die Niederschrift dieser Rede, die erst sehr viel später veröffentlicht wurde, provozierte in westlichen Vedanta-Kreisen heftige Kontroversen. Denn obschon man die ungestüme Natur des Swami kannte und sie nicht selten bewunderte, schien er hier doch ein wenig zu weit gegangen zu sein.

Man muß vorausschicken, daß dieser Vortrag alles andere als ein wissenschaftliches Referat über den Vedanta ist. »Vedanta« ist hier nur noch ein Name, für den auch »Reich des Geistes« stehen könnte. Wenn sich Vivekananda auch mit Recht auf die Upanishaden beruft, so schafft er doch eigentlich seinen eigenen Vedanta und redet nicht *über* die Vedanta-Philosophie, schon gar nicht über ihre verschiedenen Systeme, sondern macht einmal reinen Tisch, säubert wie Jesus gründlich den Tempel von aller »Religion«, und was übrig bleibt, nennt er zwar noch Vedanta, aber es ist klar, daß er sich auch von vielen spezifisch indischen Ausformungen dieser Lehre distanziert. Nichts bleibt übrig: keine Veden, kein persönlicher Gott, keine göttliche Inkarnation, keine Heilige Schrift - - *nichts.* Und doch wieder alles: die »Anbetung des Geistes durch den Geist«, der reine Advaita ohne alle Färbungen von »Aberglauben«, ohne alle Kompromisse.

Während Vivekananda den Advaita sonst immer nur als die höchste Spitze des Berges pries und die Stufen der dualistischen Gottesanbetung, ganz im Sinne Ramakrishnas, durchaus anerkannte und nicht selten auch auf ihnen verweilte, schien ihn in diesem Vortrag die Ungeduld gepackt zu haben. »Heute predige ich, was mir am Herzen liegt. Ich wünschte, ich wäre völlig so erzogen worden, ohne allen dualistischen Aberglauben.«[96]

Er gibt zu, daß die Religionen, die auf der Anbetung eines persönlichen Gottes und einer Inkarnation usw. basieren, ihre Schönheiten haben und fügt hinzu, daß er in Kalkutta, dem Hauptquartier seines Ordens, noch »all diese Bilder und Tempel« habe.

Aber in den Höhen des Himalaya habe er einen Ashram gegründet, in den nichts eindringen solle als die reine Wahrheit. Hatte er sonst gelehrt, man könne nur von Wahrheit zu Wahrheit fortschreiten, mit anderen Worten, daß es einen stufenweisen Anstieg gebe vom Guten zum Noch-Besseren und daß man keine Stufe als »falsch« bezeichnen könne, so fragt er sich nun: »Wie lange wird die Menschheit warten müssen, die Wahrheit zu erlangen, wenn sie diesem langsamen Prozeß von Stufe zu Stufe folgt? Wie lang? Bis jetzt hat es zu keinem Erfolg geführt. Schließlich - ob nun allmählich oder nicht allmählich, ob leicht oder nicht leicht für die Schwachen - beruht nicht die dualistische Methode auf Falschheit? Sind nicht die vorherrschenden religiösen Praktiken oft schwächend und deshalb falsch? Sie gründen auf einer falschen Idee, einer falschen Anschauung des Menschen. Würden zwei Falschheiten ein Richtig machen? Würde die Lüge Wahrheit werden? Die Dunkelheit Licht?«[97]

Man ist erstaunt, ja fast entsetzt, sogleich nach diesen Fragen den Satz zu lesen: »Ich bin der Diener eines Mannes, der bereits von uns gegangen ist. Ich bin nur sein Bote.« Man ist erstens erstaunt darüber, daß Vivekananda ausgerechnet hier seinen Guru mit ins Spiel bringt, wo er dessen Geist der Toleranz so sehr zu verletzen scheint. Denn nie hätte Ramakrishna die Diener-Haltung des Menschen gegenüber Gott als »Unwahrheit« bezeichnet - war er doch selbst ein leidenschaftlicher Bhakta, der Gott in den verschiedenen Aspekten verehrte und alle aufforderte, ihm darin nachzufolgen. Zweitens ist es erstaunlich, daß sich Vivekananda hier als *Diener* eines Mannes vorstellt - in einer Rede, die eigentlich alles Dienen und alle Gefolgschaft aufs schärfste anprangert.

Doch wenn man auch zugeben muß, daß Vivekananda manchmal nicht besonders behutsam in seinen Formulierungen war und seiner widersprüchlichen Natur hier ein wahres Denkmal setzte, so zögert man doch andererseits, die schroffen Kanten allzu sehr glätten zu wollen. Die Zwars und Abers hatte der Swami ja selber schon oft genug angeführt und er war ihrer wohl müde geworden (wenn auch angefügt werden muß, daß er zwei Tage später schon wieder einen Vortrag über »Rituelle Gottesanbetung« und wiederum zwei Tage später über »Göttliche Liebe« hielt, die ihn wieder mehr als einen Bhakta zeigen, wenn auch als einen, der das Reich des Geistes bereits betreten hat und sozusagen *nach* der

Säuberung es sich leisten kann, die Liebe zu Gott auf der Basis wahrer Erkenntnis zu preisen). Nun, auf jeden Fall war er jetzt in einer Stimmung, in der er wieder einmal ein paar »kleine Bomben« werfen wollte, wie er einmal spaßhaft sagte - und anscheinend glaubte er auch jetzt, da er die Religion des reinen Geistes verkündete, die Fußstapfen seines Meisters nicht verlassen zu haben.

Mit nicht allzu großer Mühe lassen sich auch genügend Themen finden, wo der Schüler mit seinem Guru übereinstimmt - nur daß der Schüler alles sehr viel aggressiver sagt. Vivekananda (der übrigens persönlich auch den Mutteraspekt Gottes besonders verehrte und einmal in diesem Vortrag ausruft: »Mutter, sie sind alle Atheisten!«) karikiert einen persönlichen Gott, der auf dem Thron sitzt und vor dem die Menschheit zittert und sich in einem extremen Sündenbewußtsein wälzt - und einen solchen Gott, dem Vivekananda wohl in angelsächsischen puritanischen Kreisen oft genug begegnete, hätte auch Ramakrishna nicht verteidigt - sagte er doch des öfteren, er wolle mit Gott *spielen* - für einen Puritaner eine unmögliche Auffassung. Weiter sagte Ramakrishna, daß Gott nicht nur eine Person über allen Personen sei, sondern sich auch in allen Wesen verkörpere. Wir erinnern uns, wie er zu einem Gast sagte: »Ob du es weißt oder nicht - du bist Rama!« Und Vivekananda: »Gott ist das unendliche Sein und ihr alle seid seine Inkarnationen!« Und auch die folgenden radikalen Worte, die den Advaita auf die Spitze zu treiben scheinen, verleugnen keineswegs die Lehre Ramakrishnas. »Diese Welt ist nicht schlecht. Sie ist Gott selbst, wenn Sie es wissen. Der Mörder, der morgen gehängt wird, ist ganz und gar Gott, der vollkommene Gott. Es ist sehr schwer zu begreifen, aber es kann begriffen werden.«[98] Und Ramakrishna: »Ja, alle Verwirrung hört auf, wenn man nur erkennt, daß es Gott selber ist, der sich als Atheist und Gläubiger manifestiert, als Guter und als Schlechter, als das Wirkliche und das Unwirkliche; daß Er es ist, der im Wachen und Schlafen gegenwärtig ist, und daß er jenseits von alledem ist.«[99]

Ein eigenartiger »demokratischer« Gott, der in allen zu verschwinden scheint. Vivekananda zog gern zur Illustration die amerikanische Demokratie heran - die er dabei sicherlich etwas idealisierte. »Sie wollen demokratisch sein in diesem Land,« sagte er. »Es ist der demokratische Gott, den der Vedanta lehrt... Hier gibt es keinen König. Ich sehe jeden auf derselben Stufe stehen. Ich brauche meinen Hut nicht abzunehmen und mich vor irgendjemandem zu verbeugen... Genau dies ist Vedanta. Sein Gott ist kein Monarch, der auf einem Thron sitzt, völlig außerhalb der Welt. Es gibt solche, die ihren Gott gern so haben - sie zünden Kerzen an und kriechen im Staub vor ihm. Sie wollen einen König, der über sie herrscht. Nun, der König ist verschwunden, wenigstens aus diesem Land. Und wo ist der König des Himmels jetzt? Genau da, wo der irdische König ist. In diesem Land ist der König in einen jeden von euch eingetreten. Ihr seid alle Könige in diesem Land. Und so verhält es sich auch mit der Religion des Vedanta. Ihr seid alle Götter. Ein Gott genügt nicht. Ihr seid alle Götter, sagt der Vedanta.«

Es stimmt zwar, daß Ramakrishna gewöhnlich die Unterschiede in der Manifestation betonte. Er sagte, Brahman sei zwar allgegenwärtig als das alldurchdringende Bewußtsein, doch die Manifestationen seiner *Shakti* seien doch sehr unterschiedlich. So manifestiere sich Gott natürlich mehr in einem Heiligen als in einem gewöhnlichen Sünder und in einem Avatar weit mehr als in einem Heiligen. Aber es gab doch auch, besonders am Ende seines Lebens, als sein »Auftrag« zu Ende ging, oft genug Stimmungen, in denen er Gott nur noch überall gleich sah, ohne alle Unterschiede. In dieser radikalen Advaita-Sicht ist jeder Teil schon das Ganze, ein jedes Wesen der vollkommene Gott, das kleinste Fragment die Totalität des Seins. Als Inkarnation, als Beauftragter Gottes, mußte er - im »Reich des Sohnes« - noch Unterschiede sehen; aber außer Amtes war ihm alles »gleich«, hier war - in den Worten Meister Eckharts - eine Fliege nicht kleiner als Gott.

Aus diesem Geiste, aus diesem göttlichen Grund heraus sprach auch Vivekananda, und es war wohl seine geringste Sorge, in allen Worten genau mit Ramakrishna übereinzustimmen. Schließlich hatte er ja nicht dieselbe Aufgabe wie sein Meister, der nie verlangt hatte, sein Schüler solle nur als eine verkleinerte Kopie von ihm durch die Welt laufen. Verlangen wir vom Hl. Geist oder von einem Propheten, der vom Hl. Geist inspiriert ist, daß er buchstäblich dasselbe sagt wie Jesus? Der Geist geht weiter als der Sohn, ohne deshalb aber größer zu sein, denn man könnte ebensogut sagen, der Sohn offenbare durch den Geist seine größere, seine Geist-Natur, die den etwas engeren Rahmen der Sohn-Gestalt sprengt. In diesem Sinne war Vivekananda der verlängerte Arm Ramakrishnas, ja, sein »Paraklet«, den er sandte, um seiner Botschaft die wahren geistigen und universalen Dimensionen zu geben. Sehnte sich Vivekananda nicht oft danach, überhaupt nicht mehr eine »Form« zu haben, sondern nur noch *Stimme* zu sein? Ramakrishna war, als Inkarnation, an erster Stelle der »Bräutigam«, der vor allem das Vishnu-Element verkörperte, sozusagen die »Nestwärme« der göttlichen Liebe. Aber er besaß auch die Shiva-Natur und liebte diese wieder in seinem Jünger Vivekananda. Wer hier von einer Fälschung, von einer Umkehrung der Ramakrishna-Lehre spricht, vergißt völlig, daß Ramakrishna seinen Schüler sehr gut kannte: seine dynamische Natur, seine Shiva-Seite, seine Neigung zum Advaita, seine Respektlosigkeit. Wenn Vivekananda schon in jungen Jahren Advaita-Töne von sich gab und andere sich beschwerten, sagte Ramakrishna nur: »Nun, Naren kann so etwas sagen... Er geht immer wie ein blankes Schwert umher.« Wenn er diesen Jünger kurz vor seinem Tod auch noch mit seiner Geist-Energie gleichsam »auflud«, so erwartete er sicherlich nicht, daß Vivekananda nur ein paar fromme Zirkel gründen würde, in denen das Andenken seines Meisters bewahrt würde. Ramakrishna hatte keine Angst vor dem Ansturm des Geistes, der selbst ihn zuletzt – als eine »Form« Gottes – wegblasen würde. So wie Sarada Devi sagte: »Ich selbst bin Maya,« so hätte auch Ramakrishna sagen können: »Ich selbst bin dieser Geist, der alles Begrenzte wegfegen wird.« War er denn nur ein Avatar, erschöpfte sich seine ganze Größe darin? Von zwei seiner Verehrer sprechend, die ihn als Avatar anbeteten, sagte er einmal: »Der eine von ihnen ist ein Arzt und der andere ein Theaterdirektor, und sie kommen her und nennen mich eine Inkarnation! Sie glauben, sie könnten so mein Prestige erhöhen und mich in den Augen der Welt groß erscheinen lassen. Doch was verstehen sie von der Bedeutung einer Inkarnation? Lange, lange bevor sie hierherkamen mit ihrer 'neuen' Entdeckung, nannten mich große Autoritäten wie Padmalochan öffentlich eine Inkarnation, wieder und wieder – solange, bis ich krank davon wurde! Was glauben sie also erreichen zu können, wenn sie nun diese uralte Sache wieder aufwärmen?«

Es ist, als würde der Sohn, nachdem sich das Reich des Vaters verbraucht hat, auch allmählich von seiner besonderen Sohnschaft distanzieren, um eben selber ein Richtungspfeil zu sein auf das Reich des Geistes hin. Allerdings darf man hier von dem vielschichtigen Ramakrishna kaum eine eindeutige Aussage verlangen, da er selber gleichsam alle nur möglichen »Zeitalter« in sich barg und immer darauf sah, daß man ihn nicht einseitig festlegte. Eine solche Einengung war aber hauptsächlich von denen zu fürchten, die sich ausschließlich an seine »Avatarschaft« klammerten, weshalb Ramakrishna wohl nichts dagegen hatte, daß sein größter Schüler hin und wieder kräftig ins Advaita-Horn blies.

Man kann auch viele »Samen«-Worte Ramakrishnas finden, die dann später im Kopf Vivekanandas so richtig aufgingen. Aus dem kleinen Thema: »Wer immer sagt, er sei ein Sünder, wird schließlich auch ein Sünder,« das bei Ramakrishna kurz anklingt, machte Vivekananda eine ganze Sinfonie. Er schockte seine westlichen Zuhörer gern mit den Worten, es gebe nur eine einzige Sünde, nämlich einen Menschen einen Sünder zu nennen. Man denke hier auch an den kurzen Dialog Ramakrishnas mit einem frommen Mann, der sich von seinen etwas beschränkten Andachtsübungen nicht trennen mochte. »Warum bleibst du auf einem Fleck stehen?« fragte Ramakrishna. »Geh weiter.« Als der Mann erwiderte: »Ich kann es nicht ohne Seine Gnade,« erwiderte Ramakrishna: »Seine Gnade weht bei Tag und bei Nacht über deinem Kopf. Entfalte die Segel deines Bootes, wenn du auf dem Ozean des Lebens schnell vorankommen willst.«[100]

In gesteigerter, aggressiverer Form liest sich das bei Vivekananda so: »Es gibt viele, die entsetzt sind, wenn sie diese Lehre hören (von der Göttlichkeit des Menschen). Sie haben es nicht gern, wenn man ihnen sagt, daß sie nicht nur eben kleine Schweinekörper sind, erschaffen von einem tyrannischen Gott. Ich sage: 'Steige herauf!' Sie sagen, sie seien in Sünde geboren. Ich sage: 'Ihr seid göttlich!' Sie antworten: 'Du Frevler, wie wagst du es, so zu sprechen? Wie kann eine elende Kreatur Gott sein? Wir sind Sünder.' - Ich werde manchmal sehr mutlos, wissen Sie...«[101]

Was aber schwebte Vivekananda vor? Eine durch und durch *pneumatische* Religion, die sich auf Joh. 4, 24 berufen konnte: »Gott ist Geist, und die anbeten, müssen in Geist und in der Wahrheit anbeten.« Die Begegnung Jesu mit der Samariterin am Jakobsbrunnen war Vivekanandas Lieblingsstelle im ganzen Evangelium, und ihr Geist kommt bei ihm an vielen Stellen immer wieder zum Durchbruch. So schließt der »Krieger-Mönch«, wie man ihn gern nannte (er stammte nicht zufällig aus der Krieger-Kaste), die oben erwähnte Rede: »Die Stunde kommt, da große Menschen sich erheben werden und diese Kindergärten der Religion abschütteln und die wahre Religion lebendig und mächtig machen werden, die Anbetung des Geistes durch den Geist.«[102]

Die letzten Worte - »*die Anbetung des Geistes (Spirit) durch den Geist*« - weisen auch darauf hin, daß sich in Vivekanandas Augen eine solche geistige Religion nicht darin erschöpfen konnte, daß man das Gottesbild von allen zu groben »materialistischen« Zügen befreite. Der Mensch sollte nicht nur Gott im Geist und in der Wahrheit erkennen, sondern auch *sich selbst*. Mit den »abergläubischen« Vorstellungen von Gott sollten auch die ebenso groben und falschen Vorstellungen von der menschlichen Natur verschwinden: daß der Mensch nichts weiter sei als ein geschaffener und noch dazu sündiger Fleischkloß, der eigentlich die Hölle verdient hätte. Für Vivekananda ist jede Begrenzung und Leiblichkeit letztlich eine Illusion, eine Selbsthypnose des Menschen, ein Irrtum, an den er sich in Maya einfach gewöhnt hat. Doch bei aller Ähnlichkeit mit gnostischen Spiritualisierungstendenzen darf man nicht vergessen, daß Vivekananda keine leibfeindliche Askese und keine Weltflucht predigte, denn die Schöpfung war für ihn ja nicht das Werk eines bösen Demiurgen, sondern - wenn man sie nur mit erleuchteten Augen betrachtete - Gott selbst. Die Begrenzung sollte in einem positiven Sinn überwunden werden: durch das Aufsprengen des Ich-Käfigs und der Identifikation mit *allen* Lebewesen, die alle Manifestationen des einen göttlichen Selbst sind.

Eine eigenartige Verwandtschaft offenbart diese Religion des Geistes paradoxerweise manchmal mit einer humanistischen und säkularistischen Einstellung, da vieles, was noch zum Reich des Sohnes gehört (vom »Vater« ganz zu schweigen) auch von ihr abgelehnt wird: kirchliche Institutionen, Dogmen, Erlösungsmythen usw. Obschon Vivekananda oft betonte, er fühle sich überall zu Hause: in einem Hindutempel, einer Moschee oder einer christlichen Kirche, so konnte dieses positive Akzeptieren aller Glaubensformen, das schon Ramakrishna vorgelebt hatte, in einer radikalen Advaita-Stimmung auch einmal umkippen in die Negation aller äußeren Hilfsmittel oder »Krücken«, die den Menschen letztlich doch nur in Abhängigkeit hielten, so hilfreich sie am Anfang auch sein mochten. Diese große Gefahr sah Vivekananda immer wieder: daß die Hilfe zum größten Hindernis wurde, die Offenbarung zur größten Verhüllung der eigentlichen Wahrheit. »Wenn Sie meinen

Rat annehmen wollen,« sagte er in diesem Vortrag, »dann gehen Sie niemals in eine Kirche. Kommen Sie heraus und waschen Sie sich. Waschen Sie sich wieder und wieder, bis Sie von allem Aberglauben gereinigt sind, der durch all diese Zeitalter an Ihnen klebte.«[103]

Man kann hunderte von Ramakrishna-Worten und kaum weniger von Vivekananda selber gegen diese Sätze anführen, aber vielleicht spürt selbst derjenige, der gern in die Kirche geht, daß man hin und wieder eine solche Dusche des wahren Geistes braucht – daß sie das eigentliche Weihwasser ist, das uns von allem Weihwasser reinigt.

Nun könnte jemand sagen: Was tut Vivekananda hier eigentlich anderes als – wie so viele andere – den Tod Gottes zu verkünden, nur daß er halt ein paar schöne »spirituelle« Blumen auf sein Grab wirft?

Der Vorwurf würde wohl nicht Vivekananda allein treffen – man könnte ihn ebenso an die Rishis der Upanishaden, an Meister Eckhart und an die Zen-Meister richten. Und liest man deren Texte und auch die Reden Vivekanandas genau, so merkt man bald, daß gar nicht so sehr vom Tod Gottes, sondern vom Tod des menschlichen Ego die Rede ist, das sich seinen eigenen Gott schafft und ihn auf einen Himmelsthron projiziert. Die Radikalität Vivekanandas unterscheidet sich in nichts von der Meister Eckharts, der auch am »konventionellen« Gott kaum ein gutes Haar läßt und die Gläubigen auffordert, Gott zu lieben, wie er *ist:* ein Nicht-Gott und eine Nicht-Person! Nicht die göttliche Natur wird geleugnet, sondern die primitiven Vorstellungen vom Gott-Mensch-Gegensatz werden angegriffen. Daß Vivekananda 600 Jahre nach Eckhart (den er gar nicht kannte) im Westen wieder auf dieselbe Wahrheit pochen mußte, beweist nur, wie gering der Einfluß dieser hohen Mystik im Westen geblieben ist. Dabei verliert die wahre geistige Gottheit keinen einzigen Zacken aus ihrer Krone, wenn diese Kluft aufgehoben und Gott heimisch gemacht wird im Menschen; dafür verliert aber der Mensch einen ganzen Sack abergläubischer Vorstellungen und erkennt erleichtert, wer und was er wirklich ist.

Natürlich sah Vivekananda auch die Gefahr der Schwarmgeisterei, und er betonte ausdrücklich: »Man muß schon ein wenig hart arbeiten, um wirklich spirituell zu werden!« Er duldete nicht den geringsten Libertinismus, und war auch nicht begeistert, wenn manche Verehrer Ramakrishnas glaubten, den Meister in mystischen Verzückungen noch übertreffen zu müssen. Alles Überspannte und den Menschen Schwächende lehnte er ab. Seine Verwirklichung der wahren göttlichen Natur des Menschen war gepaart mit »common sense«, mit gesundem Menschenverstand, der sich auch keine Illusionen über eine plötzliche Spiritualisierung der ganzen Welt machte. So sehr er dagegen war, daß man immer nur auf der schwachen, sündigen Natur des Menschen herumhackte, so war er doch nüchtern genug, zu sehen, daß die Menschheit nicht von heute auf morgen das Bewußtsein der göttlichen Einheit verwirklichen würde. Wie Meister Eckhart hätte wohl auch er nach seinem radikalen Vortrag sagen können: »Wer diese Rede nicht versteht, der bekümmere sein Herz nicht. Denn solange der Mensch dieser Wahrheit nicht gleicht, solange wird er diese Rede nicht verstehen. Denn es ist eine unverhüllte Wahrheit, die da gekommen ist aus dem Herzen Gottes unmittelbar.«[104]

Unverhüllt und *unmittelbar* - die Losungsworte des Geist-Reiches, in dem wir Gott nicht mehr wie durch einen dunklen Spiegel in allerlei Maya-Bildern sehen, sondern von Angesicht zu Angesicht. Keine Mittel mehr, keine Zwischeninstanzen, keine Krücken, keine Scheuklappen. Allerdings: weder Eckhart noch Vivekananda hätten wohl einen *Zeitpunkt* angesetzt für dieses neue Zeitalter, das für sie - im Unterschied zu Joachim und späteren »Revolutionären« - eigentlich zeitlos war. Sie dachten ja nicht so sehr an einen bloßen Szenenwechsel auf der göttlich-irdischen Bühne, auf die Ablösung einer göttlichen Person durch die andere, sondern an ein Transzendieren von Zeit und Raum und eine Verwirklichung des göttlichen Grundes jenseits aller »Personen«, die eigentlich, seit es geistbegabte Menschen gab, immer schon möglich war. Mit dieser »Zeitlosigkeit« hängt auch zusammen, daß es ihnen weniger um gewisse Gaben des Hl. Geistes zu tun war wie Prophezeien, Zungenreden usw. Es interessierte sie nur der Geist, der »Spirit«, wie er in sich selber ist. Zwar kannte Vivekananda auch den Geist als dynamische Kraft, als *Shakti,* die von ihm Besitz ergriffen hatte und ihn nicht ruhen ließ - man nannte ihn in Amerika nicht zufällig den Hindu-*Zyklon!* Aber reine Spiritualität bestand für ihn in der Verwirklichung des Atman, so wie auch für Eckhart die Verwirklichung jenes »Etwas« in der Seele entscheidend war, das unerschaffen und unvergänglich ist.

Wenn aber diese Realisation nichts eigentlich Neues war, sondern nur wieder auf die alte Offenbarung der Upanishaden zurückwies, so ist ein geschichtliches Element doch nicht ganz zu übersehen, denn Vivekananda trat nicht als unabhängiger Weiser auf, sondern als »Bote« eines Mannes, der von vielen als göttliche Inkarnation angesehen wurde. Seit dem Auftreten Buddhas (für den Vivekananda übrigens aus verständlichen Gründen eine große Schwäche hatte und den er immer bewunderte) war dies eigentlich das erste Mal, daß indische Geistigkeit wieder expansiv wurde. Stand auch im Mittelpunkt dieser Botschaft an den Westen die innere Ruhe des Atman (in Indien betonte Vivekananda vor allem die Notwendigkeit des *Handelns),* so hatte diese Botschaft doch nichts Einschläferndes, sondern im Gegenteil etwas, das die Menschen eher von den Stühlen auffahren ließ. Vivekananda konnte sogar einmal sagen: »Ich möchte den Hinduismus (womit er wohl den Vedanta meinte) so aggressiv machen wie das Christentum und den Islam.« Zwar hat der Swami nie im üblichen Sinn »Konvertiten« machen wollen, er wollte nie Seelen »retten« und erhob nie einen Absolutheitsanspruch, doch es stach ihn doch manchmal der Hafer, genauer seine »Shakti«, die es wohl an der Zeit fand, daß sich die religiöse Szene wieder etwas belebte.

Das heißt aber auch, daß man Vivekananda nicht von Ramakrishna trennen darf, denn die geistige *Energie* ging letztlich von diesem aus. *Er* bleibt das Rätsel im Hintergrund - und nicht Vivekananda, in dem sich zwar alle nur möglichen Spannungen um die Jahrhundertwende, östliche wie westliche, trafen, der aber doch nicht diese Vielschichtigkeit hat, die wir in Ramakrishna finden. »Niemand war bisher fähig, Ihn zu verstehen, der sich als Sri Ramakrishna auf dieser Erde verkörpert hat,« sagte Swami Vivekananda. Selbst dem »Parakleten« fällt es manchmal schwer, den »Sohn« in seiner ganzen Tiefe zu begreifen.

Ich will damit nicht sagen, daß die göttliche Inkarnation letztlich doch über den Atman triumphiert. Sieht man die Sache geschichtlich, so hat der Sohn sicherlich nur eine Mittlerfunktion, er ist etwas Vorläufiges - ein Sonderfall, der auf eine allgemein-gültige Wahrheit hindeutet. Die Entwicklung kann unmöglich dahin gehen, daß die Göttlichkeit eines Einzelnen immer mehr wächst und die Menschen sozusagen leer ausgehen, sondern daß die göttliche Fülle immer mehr auf alle Menschen übergeht, daß der Sohn in allen geboren wird, daß sich der Geist in allen inkarniert.

Doch dies zerstört im Augenblick die Faszinationskraft der Inkarnation noch nicht. Eine Bewegung wie die Ramakrishna-Bewegung lebt gerade von der Spannung zwischen dem vielsagenden Lächeln Ramakrishnas und den direkten Attacken Vivekanandas. Wir befinden uns in einem ungeheuer reichen Übergangsfeld, wo zwar die Inkarnation nicht mehr die Bedeutung hat wie etwa im traditionellen Christentum und der Paraklet deutlich auf dem Vormarsch ist, wo aber vielleicht gerade diese »Spätzeit« der Inkarnation noch einmal eine der schönsten, farbenreichsten und auch tiefsten Offenbarungen Gottes hervorgebracht hat.

SCHLUSSBETRACHTUNG

M. sagte einmal zu Ramakrishna: »Du hast uns kürzlich sehr klar auseinandergelegt, wie sich Gott auf Erden inkarniert. Du sagtest uns, wir sollten uns ein Feld vorstellen, das sich bis zum Horizont und noch darüberhinaus erstreckt. Es dehnt sich aus ohne irgendein Hindernis, aber wir können es nicht sehen, weil eine Mauer vor uns ist. In dieser Mauer befindet sich jedoch ein Loch, und durch dieses Loch können wir einen Teil jenes grenzenlosen Feldes sehen.«
Ramakrishna: »Sag mir, was das Loch ist.«
M: »Du selbst bist dieses Loch. Durch dich können wir alles sehen - jene grenzenlose Wiese ohne Ende.«
Ramakrishna schien sich zu freuen. Er klopfte M. auf die Schulter und sagte: »Ich sehe, du hast es verstanden. Das ist gut so.«
M: »Es ist wirklich schwer zu begreifen. Man kann es nicht ganz verstehen, wie Gott, das vollkommene Brahman, in diesem kleinen Körper wohnen soll.«
Ramakrishna sang daraufhin:
>   Oh, niemand hat herausgefunden, wer er ist:
>   Wie ein Verrückter wandert er von Tür zu Tür,
>   von Tür zu Tür wandert er wie ein armer Bettler.

Ein wenig später sagte M.: »Von allen Formen Gottes, die Er für sein Lila wählt, liebe ich am meisten sein Spiel in menschlicher Gestalt.«
Ramakrishna: »Das genügt. Und du siehst mich.«[105]

Es fällt recht schwer, ein kurzes konzentriertes Schlußwort zu dem Thema zu finden, das wir eigentlich erst gerade angeschnitten haben. Man kommt in Versuchung, gleich ein weiteres Buch zu schreiben, weil einem die Unvollkommenheit der vorherigen Kapitel zu sehr bewußt wird. Es hilft und tröstet da eigentlich nur die weitere und noch tiefere Einsicht, daß dieses Thema *nie* in einem Buch ausgeschöpft werden kann, Gottseidank.

Ich habe dieses Buch nicht geschrieben, um irgendjemanden von der Wahrheit der Inkarnation zu überzeugen. Das ist Sache des Hl. Geistes, nicht meine. Ich habe dieses Buch, wie ich schon in der Einleitung betonte, auch nicht geschrieben, um eine Gestalt aufs Podest zu stellen, die nun mit Christus sozusagen in harte Konkurrenz tritt. Bei einer solchen feierlichen und ehrgeizigen Denkmalsenthüllung würde man nur feststellen, daß sich auf dem Sockel überhaupt niemand befindet, denn Ramakrishna hätte sich heimlich längst aus dem Staub gemacht - es gefällt ihm da oben einfach nicht. Wenn er dennoch auf manche als eine »Herausforderung« wirkt, so muß das wohl an ihnen liegen.

Das Zitat, das ich an den Anfang dieser Schlußbetrachtung gestellt habe, beweist dem Christen wohl noch einmal, daß das Mysterium der Inkarnation für einen Hindu ebenso bedeutsam werden kann wie für ihn. Spätestens seit dem Erscheinen Ramakrishnas dürfte klar sein, daß es hier kein Monopol oder Patentrecht auf christlicher Seite gibt. Der christliche Missionar hat zwar das volle Recht, in Indien christliche Nächstenliebe vorzuleben und den Hindus das Leben Jesu nahezubringen, doch er muß sich auch darüber im klaren sein, daß er Eulen nach Athen trägt, wenn er das Geheimnis der Inkarnation verkündet. Wir müssen endlich anerkennen, daß wir es nicht mit einem Bettler zu tun haben, auf dessen Boden bisher höchstens kleine Brosamen vom Tisch des Hl. Geistes gefallen sind, sondern mit einem gleichberechtigten Partner, der auch dem Christen manches geben kann.

Wie nun ein Christ auf den Reichtum des Hinduismus und besonders auf das Phänomen Ramakrishnas reagiert, bleibt seine urpersönliche Angelegenheit. In diesem Buch ging es nur darum, auf den Schatz hinzuweisen - wobei ich mich wiederum sehr auf den Problemkreis »Inkarnation« einengte und viele andere Seiten, etwa die Parabeln Ramakrishnas, kaum streifen konnte. Hier hatte vor allem der Theologe das Wort, ja, fast möchte man sagen: der Dogmatiker, der hauptsächlich von »oben« her denkt. Ein Vergleich, der sich vor allem auf Jesus und Ramakrishna als *Menschen* und als Verkündiger des Himmelreiches im jeweils spezifisch jüdischen bzw. indischen Gewand konzentrieren würde, würde mehr als nur *ein* weiteres Buch erfordern. Hier stehen wir erst ganz am Anfang, und man kann nur hoffen, daß christliche Theologen einmal aus ihrem ständig in sich kreisenden Selbstgespräch ausbrechen und durch die Anregung aus dem Osten von einer gewissen Inzucht bewahrt werden. Im Falle Ramakrishnas haben wir noch das große Glück, daß wir darüber schreiben können, was er sagte.

Es wird zwar auch die Zeit kommen, wo nur noch darüber diskutiert werden wird, was er *wirklich* sagte und welches Wort einen »Sitz« im Leben Ramakrishnas habe, aber dann, so hoffe ich, wird er sich wieder inkarnieren, um den akademischen Diskussionen ein Ende zu machen.

Was nun Indien angeht, so ist es für einige Christen auch heute schon ein »Heiliges Land«, von dem sie sich gern inspirieren lassen - ohne deshalb für dessen Schwächen blind zu werden. Bisher haben wir nur immer auf *einem* Bein gestanden, weil wir von der Vorstellung nicht loskamen, daß das Heil nur von den Juden kommen könne. Der Versuch, auch auf dem anderen Bein zu stehen und die Offenbarung Gottes in Indien miteinzubeziehen, mag zuerst für viele vielleicht etwas ungewohnt sein, doch es steht sich dann sehr viel fester - auf zwei Beinen.

Daß diese »Zusammenschau« nicht von oben verordnet werden kann, ist klar. Ein jeder muß hier wohl seine eigene Synthese erarbeiten - immer in dem Bemühen um eine wirklich *lebendige* Zusammenschau, die sich von einem künstlichen Synkretismus stark unterscheidet.

Einer gegenseitigen Durchdringung - insbesondere was Ramakrishna und Christus betrifft - sind hier keine Grenzen gesetzt. Nur eines ist nicht mehr möglich: man kann Ramakrishna heute nicht mehr *draußen* lassen. Besonders eine Kirche, die sich die »Katholische« nennt, die also alles umfassen und in sich einschließen will, muß sich fragen, ob sie ihrem Namen gerecht wird, wenn sie zwar aus historischen Gründen für viele obskure Heilige und Märtyrer einen Platz hat, die heute kaum noch jemand kennt, aber nicht einmal ein Plätzchen für eine Gestalt wie Ramakrishna. Gehört er nicht zu den ganz großen »Löchern« in der Mauer, durch die wir das Unendliche sehen können? Natürlich kann man sich darauf versteifen, daß es nur *ein* Loch in dieser Mauer gibt, nämlich Christus, aber selbst dann müßte man zugeben, daß Ramakrishna zumindest sehr treffende und tiefe Kommentare zu diesem »Durchblick« in die göttliche Natur geliefert hat.

Für mich, daran habe ich wohl keinen Zweifel gelassen, ist er beides: das Loch und sein eigener Kommentar. Die Größe des Loches mit dem Zentimetermaß zu messen, wäre wohl unsinnig. Ich gebe zu, daß meine »Zusammenschau« von Ramakrishna und Christus recht persönlich und deshalb sicherlich nicht jedermanns

Sache ist. Ich sehe zwar beide als selbständige Offenbarungen des einen Logos an und bin sehr froh darüber, daß sie nicht einfach auswechselbar sind, sondern sich in manchen Dingen sogar sehr unterscheiden und sich deshalb gegenseitig *ergänzen;* aber dann kommen doch wieder Augenblicke, wo sie sich so sehr durchdringen, daß ich Ramakrishna am Kreuz und Christus im Kreis seiner bengalischen Jünger tanzen sehe. Man kann sich vorstellen, daß sich dadurch so manche theologischen Probleme, die einem Christen Kopfzerbrechen bereiten können, für mich nicht mehr stellen. Ich kann nichts dafür. Vielleicht hat es etwas mit dem *Geist* Ramakrishnas zu tun, der uns immer wendiger und flexibler macht und doch gerade deshalb in die Tiefe vordringt. Es ist der Geist seiner Göttlichen Mutter, Chit-Shaktis, der Geist-Energie, die schon im Alten Testament als Weisheit besungen wurde: als »leicht, beweglich, durchdringend, unhemmbar... Ist doch die Weisheit beweglicher als jede Bewegung und dringt durch alles vermöge ihrer Reinheit... «(Weish 7, 22 ff) Ist dies nicht auch der Geist Christi, dessen Brausen wir niemals einfangen und organisieren können? Wenn wir den Blick *nur* auf die Manifestation des Sohnes konzentrieren, scheinen die Gegensätze zwar fast unüberwindlich zu sein; doch wenn wir die Inkarnation und den Geist *zusammensehen,* werden uns die verschiedenen Offenbarungen Gottes nicht mehr zu einem Nebeneinander oder gar Gegeneinander, sondern wir begreifen immer mehr das Ineinander, das sich gegenseitige Durchdringen der Offenbarungen.

Ein christlicher Einwand wird jedoch wahrscheinlich lauten: der Geist mag noch so wendig sein - er wird aber nie den größten Gegensatz zwischen dem Christentum und dem Vedanta und anderen östlichen Religionen aus der Welt schaffen können, nämlich das christliche Verständnis von der einmaligen Heilstat Gottes in Jesus Christus, die uns durch eben diesen Geist geoffenbart worden ist.

Nun, ich habe diesen Gegensatz nie verschleiert, und die Fairneß gebietet uns wohl, den Geist zu bitten, diesen Gegensatz nicht zu übertünchen, sondern uns zu helfen, ihn zuerst einmal so plastisch wie möglich herauszuarbeiten. Ich habe auf die Schwierigkeiten hingewiesen, die diese Lehre von der Einmaligkeit einem Vedantin - und vielleicht auch so manchem modernen Christen - bereitet. Er kann erstens die kausale Verknüpfung mit dem Sündenfall nicht nachvollziehen, weil dieser für uns heute nicht mehr ein Faktum ist, wie er es noch für einen Paulus, Augustinus oder Luther war. Man kann eine mythologische Erzählung, die nicht einmal im weiteren Alten Testament von großer Bedeutung war, geschweige denn in den Evangelien, und die von den meisten heutigen Theologen einfach schweigend übergangen wird, nicht zum Felsen machen, auf dem man dann das Kreuz aufrichtet. Dieser Fels ist nicht nur wackelig und porös - er existiert überhaupt nicht.

Doch dies ist nicht einmal die Hauptsache. Ich habe im Golgatha-Kapitel klarzumachen versucht, daß das Kreuz auch für einen christlichen »Vedantin« ein *Allerletztes* ausdrücken kann, etwas Absolutes - aber nicht so sehr als »Tat«, weil es - zumindest nach dem Verständnis eines Vedantin - keine absolute Tat geben kann. Absolut ist nur das Ewige, Unwandelbare, und »Ereignisse« in der Geschichte können zwar auf das Absolute hinweisen und es ausdrücken, sie können aber nichts am Wesentlichen verändern. Meine wahre ewige Natur kann mir nicht durch ein »Ereignis« abhanden kommen und durch ein anderes »Ereignis« wieder geschenkt werden. Der Vedantin - und mit ihm wohl alle Mystiker - interessiert sich für das, was *ewig* wahr ist und durch keine mythologischen oder historischen »Vorfälle«, durch keine Engelsstürze, Sündenfälle, Erlösungstode und Jüngste Gerichte verändert werden kann. Einige dieser Maya-Fresken mögen gewiß beeindruckend sein, aber einmal müssen sie abblättern, vor der letzten Wirklichkeit können sie nicht bestehen. Nur das Kreuz bleibt von diesen »Szenen«, aber nicht als Historienbild, nicht als Ereignis, sondern als die Wirklichkeit selbst, als der Grund, in dem das Göttliche und Menschliche eins ist.

Daß die Betonung der mystischen Zeichenhaftigkeit ein wirkliches stellvertretendes Leiden nicht ausschließt, haben wir auch hervorgehoben. Es geht wirklich im Grunde nur um das Wörtchen »Einmaligkeit«, an dem sich die Geister scheiden. Man kann deshalb kaum etwas anderes tun, als auf die verschiedenen Weltbilder hinzuweisen und zu fragen, ob es wirklich zum Kern des Christentums gehört, daß man an eine Schöpfung mit einem absoluten Anfang und einem absoluten Ende glauben muß. Ist dies aber nicht der Fall und steht es einem frei, an einen ewigen Schöpfungsprozeß zu glauben, so verändert dies auch die Bedeutung des Kreuzes; denn in einer ewigen Schöpfung, einem ewigen Werden und Vergehen, kann es keine einmalige Erlösungstat geben.

Ich kann natürlich die geschichtliche Perspektive auch ganz außer acht lassen und nur die rein persönliche Seite betonen: Christus ist für *mich,* für meine Sünden gestorben. Doch man wird verstehen, daß eine solche subjektive Gläubigkeit, die einen Menschen sicherlich zu transformieren vermag, auch sagen kann: Ramakrishna hat für *mich* gelitten, meine Sünden haben seine Wunde in der Kehle verursacht. Womit wir letztlich immer wieder beim Glauben landen und zugeben müssen, daß sich hier nichts beweisen läßt.

Man muß hier natürlich auch hinzufügen, daß das Leiden im ganzen Ramakrishna-Kult keine so ausschlaggebende Rolle spielt. Akzeptiert man einmal den Gedanken, daß sich Gott auch mehrmals inkarnieren kann, so wird man kaum erwarten, daß Gott in jeder Offenbarung nur immer wieder dasselbe wiederholt. Ramakrishna ist gewiß nicht gekommen, das Schwert zu bringen, davon hatten wir inzwischen mehr als genug, und er wollte die Menschen auch nicht noch einmal mit einem Passionsdrama aufwühlen, das in Christus wohl seinen endgültigen Ausdruck gefunden hat, wenn auch Ramakrishnas Leiden noch einen bedeutenden Nach-Kommentar darstellt.

Ramakrishna hatte - und hat - wohl vor allem eine ergänzende, harmonisierende Funktion, wenn auch seine lebendige Synthese so vieler verschiedener Aspekte unser Denken sehr wohl auch herausfordern kann. Auch Harmonie kann ärgerniserregend sein, wenn sie gewisse Denkschablonen, an die wir uns gewöhnt haben, in Frage stellt. Ramakrishnas »Harmonisierung« ist deshalb nicht einschläfernd, sondern im Gegenteil sehr erfrischend. Sie hat wirklich etwas von der Qualität des *Geistes,* der weht, wo er will.

Ich möchte hier zum Schluß nur noch einmal kurz die wichtigsten Punkte nennen, wo Ramakrishna uns zu einem neuen Denken zwingt:
1. Die Einmaligkeit der göttlichen Inkarnation wird in Frage gestellt, die Tatsache der Inkarnation wird jedoch, zumindest für den Gläubigen, durch Ramakrishna noch einmal kräftig untermauert.
2. Die Religionen werden von Ramakrishna nicht so sehr als Institutionen angesehen, in denen Menschen leben und auf ein gutes Geschick nach dem Tode warten, sondern als lebendige Heilswege, die zur Vereinigung mit dem Göttlichen führen - auch schon in diesem Leben.

3. Die scharfe Unterscheidung zwischen Natur- und Offenbarungsreligion entpuppt sich spätestens seit dem Erscheinen Ramakrishnas als künstlich. Wenn wir glauben, daß Jesus alles von seinem Vater gehört und an uns weitergegeben hat, müssen wir auch akzeptieren, daß Ramakrishna nichts aussprach, was er nicht von seiner Göttlichen Mutter gehört hat.
4. Auch die Unterscheidung zwischen dem persönlichen und dem unpersönlichen Gott erweist sich als fragwürdig, seit Ramakrishna verkündete, beide seien nur zwei Aspekte ein und derselben Wirklichkeit. Ramakrishna hätte sowohl Pascal als auch Spinoza verstanden, weil er diese Gegensätze transzendierte. Ebenso verstand er es, die Bhakti- und Jnana-Seite in sich zu vereinigen. Man muß schon fast fragen: Was vereinigte er *nicht* in sich?
5. Durch die Anbetung Gottes als Mutter zwingt uns Ramakrishna auch zum Nachdenken: Ist das männliche Element im Christentum nicht zu einseitig betont? Und ist die Kluft zwischen der Materie und Gott wirklich so groß? Damit wird auch
6. der Begriff des »Pantheismus« noch einmal neu zu überdenken sein. Ramakrishna warnte oft vor einem falschen Pantheismus, er sagte, man dürfe noch nicht auf den ersten Stufen ausrufen, alles sei Gott, sondern man müsse zuerst das Dach der Transzendenz erklettern; auch beklagte er sich, daß alle die Schönheit des Gartens preisen würden, keiner sich aber die Mühe machte, den *Besitzer* des Gartens zu sehen. Daß es Ramakrishna aber möglich war, trotz dieser tiefen theistischen Frömmigkeit, die keinen verschwommenen Pantheismus und keine Ersatzgötter duldete, dennoch die Welt mit seinen erleuchteten Augen als göttlich zu schauen, darüber müßten, in der Sprache Meister Eckharts, manche Pfaffen zum Hinken kommen.

Die Liste der »Synthesen« ließe sich noch beliebig verlängern, da Ramakrishna eine einzige umherwandelnde Synthese war. Man kann deshalb in ihm vor allem das *Pleroma* sehen, die absolute Fülle, der eigentlich nichts hinzuzufügen ist. Wenn man jedoch nach einem besonders hervorstechenden Zug an ihm sucht, so wäre wohl *Ananda* zu nennen, die göttliche Freude. Und in dieser Frohbotschaft vereinigt sich sein Geist wohl mit dem Christi: »Was nützt es, die Bäume im Obstgarten zu zählen, ihre Zweige und ihre Blätter? Ihr seid in den Obstgarten gekommen, um die Mango-Früchte zu essen. Eßt also die Mangos!«

Anmerkungen

1. *Handbuch theologischer Grundbegriffe*,
   Kösel-Verlag, München 1962.
2. *The Complete Works of Swami Vivekananda*, Vol. VII, S. 3
   Advaita Ashrama, Calcutta 1964.
3. Solange Lemaitre, *Ramakrishna*,
   Rowohlts Monographien, Bd. 60, S. 164.
4. *The Gospel of Sri Ramakrishna by M.*, translated by
   Swami Nikhilananda, New York 1952, S. 945.
5. G. *(Gospel of S. R.)*, S. 823.
6. G., S. 943.
7. Otto Wolff, *Indiens Beitrag zum neuen Menschenbild*,
   Rowohlts deutsche Enzyklopädie, 1957.
8. G., S. 825.
9. G., S. 891.
10. G., S. 846.
11. G., S. 942.
12. Wolff, S. 24.
13. G., S. 878.
14. G., S. 798.
15. G., S. 787.
16. Vlg. Isherwood, *Ramakrishna and His Disciples*,
    London 1965, S. 78.
17. *Worte des Ramakrishna*, herausgegeben von Emma von Pelet,
    Rotapfel Verlag, Zürich 1966, S. 145.
18. *Sayings of Sri Ramakrishna*, Madras 1965, S. 7O3.
19. *Sayings*, S. 707.
20. G., S. 789.
21. *Sayings*, S. 715.
22. *Worte*, S. 148.
23. *Teachings of Ramakrishna*,
    Advaita Ashrama, Calcutta, S. 406.
24. Thomas von Celano, *Leben und Wunder des Heiligen Franziskus von Assisi*,
    Dietrich-Coelde-Verlag, Werl 1955, S. 441.
25. *Worte*, S. 149.
26. *Worte*, S. 150.
27. G., S. 46 (Einleitung).
28. G., S. 943.
29. G., S. 536 - 37.
30. G., S. 720.

31. *G.*, S. 830.
32. *G.*, S. 94.
33. *Life of Sri Ramakrishna,* Advaita Ashrama, Calcutta, S. 206.
34. *G.*, S. 832.
35. *G.*, S. 970.
36. *Die Antwort der Religionen,* hrsg. von Szczesny, Rowohlt Taschenbuch Verlag, 1971, S. 70.
37. *Sayings,* S. 623.
38. Ibid., S. 624.
39. Ibid., S. 625.
40. *G.*, S. 818.
41. *Worte,* S. 410.
42. *G.*, S. 944.
43. *G.*, S. 932.
44. *G.*, S. 1026.
45. *G.*, S. 831.
46. *Meister Eckehart, Deutsche Predigten und Traktate,* herausgegeben und übersetzt von Josef Quint, Carl Hanser Verlag, München 1963, S. 142.
47. *Holy Mother* by S. Nikhilananda, New York 1962, S. 189.
48. Lubac, *The Eternal Feminine,* London, S. 125.
49. Ibid., S. 236.
50. *Life of Sri Ramakrishna,* S. 184 - 185.
51. *G.*, S. 965.
52. *Holy Mother,* S. 190.
53. Ibid., S. 188.
54. Ibid., S. 191.
55. Ibid., S. 189.
56. Ibid., S. 216.
57. Jakob Boehme, *Der Schlesische Mystiker,* Goldmann 1959, S. 172.
58. *G.*, S. 832.
59. *G.*, S. 810.
60. *G.*, S. 746.
61. *G.*, S. 904, 906.
62. *Worte,* S. 344.
63. *G., S. 826.*
64. *Worte,* S. 446.
65. *Worte,* S. 455.
66. *Holy Mother,* S. 92.

67. *G.*, S. 943.
68. *G.*, S. 942.
69. Ibid.
70. *Sayings*, S. 951.
71. *Worte*, S. 342.
72. *G.*, S. 864.
73. *G.*, S. 941 - 945.
74. *G.*, S. 969.
75. *Holy Mother*, S. 92.
76. Ibid., S. 190.
77. *G.*, S. 934.
78. Rolland, *Das Leben des Ramakrishna*, Rotapfel Verlag, Zürich 1964, S. 211.
79. Ibid., S. 233.
80. Rolland, *Vivekananda*, S. 106.
81. *Holy Mother*, S. 91.
82. Rolland, *Ramakrishna*, S. 221.
83. *Holy Mother*, S. 190.
84. *Complete Works of S. Vivekananda*, V., S. 269.
85. *C. W. of S. V.*, VI., S. 331 - 335.
86. *C. W.*, VI., S. 330.
87. *Life of Swami Vivekananda*, Advaita Ashrama, Calcutta, S. 505.
88. *C. W.*, VI., S. 331.
89. Ibid., S. 470.
90. Rolland, *Vivekananda*, S. 104 - 105.
91. *G.*, S. 941.
92. *C. W.*, VIII., S. 369.
93. Swami Vividishananda, *A Man of God*, Madras 1957, S. 307.
94. Ibid. S. 343.
95. Ibid. S. 123.
96. *C. W.*, VIII., S. 140.
97. Ibid., S. 141.
98. Ibid., S. 129.
99. *G.*, S. 236.
100. *Worte*, S. 412.
101. *C. W.*, VIII., S. 130.
102. Ibid., S. 141.
103. Ibid., S. 134.
104. *Meister Eckehart*, S. 306.
105. *G.*, S. 825 - 826.

Übersetzung der Sanskrit-Begriffe

Advaita: Nicht-Zweiheit; die Lehre, daß nur eine Wirklichkeit (Brahman) existiert und alle Vielfalt letztlich eine Illusion oder zumindest nur relativ ist.

Adya-shakti: die göttliche Urenergie, von Ramakrishna als »Göttliche Mutter« verehrt.

Ananda: Freude, Glückseligkeit.

Arati: Gottesdienst, wobei Lichter vor dem Bild der Gottheit im Kreis geschwungen werden; meistens am Abend.

Ashrama: ursprünglich eine Einsiedelei, in der ein Guru (geistiger Lehrer) mit seinen Schülern lebt; heute kann es sich auch um Gemeinschaften von größerem Ausmaß handeln.

Atman: das wahre Selbst hinter der Oberflächenpersönlichkeit; nach der Vedanta-Lehre ist es ungeboren und unvergänglich und im Grunde eins mit Brahman.

Avatar: wörtl. ein »Herabstieg« Gottes; die Verkörperung Gottes als Mensch.

Avidya: die Unwissenheit, die dafür verantwortlich ist, daß wir die Wirklichkeit nicht sehen.

Baul: wörtl. ein Gott-trunkener Anbeter; ein fahrender Sänger der Vaishnava (Vishnuismus)-Sekte.

Baghavan: der »Herr«, der persönliche Gott.

Bhagavati: die Göttliche Mutter.

Bhairavi: eine Nonne der tantrischen Sekte.

Bhakta: ein Gott-liebender; ein Anbeter des persönlichen Gottes.

Bhakti: leidenschaftliche Hingabe und Liebe zur Wahl-Gottheit.

Brahman: das Absolute, die letzte Wirklichkeit.

Chit: Bewußtsein, Geist.

Chit-shakti: Geist-Energie, der dynamische Aspekt des göttlichen Geistes.

Deva: ein Lichtwesen oder »Gott«.

Dharma: Recht, Gerechtigkeit, Pflicht, ethische Grundordnung, manchmal auch in einem allgemeineren Sinn als »Religion« übersetzt.

Gopis: die Milchmädchen von Vrindavan, die Krishna verehrten.

Guna: nach der Sankhya-Philosophie besteht die Natur aus drei *Gunas* (Qualitäten): Tamas (Trägheit), Rajas (Aktivität) und Sattva (Harmonie, Weisheit).

Hari: ein Name Vishnus, oft einfach als »Gott« gebraucht.

Ishvara: der persönliche Gott.

Ishvarakoti: eine vollkommene Seele, die frei ist und nur geboren wird, um der Menschheit zu helfen.

Jagannath: der Herr des Universums, ein Beiname Vishnus und Krishnas.

Japa:	die ständige Wiederholung eines göttlichen Namens, oft mit Hilfe eines Rosenkranzes.
Jivanmukta:	jemand, der schon in diesem Leben erleuchtet und von Maya befreit ist.
Jnana:	Erkenntnis; der geistige Pfad, auf dem zuerst durch Analyse alles verneint wird, was nicht die letzte Wirklichkeit ist, um so das absolute unpersönliche Brahman zu verwirklichen.
Jnani:	jemand, der den Pfad der Erkenntnis geht; im allgemeinen ein Anhänger des Advaita-Vedanta.
Kali:	ein Name der Göttlichen Mutter.
Kali-yuga:	das jetzige Zeitalter, in dem nach traditionellem Hindu-Verständnis die Moral sehr gesunken und die Gottes-Verwirklichung erschwert ist - gegenüber angeblich besseren früheren »Goldenen Zeitaltern«.
Kalki:	nach den Puranas die nächste und letzte Inkarnation Vishnus, die alle Bösen vernichten und ein neues »Goldenes Zeitalter« aufrichten wird.
Kalpataru:	der Baum, der alle Wünsche erfüllt.
Karma:	Tätigkeit im allgemeinen, auch ritualistische Gottesanbetung; im weiteren das, was der Mensch in seinem Leben »ansammelt« (gutes oder schlechtes Karma) und was dann sein Leben im Jenseits oder in einem neuen Leben auf Erden bestimmt.
Karma-Yoga:	der Pfad des selbstlosen Handelns: Arbeiten, ohne an den Früchten der Arbeit zu hängen, die man Gott überläßt.
Kundalini:	die geistige (»Schlangen«)-Kraft, die zuerst im Menschen schlummert und dann durch geistige Disziplinen und die Gnade Gottes geweckt wird. Im obersten geistigen Zentrum im Kopf vereinigt sie sich mit dem absoluten Bewußtsein.
Lila:	das göttliche Spiel. Die Schöpfung wird hier aufgefaßt als der Tanz oder das Spiel Gottes.
Mahamaya:	die große Maya oder Zauberin; ein Name der Göttlichen Mutter, die Maya ist und zugleich über sie herrscht.
Mahat:	der kosmische Geist, der aus Prakriti, der Urnatur, hervorgeht. Nicht gleichzusetzen mit Ishvara.
Mantra:	ein heiliger Text; insbesondere auch ein kurzes Sanskrit-Wort, das dem Schüler vom Guru bei der Initiation gegeben wird und nun vom Schüler ständig wiederholt wird.
Math:	Kloster.
Maya:	der »Schein« Brahmans. Positiv: die Schöpferkraft Gottes; negativ: der Schein der Vielfalt, der das Eine verhüllt.
Neti, neti:	der negative Weg der Vedanta-Mystik (wörtl. »nicht dies, nicht dies«), durch den das attributlose Brahman verwirklicht werden soll.

Nirguna-Brahman:	Brahman ohne alle Attribute und persönlichen Züge; vergleichbar der unpersönlichen »Gottheit« Meister Eckeharts.
Nirvikalpa-Samadhi:	der höchste ekstatische Zustand, in dem der Gegensatz von Subjekt und Objekt aufgehoben ist und nur das eine Brahman existiert.
Prakriti:	in der dualistischen Sankhya-Philosophie die Natur, vom kosmischen Geist bis hinunter zur Materie; ihr Gegensatz ist der Purusha, das reine statische Bewußtsein, das nur »zuschaut«.
Prasad:	Speise oder Trank, die der Gottheit dargebracht werden, um dann von den Gläubigen als »Gnade« gegessen bzw. getrunken zu werden.
Puja:	ritualistischer Gottesdienst.
Pujari:	jemand, der den Gottesdienst vollzieht.
Puranas:	populäre Bücher der Hindu-Mythologie.
Purusha:	ursprünglich Mann oder Person; im Sankhya-System der reine unbewegte Geist (siehe auch *Prakriti*).
Raghuvir:	ein Name Ramas.
Rajas:	eines der drei Gunas: Aktivität.
Rishi:	ein Weiser oder Seher; vor allem jene Seher, denen die Veden offenbart wurden.
Sadhana:	geistig-religiöse Disziplinen, die dem Menschen helfen, Gott zu verwirklichen.
Shakti:	die schöpferische Kraft Gottes, auch als Göttliche Mutter angebetet.
Samadhi:	Ekstase, Versenkung, Vereinigung mit Gott.
Sankhya:	eines der sechs Systeme der Hindu-Philosophie; es vertritt einen radikalen Dualismus von Geist und Natur (siehe *Purusha* und *Prakriti*).
Sanatana Dharma:	der »Ewige Dharma (Lehre, Gesetz)« oder allgemein die »Ewige Religion«, womit sich der Hinduismus selber bezeichnet.
Sannyasi:	ein Hindu-Mönch.
Sat-Chit-Ananda (oder Satchidananda):	Sein-Bewußtsein-Glückseligkeit, bezeichnet die Natur Brahmans.
Sattva:	das höchste der drei Gunas: Weisheit, Ausgeglichenheit.
Siddha:	eine Seele, die Vollkommenheit erlangt hat.
Shraddha:	Glaube.
Shraddha:	eine religiöse Zeremonie zum Gedenken verstorbener Verwandter.
Shruti:	die geoffenbarte Schrift, die Vedas.
Swami:	wörtlich »Herr«, Titel eines Mönchs der Vedanta-Schule.
Tantra:	ein religiöses System Indiens, in dem besonders Shakti, die

Vaishnava:	schöpferische Energie (weiblich aufgefaßt), verehrt wird. ein Anhänger der Vishnu-Sekte; in Bengalen vor allem Anhänger Chaitanyas, im Süden Indiens Anhänger von Ramanuja und Madhva.
Vedanta:	eines der sechs Systeme der Hindu-Philosophie, das sich auf die Upanishaden beruft.
Vijnani:	jemand, der das Absolute verwirklicht hat und es zugleich in der Schöpfung manifestiert findet.

☆ ☆ ☆

Über weitere Bücher aus dem Programm des Mirapuri-Verlags informiert Sie die kostenlose Buchliste.

MIRAPURI-VERLAG · Danziger Straße 1 · 82131 Gauting